프로젝트를 활용한 아이들의 놀이 이야기

유아중심·놀이중심을 위한 프로젝트 접근

| 송 경 섭 |

YANGSEOWON
양서원

prologue

들어가는 글

2019 개정 누리과정이 공표되면서부터 '유아중심 · 놀이중심' 교육이 다시금 강조되기 시작하였다. 시간이 지난 지금도 유치원 교사들은 "개정된 누리과정에서 강조하는 유아중심, 놀이중심이란 무엇일까?", "우리가 그동안 교육해 왔던 것은 무엇이었을까?" 하는 생각을 하게 된다. 이런 고민들로 인해 교사들은 여러 연수를 찾아다니고, 다른 교사들과 끊임없는 토의를 해가며 이와 관련한 많은 이야기들을 나누어 보았을 것으로 생각된다.

대부분의 유아교육 현장에서는 그동안에도 유아중심·놀이중심 교육을 하고 있었다고 생각하고 있었지만, 새삼스레 강조되는 것을 보며 혹시 지금까지의 교육 가운데 무언가 잘못된 것이 있었던 것은 아닌지 하는 불안감과 함께, 어쩌면 우리가 놓치고 있었을 수도 있는 특별한 비결이 있을지도 모른다는 기대감을 갖고 살며시 한 걸음씩 내딛어 보게 된다.

그러나 대부분의 교사들이 한 걸음 내딛으면서 처음 가졌던 큰 포부에 비해 우리가 겪을 시행착오가 예측하기 어려울 만큼 다양한 형태로 발생하였다. 놀이에 대한 저마다 다른 해석으로 인해 정답이 명확하지 않은 길을 걸어가야 하는 데서 오는 불안함을 느꼈을 것이다. 또한 이를 보완하고자 교사들끼리 지식과 경험을 나누며 공감과 위로의 시간을 가질 수 있었더라도 본질적으로 옳은 방향으로 가고 있는지에 대한 확신을 갖기에는 무언가 부족함이 있었을 것이다.

그러면서 교사들은 전문가라도 옆에 있으면 좋을 텐데, 하는 아쉬움과 함께 서로의 방향을 점검하고 고민을 나누며 자리를 잡아나갈 것이다. 완성이라고 표현할 수 없는 그 과정을 계속해서 걸으며 교사들이 할 수 있는 일들을 찾아 실천해 나가고 있었을 것이다.

이러한 과정을 통해 교사들은 놀이의 주체자인 유아들이 놀이를 발견하고 탐색하고, 탐구하기 위해서 유아들의 놀이를 재구성해 주며, 그 안에서 유아들과 함께 놀이하고, 환경과 배움을 지원해 주고 교육적 의미를 찾아내야 함을 알게 되었다. 또한, 유아중심 · 놀이중심 교육과정을 실현해 나가기 위해서는 교사의 역량을 강화시켜야 한다는 것도 알았다.

그래서 여기에 그간 교사가 고민하고 실천하며 시행착오를 겪었던 과정을 담아보았으며 유아중심 · 놀이중심 교육에 대해 고민하며 한 걸음을 내딛기 시작하는 교사들에게 공감과 더불어 작은 도움이 되길 바란다.

이 책에서는 유아들이 8가지 놀이 주제를 프로젝트 중심으로 탐구하며 활동을 진행하였고, 프로젝트가 진행될 때마다 현장의 교사들을 위하여 주제망을 어떻게 구성하고 관련활동들은 어떤 것들이 있는지 소개하였다. 또한 실질적으로 유아들은 그 프로젝트를 어떻게 놀이중심으로 진행하였는지, 교사는 그런 유아들의 놀이를 어떻게 지원을 해 주어야 하는가에 대하여 상세히 소개함으로써 현장의 교사들이나 유치원교사가 되고자 하는 예비교사들에게 유아중심 · 놀이중심 교육과정 운영에 조금이나마 도움이 되었으면 하는 바람이다.

contents
목 차

PROJECT 3
'재활용품'으로 얼마큼 놀아봤니?
'재활용' 프로젝트 놀이 이야기

PROJECT 4
하하호호 '소리' 가득한 OO 반의 즐거운 소리
'소리' 프로젝트 놀이 이야기

PROJECT 5

데구르르 바퀴가 굴러간다!

'바퀴' 프로젝트 놀이 이야기

PROJECT 6

쪼르르 톡톡

'물' 프로젝트 놀이 이야기

PROJECT 7
크아앙! 공룡이 나타났다!
'공룡' 프로젝트 놀이 이야기

PROJECT 8
알록달록 옷, 디자이너가 되어 패션쇼에 직접 서기까지!
'옷' 프로젝트 놀이 이야기

FIND OUT ABOUT THE PROJECT

프로젝트 알아보기

1. 프로젝트 접근이란 무엇인가?

1) 프로젝트 접근

프로젝트 접근이란 한 명 또는 그 이상의 유아들이 특정 주제에 대하여 깊이 있게 탐구하는 활동으로, 유아들이 혼자서 또는 친구, 교사와 함께 프로젝트 초기에 나온 질문이나 활동과정 중 새롭게 추가된 질문들에 대한 답을 찾기 위한 조사 활동으로 계획에 직접 참여하고, 계획 세운 것을 달성하기 위하여 다양한 활동과 탐구를 며칠에서 몇 주 동안 지속해 나가는 것을 말한다(지옥정, 2018). 그러므로 프로젝트 접근은 하나의 완벽한 교육방법이 아니라 다른 교육과정을 보완하는 역할을 하는 것으로 볼 수 있으며, 관심 있는 주제에 대해 장시간 관심을 갖고 노력과 에너지를 투입하여 심도 있게 탐구하는 것이라 할 수 있다.

유아는 자신이 관심 있어 하는 소주제에 참여하면서 자신의 지식과 기술을 적용하여 문제를 해결한다. 각자 경험하는 것이 다르므로 자발적으로 참여하는 것이 중요한데, 이러한 과정에서 여러 가지 문제해결력을 기를 수 있고 자신감과 긍정적 자아개념을 형성할 수 있다. 그러므로 프로젝트 접근은 유아의 자발적인 참여와 교사에 의한 체계적인 지원이 통합되어 상호 보완적으로 이루어지는 교육과정이라고 할 수 있다(박찬옥 외, 2020).

프로젝트를 활용한 놀이중심 · 유아중심 프로젝트 접근은 얼마나 절차에 맞춰 하느냐가 아니라 유아들이 자발적으로 참여하고 경험하면서 탐구할 수 있느냐가 중요하다. 그러므로 프로젝트를 활용한 접근은 유아의 탐구력과 창의력을 키워줄 뿐 아니라 바람직한 교수-학습 방법의 하나로서 교육과정에 대한 보완적 기능의 하나로 대두되고 있다고 볼 수 있다.

프로젝트 접근은 다음의 다섯 가지의 특징을 갖고 있기에 놀이 중심 교육을 적용하는 데 있어 매우 적합하다. 첫째, 주변 세계가 심층적으로 연구할 만한 흥미로운 것임을 유아에게 깨닫게 해줌으로써 주변 세계에 대한 유아의 지적 호기심을 북돋아 준다. 둘째, 프로젝트는 참여자들의 협의에 의해 점차 발전되어 가므로 자발적 놀이와 교사의 체계적 교수 간에 균형을 맞출 수 있다. 셋째, 교육기관에서의 생활이 곧 일상생활, 사회생활과 밀접하게 관련되어 있으며, 교육기관에서의 교육은 실생활에 도움을 준다는 것을 인식한다. 넷째, 교실상황을 하나의 공동체 사회로서 경험하고 유아의 소속감과 협동심을 기른다. 다섯째, 다양한 프로젝트를 탐구하는 과정에서 새롭게 도전 받고 현실적 어려움을 극복하고, 주변 생활세계에 대해 보다 폭넓은 관심과 식견을 지닌 사람으로 성장 · 발전하게 된다(이기숙, 1992, Katz & Chard, 1992).

프로젝트를 운영하기 위해서 교사는 먼저 주제를 선정해야 한다. 주제는 교사가 일방적으로 선정하는 것이 아니라 유아와 함께 유아가 관심 있어 하는 주제로 선정해야 한다. 특히 만 5세의 경우는 주제를 선정할 때 유아들을 꼭 참여시키는 것이 필요하다. 처음에 유아들은 그저 자신들이 관심 있는 주제를 마구잡이로 제시한다. 그럴 때 교사는 유아들이 제안한 여러 가지 주제 중 어느 주제가 유아들에게 친숙한 주제인지, 실생활에서 경험이 가능한 것인지, 유아들이 다양한 표현활동과 탐구활동이 가능할 것인지 등을 점검해 보아야 한다. 그런 다음 유아들과 함께 제안한 주제들에 대해 무엇이 궁금하고 어떻게 알아볼 수 있는지 등을 토의한 후 가장 적합한 주제를 선정하면 되는데, 여러 가지 주제에 흥미를 보인다면 가장 먼저 탐구하고 싶은 것을 유아들과 함께 투표로 결정하기도 한다.

본격적인 탐구에 들어가기 전 교사는 정해진 주제에 대해 교사 나름대로 주제 개념망을 작성하고 그와 관련된 활동들, 그리고 여러 가지 자원들을 구상하여 계획해 본다. 이것이 바로 교사의 준비 단계이다.

실질적인 프로젝트 시작 단계는 유아들과 함께 프로젝트에 대해 궁금한 것이 무엇인지 생각하고 프로젝트와 관련된 이전 경험들을 공유하면서 프로젝트 주제에 대한 관심과 호기심이 확장되어 가는 단계이다.

본격적인 전개 단계로 들어서면 유아들은 프로젝트와 관련된 놀이를 진행하면서 문제에 대한 질문을 하게 되고 새로운 호기심으로 다각적인 접근을 시도하고자 한다. 궁금증을 해결하기 위해 현장견학은 물론 다양한 방법으로 탐색을 시도하며 문제를 해결하려고 노력한다.

프로젝트 마지막 단계에서는 유아들이 그동안 탐구해 왔던 내용들을 알리는 작업을 하게 되는데, 이것은 소식지나 전시, 발표 등 다양한 방법으로 표현될 수 있다.

2) 프로젝트 주제 '콩'의 활동단계 예시

다음은 유아들이 '콩'이라는 프로젝트를 어떻게 시작하게 되었고 교사는 어떻게 유아들의 프로젝트를 함께 시작해야 하는지를 예시로 설명하였다. 프로젝트의 관심의 시작에서부터 브레인스토밍, 유목화, 개념망, 자원목록, 환경 구성 등 프로젝트를 시작하는 단계에서 교사가 알아야 할 것들을 상세히 설명하였다. 또한 프로젝트가 끝날 때 어떻게 마무리를 하였는지에 대해서도 안내하였다. 본격적인 프로젝트가 전개되면서 유아들이 놀이로써 진행하는 것은 다음 장의 여러 가지 프로젝트를 통해 따라 가보도록 한다.

(1) 프로젝트 주제 '콩'의 활동 시작 단계

① 관심의 시작

숲에서 발견한 꼬투리를 교실로 가져와 관찰하며 콩에 대해 관심을 가졌다.

01 **숲 활동에서 씨앗 꼬투리를 발견한 유아들은 '꼬투리'에 대한 자신의 생각을 이야기 나눈다.**

C1 꼬투리다.

C2 꼬투리가 뭐야?

C1 껍질.

T 꼬투리 속에는 무엇이 있어요?

C1 열매가 있어요.

02 **꼬투리 속 열매에 대해 이야기를 나눈다.**

T 꼬투리 속에는 어떤 열매가 들어 있을까요?

C1 곡식인가?

C2 콩이야.

C1 콩? 너무 작은데?

C2 작은 콩도 있어.

03 **유아들이 발견한 꼬투리를 교실로 가져와 관찰한다.**

C1 그러면 돋보기로 자세히 살펴보자.

C2 교실로 가져가서 자유선택활동시간에 관찰해 보자.

04 **과학영역으로 가져온 꼬투리를 보고, 꼬투리 속 열매의 이름과 자신의 경험에 대해 이야기 나눈다.**

C1 이건 검은색이니까 검정콩이야.

C_2 검정색 콩의 이름은 검정콩이야? 그러면 초록색 콩은 초록콩이야?

C_1 응. 콩은 색깔이 이름이야.

C_2 강낭콩은 색깔이 이름 아닌데?

T 콩에는 검정콩, 초록색 콩, 강낭콩... 정말 다양하게 있네요?

C_1 나 초록콩 봤어. 짜장면 먹을 때 거기 안에 있어요.

C_2 난 강낭콩 옛날에 심었어.

교사와 유아는 '콩'에 대한 경험을 이야기 나눈 후, 그리기, 글쓰기 등을 통해 이전 경험을 표현한다. 대부분의 유아는 콩을 보았던 장소나 콩의 색, 콩을 이용한 음식을 많이 표현함으로써 이를 토대로 탐색을 전개할 수 있다.

짜장면 집에서 엄마와 짜장면을 먹는데 초록 완두콩을 보았어요.

유아들이 경험한 '콩'을 그림으로 표현한 뒤 반 전체의 공동작품으로 게시한다.

② **브레인스토밍**(생각 모으기)**과 유목화**

유아들은 '콩'과 관련하여 제일 먼저 생각나는 것을 한 단어로 표현하며 서로의 생각을 함께 나누었다. 유아들이 표현한 단어는 다음과 같다.

• 청국장	• 미숫가루	• 콩밥
• 두유	• 콩나물	• 콩 부침개
• 유부초밥	• 커피	• 땅콩 초콜릿
• 콩 조림	• 콩국수	• 콩 찜질
• 선비 콩	• 땅콩	• 렌틸콩
• 팥	• 완두콩	• 흰콩
• 서리태	• 강낭콩	• 병아리 콩
• 검정콩	• 노란 콩	• 작두콩
• 꼬투리	• 콩새	• 콩 책
• 시간	• 흙	• 사랑
• 주인	• 해님	• 물
• 보호자	• 바람	• 콩밭
• 화분	• 바람	• 공기
• 씨앗	• 콩깍지	• 콩 꽃
• 물 조리개	• 컴퓨터	• 핸드폰
• 생생 정보 통신	• TV	• 책

이러한 내용들을 살펴보고 유아들과 함께 유아들이 표현한 단어들 중 관련 있는 비슷한 개념이나 의미들을 비교하고 분류한다. 이것을 유목화라고 하는데, 교사는 유목화된 내용을 게시한다.

유아들의 생각을 표현한 후 비교 및 대조하여 분류한다.
유목화된 한 단어가 적힌 종이를 교실에 게시한다.

③ 교사-유아 공동 주제망 구성

유목화하여 분류된 단어들은 유목화된 개념들을 바탕으로 주제 개념망을 구성하게 된다. 주제 개념망을 구성하는 것은 유아들의 놀이 진행을 교사가 예측해 볼 수 있고 놀이 진행에 따라 어떤 놀이 지원을 할 수 있는지 미리 점검할 수 있다는 것과 유목화된 개념들이 유아들에게 적정한지 검토할 수 있다는 장점을 갖고 있다. 그러나 교사는 유아들이 본격적으로 프로젝트를 진행하게 되면 주제 개념망 그대로 진행되지 않는다는 것과 얼마든지 개념이 확장되거나 수정될 수 있다는 것도 인지하고 있어야 한다. 교사가 혼자서 계획했던 개념망과 유아들의 브레인스토밍을 거쳐 유목화한 후 작성한 개념망을 살펴보면 그 차이를 확연히 느낄 수 있다. 진정한 프로젝트는 유아들이 중심이 되어 궁금한 것들을 찾아나가는 것이라는 것을 꼭 기억해야 한다.

콩

1. 내가 경험한 콩과 콩의 특징

- 내가 경험한 콩
- 우리 집에서 찾은 콩
- 콩의 여러 모양적 특징
  - 세 장의 잎, 짧은 가지, 꼬투리
- 여러 가지 형태로 변할 수 있는 콩

2. 콩의 종류와 성장과정

- 모양에 따라 다른 콩의 종류
  - 흰콩, 검은콩, 쥐눈이콩, 청태
- 쓰임새에 따라 다른 콩의 종류
  - 메주콩, 밥밑콩, 나물콩, 약콩 등
- 콩의 성장과정
  - 콩을 키워요.
  - 콩이 잘 자라려면?
  - 가을은 수확의 계절

3. 신기한 콩

- 콩으로 만든 음식
  - 두부, 두유, 콩국수, 콩죽 등
- 콩이 우리 몸에 주는 이로운 점
- 콩으로 만든 신기한 물건
  - 놀이, 세제, 잉크, 자동차
- 세계 여러 나라의 콩
  - 낫토(일본), 템페(인도네시아), 커피콩 등

4. 우리는 콩 지킴이

- 오래된 콩의 역사
  - 가장 오래 된 작물
  - 농사짓기 쉬운 작물
- 나눔의 의미인 콩
  - 가난한 시대를 대표하는 식자재
- 수입 콩에 밀리는 우리나라 콩
- 우리가 콩을 지키기 위해 할 수 있는 일은?

| 교사가 작성한 개념망(과거) |

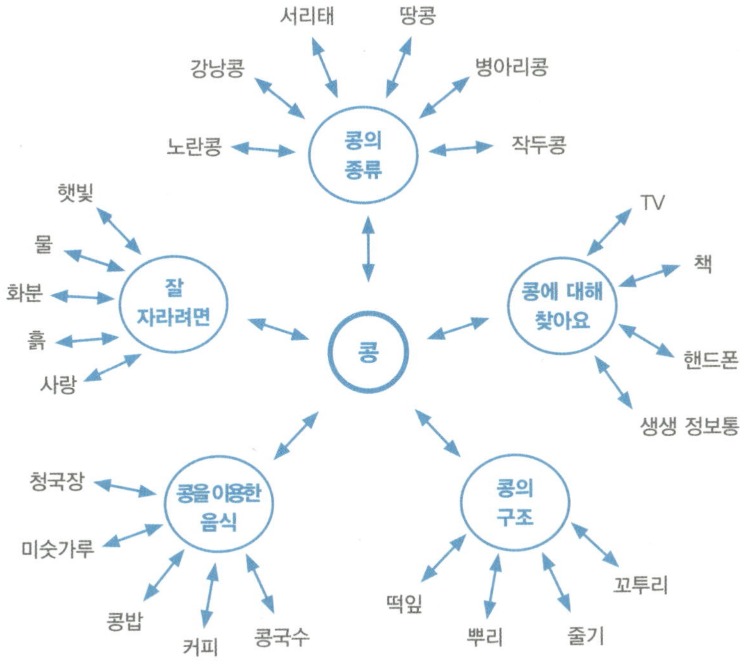

| 유아와 교사가 함께 작성한 개념망(현재) |

④ 질문거리 찾기와 조사 표현 활동

유아들은 주제와 관련한 궁금한 내용이 있으면 이를 적거나 그림으로 나타내 질문 게시판에 부착한다. 유아들은 수시로 게시판을 들여다보면서 어떤 친구가 어떤 질문을 했는지 살펴보게 된다. 게시판에 붙은 질문들을 보며 교사와 인터넷 검색을 하기도 하고, 교실에 비치된 관련 서적을 이용하거나 가정에서 찾아온 정보를 소개하는 등의 방법으로 궁금한 점에 대해 알아본다. 유아들이 작성한 궁금증 목록은 다음과 같다.

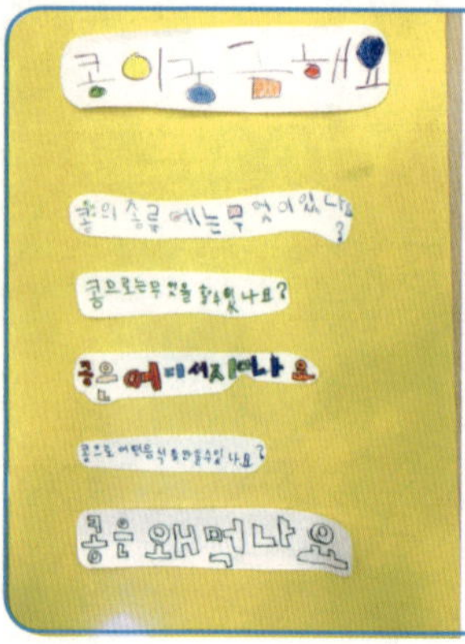

| 유아들이 작성한 궁금증 목록 |

- 콩의 종류에는 무엇이 있나요?
- 콩으로는 무엇을 할 수 있나요?
- 콩은 어디에서 자라나요?
- 콩으로는 어떤 음식을 만들 수 있나요?
- 콩은 왜 먹나요?

유아들이 작성한 궁금증 목록을 토대로 프로젝트 '콩'의 탐구가 진행될 것이며 관찰, 조사활동, 가정연계, 토의 등 다양한 탐구 방법을 토대로 유아들이 궁금해하는 각 궁금증 목록을 해결하게 될 것이다.

⑤ 자원 목록표

유아들의 호기심에서 출발한 프로젝트에 대해서 교사는 개념망을 작성하여 유아들의 놀이 진행방향이나 개념의 흐름을 예상할 수 있다. 본격적인 탐구를 위한 놀이 활동이 진행되면 교사가 예상했던 개념망의 흐름과 달라질 수도 있고 벗어날 수도 있다. 그러나 그것은 어찌 보면 당연한 일이다. 개념망은 예상일 뿐이다. 그렇다고 교사가 프로젝트를 진행하면서 계획을 세우지 않을 수는 없다. 다만 계획을 세우되 전적으로 유아들의 놀이 진행은 유아들의 능동적인 참여로 진행된다는 융통성을 갖는 것이 매우 중요하다.

교사의 예상 계획에는 주제망 다음으로 자원 목록과 환경구성을 들 수 있다. 자원 목록의 경우 가정에서는 어떤 활동들을 연계할 수 있으며, 실물자료와 인적 자원은 어떤 것들을 활용할 수 있는지, 주제 관련 현장체험이나 견학은 어디로 가는 것이 좋을지, 주제 관련하여 정보를 주는 책과 관련된 동화책은 어떤 것들이 있는지 등 여러 가지 프로젝트와 관련하여 자원을 목록화하여 준비해 둘 필요가 있다.

다음은 프로젝트 주제 '콩'과 관련하여 교사가 작성한 예상 주제망과 이에 따른 활동안을 진행하기 위한 자원 목록으로, 내용은 다음과 같다.

가정연계 활동	• 여러 종류의 실물 콩 • 콩 관련 도서 • 콩을 이용한 음식 사진 • 콩을 이용한 음식을 먹는 유아들의 경험 사진
실물	• 여러 종류의 콩 • 측정도구(양팔 저울, 온도계, 저울 등) • 화분, 흙, 물뿌리개 등 콩을 키울 수 있는 도구 • 유아들의 사진(콩과 관련된 경험, 콩 음식 먹는 등)
사람	• 농부 아저씨 • 콩을 이용하여 음식을 만들 수 있는 전문가
현장 견학	• 메주 체험관
정보를 주는 책	• 청솔 식물도감 • 다 콩이야 • 초등학교 식물도감 • 누에콩과 콩알 친구들

동화책	· 숟가락 듣고 냠냠 · 잭과 콩나무 · 콩쥐 팥쥐 · 다 콩이야 · 장가네 콩 삼형제	· 다른 건 안 먹어 · 맛있는 구름 콩 · 표고는 커피를 좋아해 · 누에콩의 침대 · 콩이 좋아
사진 및 화보	· 여러 종류의 콩 사진 · 콩 관련 잡지나 신문 · 콩을 이용한 음식 사진	
팸플릿	· 메주 체험관 팸플릿	
비디오	· 콩의 성장과정 영상 · 콩을 이용한 음식 만드는 영상	

⑥ 환경구성

'콩' 프로젝트 주제 진행에 앞서 교사는 유아들을 위하여 다음과 같이 교실 환경을 구성할 수 있다.

영역	교재 교구
환경구성	· 다양한 콩 종류 화보 · 콩으로 만든 모빌 · '콩을 흔들면' 동시 재구성 · 콩을 이용한 음식 사진 · 콩에 대해 궁금해요
쌓기역할	· 콩 주머니 놀이 · 콩을 수확해요 · 커피숍 놀이 · 콩 한의원

영역	교재 교구
언어	• 다양한 종류의 작은책(생각 모으기, 콩 책 등) • 주제 관련 도서 • 콩의 종류 이름 쓰기 교구 제시 • 주제 관련 도서 • 주제 관련 동화 카세트 • 콩을 이용한 음식 퀴즈 교구 제시 • 콩과 관련된 이야기 책
수 · 조작	• 종이접기 순서도 및 색종이 • 나만의 준거로 콩 분류하기 • 젓가락으로 옮기는 콩 • 콩을 이용한 사목 • 꼬투리 속 콩의 수 맞추기 교구 • 밭에 채우는 콩 교구
미술	• 콩 표상(1, 2차 표상활동) • 명화 – 밀레의 이삭줍기 • 콩 마라카스 만들기 • 콩 줄기 판화 찍기 • 점토를 이용한 메주 만들기 • 커피콩을 이용하여 콩 그리기 • 콩 나눔 카드 만들기
과학	• 다양한 콩의 종류 실물 • 콩을 관찰할 수 있는 도구 • 콩을 키우기 위한 도구
음률	• 콩을 이용하여 만든 악기

(2) '콩' 프로젝트의 활동 마무리 단계

① 준비

유아들은 콩·두부 책에서 직접 찾은 두부 피자를 만들어 보는 요리 활동을 통해 콩을 이용한 음식은 다양하다는 것을 경험하게 된다. 두부 피자 요리 활동을 계기로 유아들은 "맛있지만 사람들이 잘 알지 못하는 콩 음식이 정말 많아."라고 표현하고 경험을 통해 쌓은 지식을 나누며 마무리 단계의 준비를 시작하게 되었다.

처음 마무리 단계는 두부 피자를 알리고자 시작하였으나, 프로젝트 활동을 통해 유아들이 구성한 콩에 대한 지식도 함께 알리고 싶다는 의견이 분분하였다. 특히 콩에 대한 지식 중 콩을 이용한 음식, 콩의 종류, 콩의 이름이 생긴 이유 등을 알리고자 하는 의견도 나왔다.

알리고 싶은 내용들을 어떤 방법을 통해 알릴지 유아들과 전체토의 과정을 통해 하나씩 정하였다. 콩에 대한 내용을 다 알려주고자 '콩 책'을 만들기로 하고, 콩을 이용한 음식을 직접 만들어서 나누어 주는 '콩콩 체험관'을 열기로 하였다.

체험전을 열기 위해 유아들은 어떤 물품을 미리 준비해야 하는지, 어떠한 역할들이 필요할지 목록을 작성하는 단계를 거쳤다. 이 단계에서 유아들은 모두 다 체험을 할 수 있도록 도장을 찍거나 스티커를 붙일 수 있는 종이, 간판, 체험전을 알리기 위한 화살표, 따라올 수 있도록 바닥에 붙이는 발바닥 모양, 초대장, 오는 길을 알리는 지도 등을 만들자는 의견이 나와 준비 과정을 통해 만들기 시작하였다.

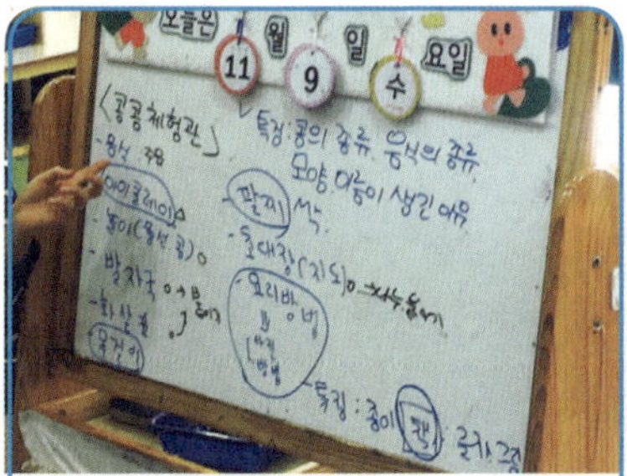

체험전을 열기 위해 필요한 것들을 이야기 나누며 기록한다.

체험전에서 만들고 싶은 음식을 책에서 찾아 표시한다.

발바닥 모양과 화살표 모양의 종이를 만들어 '콩콩 체험관'의 장소, 시간, 체험 내용 등을 기록한다.

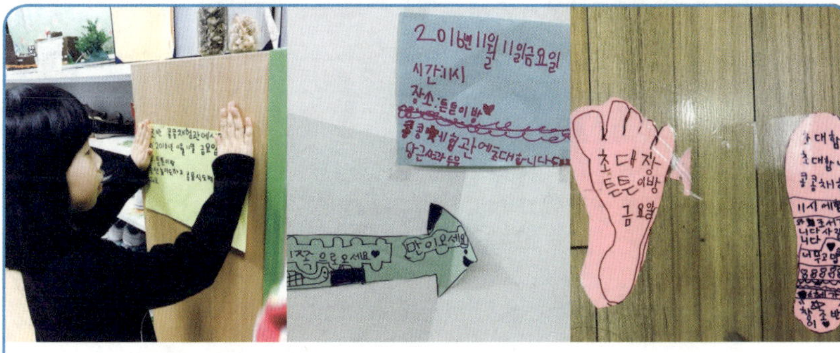

유아들이 만든 초대장과 안내문을 벽면과 바닥에 붙여 체험을 알린다.

② **전시회 및 발표회 개최**

유아들은 프로젝트 과정을 통해 주도적으로 탐구한 내용에 대한 체험전을 계획부터 실행까지 스스로 진행하였기 때문에 더욱더 흥미로움을 표현하였다. 교사는 유아들이 계획한 요리에 필요한 재료 준비 외에는 유아들의 주도적인 계획과 실행을 지지하는 역할만을 하였다.

체험전 준비가 끝난 유아들은 자신이 하고 싶은 역할을 정하여 각 부스별로 활동에 대한 소개와 콩에 대한 지식을 설명할 수 있도록 서로의 방법과 의견을 나누는 모습도 보였다.

다른 반 유아들을 초대한 후 각자 자신의 역할에 따라 체험전이 이루어졌다. 체험전에서 열린 활동은 모두 유아들의 생각에 의해 결정되었으며, 그 내용은 다음과 같다.

입장시 안내할 수 있는 역할을 스스로 정하여, 안내 책자를 나누어 준다.

| 체험장 입구 |

유아들이 느끼기에 '맛없다'라고 표현되는 두유를 맛있게 먹을 수 있는 방법을 소개한다.

| 사과 두유 |

콩을 튀겨서 만든 유부 주머니를 알려주기 위해 유부초밥을 만들어 소개한다.

| 유부 초밥 |

콩의 움직임에 따라 나는 소리를 이용하여 할 수 있는 놀이를 소개한다.

| 풍선 속 움직이는 콩 |

유아들은 자신들이 '콩' 프로젝트 활동을 하며 가장 즐거웠던 요리 활동을 소개하고자 두부로 피자를 만들어 소개한다.

| 두부 피자 |

꼬투리의 모습이 다른 작두콩도 알리고, 콩으로 차를 만들 수 있다는 사실도 알린다.

| 작두콩차 |

유아들은 '콩' 프로젝트를 진행하며 알려주고 싶었던 내용을 다른 반 친구들을 초대하여 알림으로써 지식을 구체화시켰고, 스스로 계획하고 실행하는 과정을 통해 성취감을 갖게 되었다.

③ 마무리

유아들은 콩이 동그란 모양, 초록색, 검정색이라는 1차적 지식에서 벗어나 콩에 관한 어휘력뿐 아니라 다양한 표현력으로 확장되었음을 볼 수 있었다.

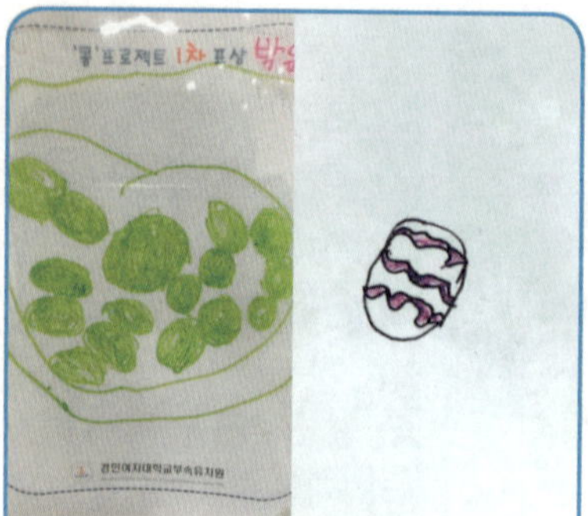

유아들의 ‘콩’ 1차 표상에는 콩의 모습, 색에 대해 간단히 표현된 모습을 볼 수 있다.

| 1차 표상 |

프로젝트 진행 후

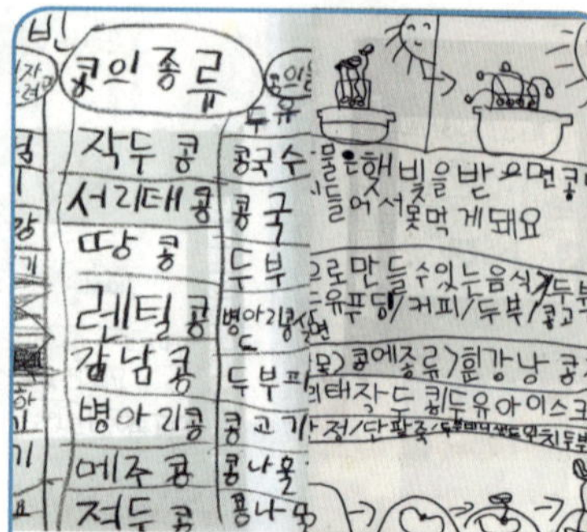

콩의 종류 및 음식, 성장과정에서 나타나는 특징을 탐색 후 구성된 지식을 표현하는 모습을 볼 수 있다.

| 2차 표상 |

처음 주제를 시작할 때 유아들은 “콩은 맛없어. 난 싫어해. 엄마는 밥에 많이 넣어요.”라는 이야기를 많이 하였다. 하지만 영양사 선생님과의 영양교육을 통해 콩이 우리 몸에 주는 이로운 점을 알고, 바른 식생활 태도를 기를 수 있게 되었다.

| 영양사 선생님과의 영양교육 |

| 콩이 들어간 음식을 표시 |

유아기의 과학적 태도는 주변 세계에 대한 관찰과 탐색으로 이루어지며 이러한 과학적 경험은 유아의 지적 발달과 지식 형성에 큰 영향을 미친다. 유아는 직접 체험을 통한 활동으로 사물을 관찰하고 탐색하며 기존의 지식을 체계화·구체화하여 개념 형성을 이루게 된다. 그러므로 '콩' 프로젝트 활동은 유아들이 능동적으로 참여하고 자율적인 경험을 통해 학습할 수 있는 기회를 제공할 뿐만 아니라 창의적 사고력과 과학적 탐구 능력을 향상시키는 데 많은 도움을 줄 수 있었다.

(3) 프로젝트를 마치고

① 유아

'콩' 프로젝트를 진행하기 전 유아들은 콩밥이 나오거나 콩을 이용한 음식이 반찬으로 나올 경우 콩을 빼고 먹거나 "맛없어.", "난 콩 싫어해."라는 표현을 할 만큼 콩에 대해 부정적인 반응을 보였다. 그러나 프로젝트 활동을 진행하면서 콩이 우리 몸에 주는 영양을 알게 되자 식단표에 콩을 이용한 음식을 표시하며 기다릴 만큼 유아들에게 '콩' 은 더 이상 맛없고 싫은 음식이 아니었다.

유아들은 '검정콩', '강낭콩' 등 유아들이 경험했던 '콩'에 대한 사전 지식만 있었으며, 콩의 특징에 대해서는 개념과 지식이 거의 없었다. 그러나 약 3주간의 '콩' 프로젝트 활동을 통해 콩을 직접 탐색하고, 콩을 이용한 음식을 경험함으로써 유아들은 콩에 대한 특징을 글이나 언어로 표현할 만큼 많은 지식을 구성하는 모습을 보였다.

스스로 궁금한 점에 대해 표현하고, 그 궁금증을 해결해 나가는 과정 속에서 유아들은 친구들과 많은 토의를 필요로 하였다. 혼자 구성한 지식에서 더 나아가 지식을 소개하고 공유하는 것을 통해 유아들은 다른 사람과 더불어 사는 삶에 대한 중요성을 깨닫게 되었다.

② 교사

'콩' 프로젝트는 이미 유아들의 일상생활에 직접경험이 가능한 친숙한 주제였기 때문에 교사 역시 프로젝트를 진행함에 있어 많은 흥미를 갖게 되었다. 직접경험이 가능한 주제였기 때문에 프로젝트를 진행하기 전에는 인식하지 못하였던 다양한 정보가 '콩'을 깊게 탐구하는 활동으로써 이루어졌기 때문에 프로젝트 본래의 의미대로 '깊이 탐구하는 활동'이 가능하였다.

교사가 계획했던 활동 중 '세계 여러 나라'에 대해서는 많은 탐색이 이루어지지 않았다. 유아들은 국산 콩인지 수입 콩인지에 대한 관심보다는 콩 자체를 깊이 탐색하는 것에 큰 흥미를 보였기 때문이다. 유아들의 흥미와 놀이의 진행에 따라 교사가 계획했던 부분을 때로는 과감히 포기할 줄도 알아야 한다는 것을 알았으며 유아들의 놀이 진행에 더 관심을 갖고 지원할 필요가 있다고 생각하였다.

2. 프로젝트가 전개될 때 놀이 지원은 어떻게 해야 할까?

1) 자유놀이시간 들여다보기

자유놀이시간에 교사의 역할이 중요하다는 것은 교사라면 누구나 다 알고 있는 사실이다. 그러나 실제로 자유놀이는 교사의 성향이나 당일 학급에서 발현된 놀이에 따라 교실마다 많은 차이가 있다. 대체로 유아의 놀이에서 한발 떨어져 지켜보는 '관찰자'나, 관찰을 하다가 유아의 놀이에 필요하다 생각하는 것을 제공해 주는 '환경 구성자' 역할에 머물러 있는 경우가 많을 것이다. 물론 이러한 역할이 잘못된 것은 아니지만, 유아의 놀이에 참여하여 유아와 동등한 입장에서 놀이를 확장하고 조력할 수 있는 '공동 놀이자', 또는 '놀이 안내자' 역할까지 다양하게 수행해야 진정한 놀이 지원이 이루어진다고 볼 수 있다.

그렇다면 어떤 방법으로 이러한 역할을 수행할 수 있을까? 우리는 '시간 · 공간 · 재료'에 대한 확장을 통해 놀이를 지원하는 것이 중요하며, 이것은 지속적인 유아들의 놀이를 관찰, 기록함으로써 가능하다는 것을 알 수 있다.

(1) 유아 놀이 지원을 위한 '시간' 확장하기

① 숨어 있는 시간을 찾아라!

유아들은 놀아도 놀아도 항상 부족하다고 외친다. 특히 자유놀이시간은 유아들에게 있어서 늘 부족한 시간이다. 자유놀이시간에 프로젝트와 관련하여 많은 탐색과 탐구가 일어나기 때문이다. 그러므로 교사는 유아들이 놀 수 있는 시간을 더 확보하는 것이 필요하다. 그렇다고 무조건 자유놀이시간을 마냥 늘릴 수도 없는 것이 현실이다. 그러므로 하루 일과 중 숨어 있는 시간을 찾는 것이 필요한데, 그것이 바로 '전이시간'이다.

각 반에 존재하는 전이시간은 교실마다 형편이 다르기 때문에 통일하여 계획하기보다는 실정에 맞게 활용하는 것이 좋다. 기다리는 전이시간은 일반적인 자유놀이시간 만큼 넉넉하지 않기에 모든 놀이를 허용하기에는 어려움이 있으므로, 이런 때는 유아들과 함께 기다리는 시간을 어떻게 활용할지 논의해 보는 것이 좋다. 유아들은 자신이 하고 싶은 놀이(색종이 접기, 레고블록, 그림 그리기 등)를 하면 좋겠다고 할 것이다.

놀이의 종류를 조율하는 것 역시 유아에게 문제해결의 기회를 제공하는 것이므로 여러 가지 해결책이 나올 것이다. 예를 들면, 요일별로 전이시간에 한 가지 놀이를 정해서 하면 좋겠다는 등의 제안을 할 수도 있다. 그래서 각 반에서는 요일별 '작은 놀이'라는 이름의 놀이시간이 생겨날 수 있고, 이 놀이는 유아들을 통해서 언제든 변경과 조율이 가능하도록 열어둠으로써 유아들의 자율적인 의사결정능력 향상은 물론 숨어 있는 놀이시간도 확보할 수 있다.

| '작은 놀이'를 진행하는 모습 |

물론 작은 놀이 시간만으로 자유놀이시간의 부족함을 보완할 수 없기에 최대한 자유놀이시간을 확보할 수 있도록 일과를 계획할 때 신중함을 더 기해야 한다. 기존에 일상적으로 계획하였던 1시간 30분 정도의 놀이시간은 이제 일과 구성에 따라 2시간~2시간 30분 정도까지 융통성 있게 진행할 수 있다.

② 정리시간에 잠깐의 전시시간을 운영하라!

놀이시간을 늘리는 일도 쉽지 않지만 놀이시간이 길면 길수록 그만큼 정리시간까지 길어지므로 교사들이 일과를 계획함에 있어 부담이 있을 수밖에 없다. 놀이가 끝나고 정리시간이 되면 늘 아쉬워하는 유아들을 떠올리며 그 시간도 다시 들여다보도록 하자. 도대체 무엇 때문에 정리시간이 그리도 더딘 것이었을까?

| '전시시간'을 운영하는 모습 |

놀이를 마치고 특별하게 전시를 할 거리가 없는 유아들도 있지만 반대로 자신의 놀이에 대해 조금이라고 자랑하고 싶은 유아들의 경우 정리하는 시간이 달갑지 않을 것은 분명한 일이다. 그러므로 정리하는 시간에 자신이 만든 작품을 원 상태로 부숴버리는 것이 너무 아까워 정리를 이리저리 미루고 있는 것이다. 정리시간에 유아들의 작품을 모아 잠깐의 전시시간을 제공하는 것은 어떨까? 당일의 놀이에 따라 조금씩 차이는 있지만 단 1분일지라도 전시시간을 활용하면 일단 정리에 낙오되는 아이들 숫자가 많이 줄어들 것이다. 유아가 정리하는 것을 개별적으로 특별하게 여기며 격려하는 교사의 노력이 더해지고 동참하는 아이가 많다 보면 정리하는 시간이 짧아지는 것은 당연한 결과이고, 놀이시간을 확보하는 데도 도움을 줄 수 있다.

(2) 유아 놀이 지원을 위한 '공간' 확장하기

① 교실 내 흥미영역 놀이공간 자유롭게 사용하기

교사가 일방적으로 교실 공간을 구성하여 유아에게 제공하거나, 교실 안 흥미영역에 더 의미를 두어 흥미영역에서 지켜야 할 약속만 강조하다 보면 유아들의 놀이가 활성화되는 데 어려움이 생길 수밖에 없다.

교실 영역은 유아의 의견을 반영하여 함께 구성할 수 있도록 하는 것이 좋다. 유아들은 놀이에 따라 교실 안에 있는 영역들을 확장하거나 축소할 수 있고 때로는 통합하기도 하고 새로운 영역을 만들기도 한다. 따라서 흥미영역 간의 구분보다는 놀이 주제의 활성화에 초점을 두어 영역을 구성하는 것이 좋다. 이렇게 구성된 영역은 프로젝트를 진행할 때 유아들의 호기심을 더욱 자극하게 된다.

그렇다면 교사는 기존의 교실 내 흥미영역을 구성하지 않아도 된다는 것일까? 결론은 아니다. 기본적인 흥미영역은 구성되어 있어야 하지만 프로젝트가 진행되고 놀이가 확장되어 가면서 유아들이 자유롭게 공간을 확장하고 바꿀 수 있도록 허용해야 한다는 것이다. 교실환경의 기본은 교사에 의해 구성되지만 그것을 바탕으로 유아가 얼마든지 프로젝트를 탐구하고 놀이를 진행하면서 융통성 있게 운영할 수 있도록 기회를 제공해야 한다는 것이다.

| 교실 공간을 자유롭게 활용하는 모습 |

② 교실 밖 공간도 신나는 놀이공간이 될 수 있어요!

유아에게 자유를 제공하고 놀이를 지지하면서 교사는 당연히 긍정적인 효과를 기대하지만, 우리가 무엇을 제공했다고 해서 유아들에게 효과가 바로 나타나지는 않는다. 특히 공간에 대한 지원으로 유아들이 놀이에 대한 탐구가 갑자기 더 확장되거나 심화되는 것을 바란다면 성급한 생각일 수 있다. 유아들도 환경의 변화에 적응하고 탐색할 시간이 필요하다. 아무리 좋은 방법이라 하더라도 처음에는 낯설고 익숙하지 않기 때문에 어떻게 활용하고 적용해야 할지 유아들도 당황스럽기는 마찬가지일 것이다. 그래서 때로는 교사가 바라는 긍정적인 효과들 대신에 새로운 영역을 자기 혼자 독차지하고 다른 친구들을 못 들어오게 한다든지 하는 행동들도 보게 될 것이다.

그러나 교사들이여, 당황하거나 놀라지 말길 바란다. 문제가 생기면 하나씩 풀어 가면 된다. 포기하고 다시 예전으로 돌아가지만 않으면 성공인 것이다. 그러면 유아들도 새로운 접근에 의해 서서히 변화하고 적응하며 발전할 것이다.

교실 공간을 자유롭게 활용할 수 있다면 다음은 놀이의 확장을 위해 교실 이외의 공간을 사용할 수 있는 방법은 없는지에 대해서도 생각해 보아야 한다. 교실과 가까이에 있는 공간인 복도부터 순차적으로 개방을 해 보기 시작하자. 복도가 유아들의 놀이공간이 될 수 있다는 자체가 교사들은 불안할 것이다. 교실에서도 안전사고로부터 마음이 편치 않은데 복도라니… 그러나 안전사고는 오히려 좁은 공간에서 많이 발생한다. 좁은 교실에서 원하는 공간이 없어 서로 다투게 되는 것보다 유아들에게 기회를 주고 책임을 알려주면 교사의 일방적인 규칙 강요보다 훨씬 더 효과적일 수 있다.

| 교실 외 공간을 놀이공간으로 활용하는 모습 |

교실 외의 공간에서 놀이를 하고자 시도하는 유아들을 살펴보면, 교실에서 하는 놀이에 방해받고 싶지 않아 나와서 놀이하기도 하고, 교실 공간이 놀이하기에 다소 좁아 복도에서 놀이를 시작하는 등 다양한 상황에 의해 공간을 확장하여 놀이하는 모습을 볼 수 있다. 교사는 교실에 있기에 교실 밖 다른 공간에 있는 유아가 걱정되지만, 그렇다고 모든 상황마다 약속을 정하고 지키기를 권하는 것도 한계가 있다고 생각된다. 유아들 스스로 책임에 대해 생각하고 규칙을 정하여 놀이를 진행한다고 해서 모든 순간이 매끄럽고 아름답게만 진행되는 것은 아니다.

그러나 우리가 걱정했던 것과는 달리 문제되는 상황은 생각보다 많지 않다. 실제로 교사들이 교실 놀이공간을 융통성 있게 운영한 결과 유아들은 서로 문제 상황에 대해 공유함으로써 배려하고 양보해야 한다는 것을 알 수 있었고, 최선을 다해 주어진 자유 안에서 책임을 지며 놀이하고자 노력하는 모습을 보였다. 그러므로 교사는 유아들에게 기회와 함께 책임을 안내해 줌으로써 규칙을 익히기 위해 약속을 정하고 교육을 하는 것보다, 규칙의 필요성을 스스로 인지하고 자발적으로 실천해 나가도록 하는 것이 중요하다.

(3) 유아 놀이 지원을 위한 '재료' 확장하기

① 유치원의 다양한 재료, 마음껏 쓸 수 있어요!

| 교실 내 미술영역, 자료실의 재료들을 자유롭게 수집하는 모습 |

대부분의 유치원에서는 교실마다 미술 흥미영역에 여러 가지 미술재료들을 풍부하게 제공하고 있다. 그러나 미술영역이 아닌 유치원의 자료실을 개방하는 것은 쉽지 않은 일이다. 그래도 특별한 재료들에 대해서 유아들이 살펴보고 놀이에 사용할 수 있도록 필요 시에 개방하여 활용할 수 있도록 해 보자. 이에 따라 작품의 완성도도 높아지고 다양한 결과물이 만들어지는 것을 볼 수 있다.

처음에는 유아들도 특별한 재료들이 가득한 자료실을 보는 것 자체로 놀라고 당황해할 것이다. 때로는 탐색 욕구로 인해 재료들을 무분별하게 사용하는 모습도 함께 증가하기 시작할 것이다. 작은 페트병에 반짝거리는 스팽글을 한 움큼 넣거나, 색종이를 한 묶음씩 집어서 테이프로 붙이고 책이라고 하며 집으로 가져가려고 하는 등 다양한 형태로 나타날 것이다. 그러나 놀이에 따라 조금 더 사용할 수도 있고 덜 사용할 수도 있으므로 '하루에 3장씩'이라는 규칙에 얽매이게 하는 것보다는 유아들과 이야기 나누기를 통해 문제 상황에 대한 공유와 문제해결이 필요하다.

교사들이여, 너무 걱정할 것 없다. 유아들을 믿어보자. 유아들은 나름대로 방법을 제시하며, 최종적으로 협의하였다. 미술재료는 만들기를 해서 내 작품에 붙였을 때만 집에 갖고 가기로 하였고, 재료는 다른 친구를 생각하면서 스스로 조절하며 사용하기로 하였다. 물론 완벽하게 변화되었다고 할 수는 없지만, 노력하는 유아들이 늘어나면서 서로에게 작은 동기부여가 되고 있는 것만은 분명하다.

② 일상적인 놀잇감 사용에 고정된 개념 바꾸기!

| 일상적인 재료를 다른 방법으로 사용하는 모습 |

흥미영역에 고정화되어 있던 놀잇감에 대해 정해진 방법으로만 사용할 수 있었던 과거와는 달리, 영역들을 융통성 있게 운영하면

서부터 흥미영역을 넘나들며 놀잇감을 자유롭게 사용하는 것을 볼 수 있다. 그로 인해 놀잇감이 갖고 있는 순수한 기능 이외에도 창의적 발상을 기초로 다양한 방법으로 사용하는 모습을 관찰할 수 있다. 의자가 구조물이 되기도 하고 악기가 역할놀이 소품이 되는 등 유아들의 상상놀이는 놀잇감의 원래 용도를 벗어나 다양하게 표현되고 있으므로 교사는 유아들이 놀잇감을 다양하게 사용하도록 지원하며 격려해야 한다.

물론 이러한 활동도 처음부터 잘 이루어지는 것이 아니다. 처음에는 교구들이 무분별하게 사용될 뿐 아니라 파손이 우려될 만큼 공격적 놀이가 순간 증가하기도 한다. 그러므로 교사는 유아들의 관찰을 통해 놀이가 무분별하게 진행되기 전에 놀이 주제에 대해 다시 한 번 상기시킴으로써 공격적 놀이를 줄이고 유아 스스로 토의시간을 가져 문제를 해결할 수 있도록 유도할 필요가 있다.

어떤 놀이로 프로젝트가 진행된다 하더라도 놀이 활동이 진행되는 동안 교사가 공간과 시간 그리고 재료에 대한 개념을 바꿔 유아들에게 놀이 지원을 한다면 유아들은 프로젝트에 대해 탐색하고 탐구하면서 창의적 사고력과 문제해결력을 향상시킬 수 있을 것이다. 또한 또래와의 상호작용으로 협동심과 배려심, 사회성을 배울 수 있는 기회가 될 것이다.

(4) 이렇게 바뀌었어요!

① 대 · 소집단 활동 교수법의 변화

자유놀이가 다양하게 확장되는 가운데에서도 교사들은 놀이주제를 대 · 소집단 활동으로 어떻게 연계해야 할지 고민되기 마련이다. 그동안 다소 정형화된 방법으로 진행해 왔던 이야기 나누기, 동시, 음악활동, 신체활동 등의 여러 대 · 소집단 활동에도 변화를 모색할 필요가 있다.

각 활동별로 고정화되어 있던 교수법을 유아가 흥미로워할 수 있는 방법, 자료, 형태 등과 관련하여 변화를 시도하고 유아의 참여 기회를 늘리는 것이 필요하다. 또한 유아들에게서 발현된 놀이가 대 · 소집단 활동의 주제가 될 수 있도록 계획하고 실행해야 한다.

| 즐겁게 대 · 소집단 활동이 진행되는 모습 |

대 · 소집단 활동을 계획할 때는 지금 유아들이 가장 흥미 있어 하는 것에 초점을 두고 이를 발견하기 위해 놀이를 자세히 들여다보는 것이 필요하다. 그러다 보면 프로젝트에서 벗어난 놀이도 얼마든지 대 · 소집단 활동으로 연결 지을 수 있음을 알 수 있다. 그동안은 프로젝트 주제와 상관이 없다고 무시해 버리거나 놀이를 하지 못하게 하였다면, 놀이중심 프로젝트에서는 프로젝트와 관련이

없다 해도 유아들이 즐겁게 참여하고 있다면 얼마든지 대·소집단 활동으로 발전할 수 있도록 하는 것이 더 중요하다는 것을 느끼게 될 것이다. 왜냐하면 그것이 이어서 또 다른 프로젝트가 될 수도 있기 때문이다. 그렇게 유아들의 놀이 속에서 발전된 대 · 소집단 활동은 더 이상 지루하고 빨리 끝냈으면 하는 활동이 아니라 놀이와 더불어 자연스럽게 어우러지고 즐겁게 참여할 수 있는 활동으로 변화될 수 있다는 것을 느낄 수 있을 것이다.

② 유아놀이를 중심으로 구성하는 교실환경

교실 내에 주제와 관련한 놀이를 진행할 수 있는 공간도, 유아에게서 발현된 놀이를 확장할 수 있는 공간도 필요함을 알았다면 유아와 함께 놀이가 살아나는 교실환경을 구성하는 방법을 알아보자.

먼저 유아들의 놀이상황을 지속적으로 관찰하는 것이 필요하다. 관찰을 통해 유아의 놀이와 놀이공간의 확장을 위해 적절한 시기와 방법을 찾아 지원하는 것이다. 필요하다면 유아에게도 공간 변화를 위한 의견을 제시할 수 있도록 하고 유아들과 놀이와 관련한 여러 상황을 공유한다. 프로젝트와 관련한 놀이들은 주제에 대해 더욱 심화하여 유아 스스로 탐구할 수 있는 환경으로 제공하고, 유아 스스로의 발현적 놀이는 유아가 원하는 공간과 재료를 협의하여 제공하며 유아 스스로가 확장시켜 나갈 수 있도록 조력해 주는 것이 필요하다.

| 놀이를 확장하기 위하여 구성된 교실환경 |

③ 공동 놀이자로서의 교사

자유놀이시간에는 유아가 프로젝트와 관련된 놀이를 할 수도 있고 프로젝트와 관련 없는 다른 놀이활동을 할 수도 있다. 교사는 이러한 유아 모두에 대한 효과적인 놀이 지원방법에 대해 고민하여야 한다. 프로젝트와 관련된 놀이가 아니라고 해서 놀이가 진행되는 것을 막아서는 안 된다.

교사는 직접적인 개입을 줄이고 유아와의 공동 놀이자 역할을 하고자 노력하는 것이 필요하다. 교사가 놀이를 이끄는 것이 아니라 유아들을 따라 함께 놀이를 한다면 유아들의 발현적인 놀이는 점차 늘어나게 될 것이다. 놀이는 유아들이 스스로 만드는 것이기 때문이다. 교사는 놀이를 관찰하고 놀이 확장을 위해 조력해야 하는 적절한 시기와 방법을 고민하며 지원하면 된다. 프로젝트와 관련 없이 스스로 만들어낸 놀이라고 해도 놀이로만 그치는 것이 아니라 다음 프로젝트 주제와 관련지어 교육과정과 연결될 수도 있다는 것을 생각할 필요가 있다.

| 비주제 놀이의 지원을 통해 교육과정과 연계되어 놀이하는 모습 |

④ 유아 놀이 관찰을 통한 해석 및 지원

유아들에게서 발현된 놀이에 교육적인 의미를 담아 지원하고 확장할 수 있는 여러 가지 방법을 실천하다 보면 긍정적인 효과와 더불어 일부 부정적인 효과가 나타나기도 한다. 예를 들면 여러 가지 재료가 무분별하게 낭비된다거나, 유아들이 새로운 환경에 대해 흥분하여 공격적 놀이가 나타난다든지, 유아들에게 허용되는 부분이 많아질수록 안전사고 등도 나타날 수 있다. 이러한 부정적인 효과들로 인하여 교사는 자신이 나아가고 있는 방향에 대한 회의에 빠질 수도 있고 심지어는 잘못하고 있다고 생각하면서 포기할 수도 있다. 그러나 올바른 방향으로 발전하는 하나의 과도기라 생각하고 용기를 잃지 말기 바란다.

| 놀이를 평가하며 함께 공유하는 모습 |

유아들 입장에서도 그동안 교사가 시키는 놀이만 하고 교사가 제공해 주는 재료만 가지고 놀았다면 흥분되고 정신 못 차리게 되는 것은 당연할 것이다. 그러므로 교사는 생각지 못했던 부정적인 효과가 나타난다면 이유를 찾아야 한다.

한편, 유아들은 신기한 재료에 대한 탐색의 시간이 필요하다. 충분히 탐색하고 나면 놀이 방법을 생각해 낼 것이다. 그러기 위해서는 유아들의 놀이에 대한 교사의 관찰과 기록이 매우 중요하다. 특히 놀이를 관찰하고 이를 해석하는 과정에서 교사는 일방적인 규칙을 세워 '약속'이라는 이름으로 알려주기보다는 놀이를 통하여 다양한 '자유'를 제공하면서, 이로 인해 뒤따르는 '책임'에 대해, 그리고 타인의 감정을 공감하고 헤아리는 방법에 대해 유아들과 함께 이야기 나누는 것이 필요하다.

그리고 지속적으로 놀이를 관찰하며 유아 스스로 놀이에 대한 책임을 가지려 할 때, 격려를 통해 유지해 나갈 수 있도록 한다. 그로 인해 유아들은 즐거운 놀이를 하기 위해서는 배려와 양보 그리고 절제와 질서가 필요함을 이해하게 될 것이고, 놀이중심 교육을 실천하기 전부터 우려해 왔던 기본생활습관 및 안전, 인성 부분과 관련한 교사들의 고민도 실마리를 풀 수 있을 것으로 생각한다.

PROJECT 1

바닷속으로 출발!
신비로운 바다의 세계

'바다' 프로젝트
놀이 이야기

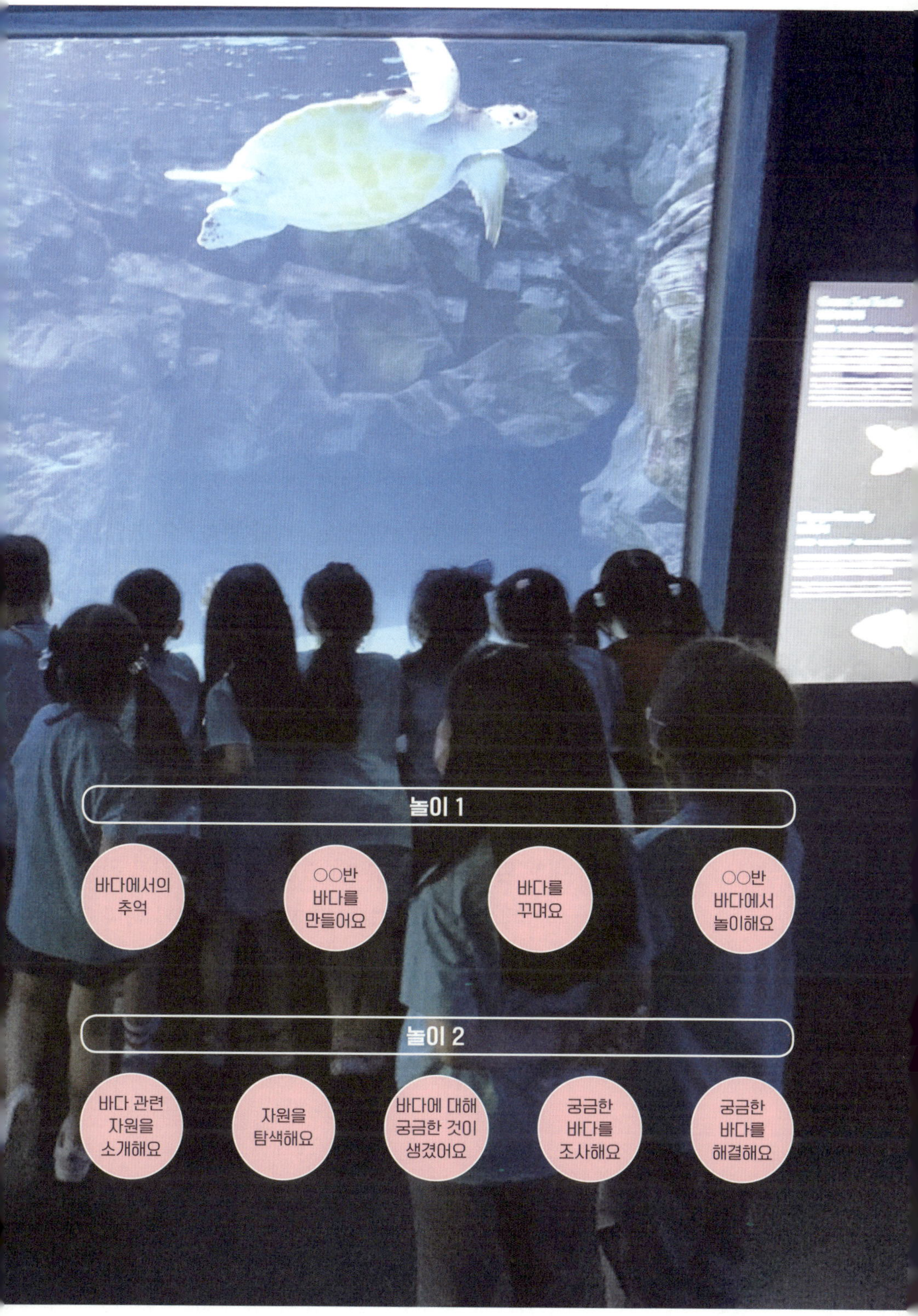

놀이 1

- 바다에서의 추억
- ○○반 바다를 만들어요
- 바다를 꾸며요
- ○○반 바다에서 놀이해요

놀이 2

- 바다 관련 자원을 소개해요
- 자원을 탐색해요
- 바다에 대해 궁금한 것이 생겼어요
- 궁금한 바다를 조사해요
- 궁금한 바다를 해결해요

프로젝트 진행 기간 : 약 4주

프로젝트 선정 이유 : 어느새 더워진 여름 날씨에 유아들이 "이렇게 더울 때는 수영장에 하루 종일 있고 싶어요!", "물 안에 있으면 너무 시원하고 좋아!"라고 하는 등 물놀이에 대해 자주 이야기하는 모습을 관찰할 수 있었다. 유아들은 여러 장소에서의 물놀이에 대한 추억을 떠올리며, 친구들이 주로 이야기하는 곳 중 하나인 바다에 관심을 가지게 되었다. 또한 유치원의 모래 놀이터를 보며 "이거 바다에 있는 모래랑 비슷하지 않아?"라고 이야기하며 해안가의 모래를 연상하여 놀이하고, "바닷물은 왜 그냥 물이랑 다르게 짤까?"라고 말하며 바다에 대한 궁금증을 표현하는 등 유아들의 바다에 대한 흥미가 깊어지고 있는 것을 볼 수 있었다. 따라서 바닷가에서의 추억을 떠올리며 우리에게 친숙한 바다에서 볼 수 있는 다양한 생물을 탐색하며 바다에 대한 궁금증을 해결하는 시간을 가지고, 바닷가에서 할 수 있는 놀이와 바다가 우리에게 주는 이로움에 대해 알아보고 오염되어 가는 바다를 지키기 위한 방법에는 무엇이 있는지 탐구해 보고자 한다. 나아가 바다를 아끼고 소중히 할 수 있는 태도를 기르기 위해 우리가 직접 실천할 수 있는 방법을 생각해 보고자 '바다'를 프로젝트로 선정하게 되었다.

주제 개념망

- 주제 개념망은 교사의 계획이므로 같은 주제라 하더라도 인적·물적 환경에 따라 다를 수 있으며, 실제 활동이 진행되면서 언제든지 바뀔 수 있다.

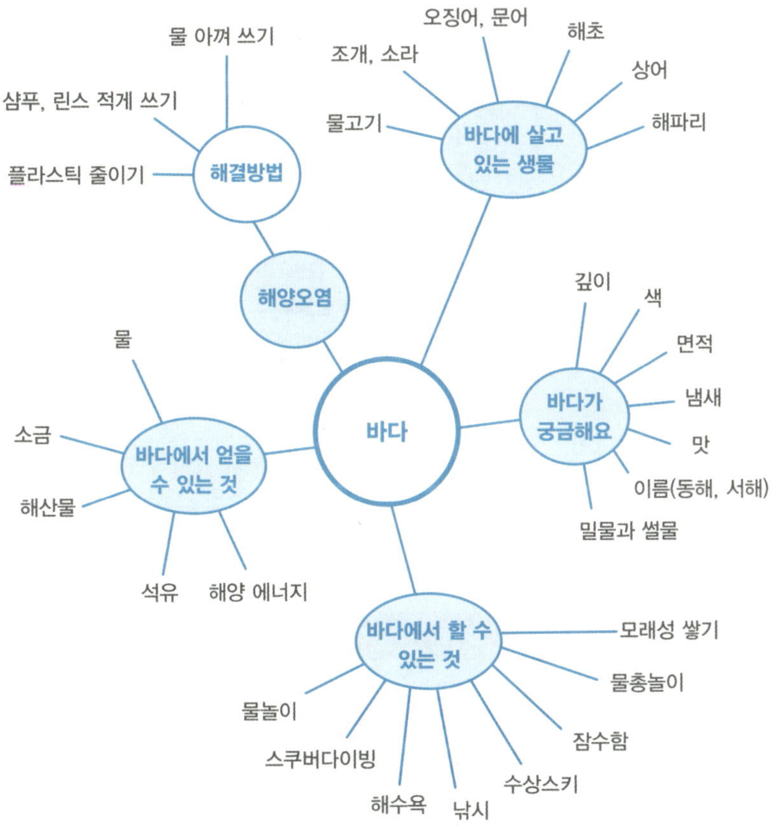

관련 활동

- 교사는 프로젝트와 관련하여 유아들을 위한 환경구성과 관련 활동들을 미리 계획해 두어 놀이의 진행에 따라 지원할 수 있도록 한다.

언어 활동	미술 활동	수 · 조작 활동
[이야기 나누기] • '바다' 하면 떠오르는 생각은? • 바다에서 볼 수 있는 생물 • 바다에서 할 수 있는 놀이 • 바다를 지키는 방법 [동시] • 바다에 가면 • 바닷가에서 [동화] • 바다로 간 빨대 • 바다 100층짜리 집 • 바닷속 케이크 [동극] • 무지개 물고기	[명화감상] • 앙리 마티스의 '붉은 물고기와 고양이' 명화 감상 [만들기] • 물고기 셀로판지 모자이크 • ○○반 바다 만들기(협동) • 조개껍데기 액자 만들기 • 알록달록 물고기 비닐 만들기 • 나만의 어항 만들기 • 바닷속을 탐험하는 잠수함 • 바다부채 만들기	[수] • 바닷속 생물들의 다리 개수는? • 물고기 크기 재기 • 내가 좋아하는 물고기 그래프 [조작] • 물고기 종이접기 • 바다를 지켜라! • 알맞은 물고기의 꼬리를 찾아요 • 바닷속 물고기 퍼즐 맞추기 • 물고기 바느질하기 • 내 어항 속 물고기 보드게임
음률 · 신체활동	**쌓기 · 역할 · 실외 활동**	**과학 · 요리 활동**
[새노래] • 바다로 가자 • 바다특공대 • 초록 바다 [악기연주] • '바다로 가자' 합주해요 [게임] • 상어 게임 • 파도타기 [신체표현] • 바닷속 생물이 되어요	[쌓기] • 낚시터 구성하기 • 수산 시장을 만들어요 • 바닷속 구성하기 [역할] • 해수욕장 놀이 • 생선가게 놀이 • 낚시터 놀이 [실외] • '일산아쿠아플라넷' 견학	[과학] • 조개껍데기 탐색하기 • 미역은 얼마만큼 커질까? • 밀물과 썰물, 바다와 갯벌 [요리] • 바다 비빔 국수

가정에서의 협조

- 프로젝트마다 가정에서 협조할 수 있는 필요한 자원들을 요청하는 것은 유치원과 가정과의 연계를 도와주며 부모들의 교육 활동에 대한 관심을 높이는 데도 도움을 준다.

- 바닷가에서 시간을 보냈던 사진이나 영상 등 추억을 함께 보시고, 이야기 나누어 보시며 유아가 '바다'에 흥미를 가질 수 있도록 해 주세요.
- 바다와 관련된 음식을 먹을 때 맛과 생김새, 특징을 유아가 관심 가지고 탐색할 수 있도록 이야기 나누어 주세요.
- 수족관, 시장(수산코너)에 가서 물고기들을 직접 보고 사는 경험 등 즐거운 추억을 만드신 경우 유아들과 함께 찍은 사진을 보내주시면 서로의 경험을 나누는 시간을 갖도록 하겠습니다.

자원 협조	1차적 자원	• '바다' 주제와 관련된 실물 자료(조개껍데기, 소라, 돌멩이, 바다 생물, 산호, 낚시도구, 그물망 등)를 보내주시면 유아들과 즐거운 활동을 진행하겠습니다.
	2차적 자원	• '바다'와 관련된 도서, 자료(그림, 사진, 인터넷 자료 등)를 유치원으로 보내주시면 소중한 교육 자료로 활동한 후 주제가 마무리될 때 가정으로 보내드리겠습니다.

놀이 1 - 놀이의 시작

| 놀이의 진행 양상 |

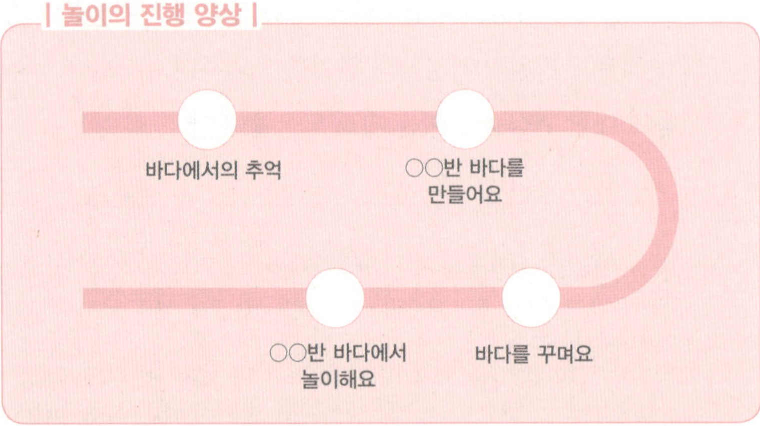

"나는 오빠랑 같이 튜브를 타고 둥둥 떠다녔어!"

"나는 바닷가에서 동생이랑 수영한 모습을 그릴 거야!"

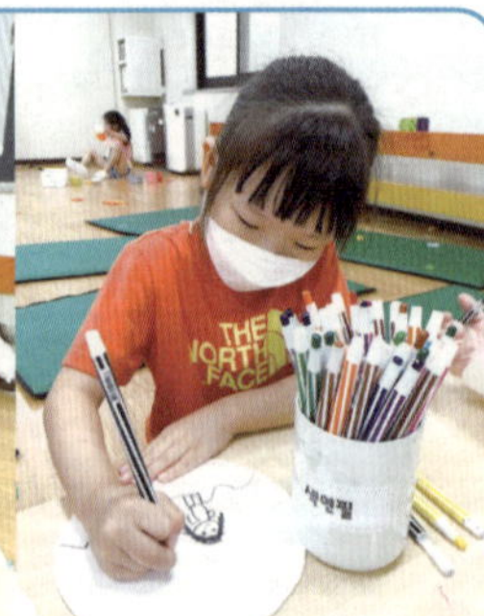

"바다에서 수영하다가 물에 빠진 적도 있어!"

| 내가 경험한 바다 놀이를 다양한 미술재료와 도구로 표현해 보아요 |

| 내가 경험한 바다 놀이를 친구들과 공유해요 |

'바다' 프로젝트를 시작하며 바다에 대한 여러 가지 생각을 모으고, 유아들이 바다에서 즐겁게 놀이했던 경험에 대해 적극적으로 이야기 나누는 것을 보며 내가 경험했던 바다 놀이를 그림으로 표현하기로 하였다.

유아들이 햇빛에 비쳐 반짝이는 바다를 '반짝이풀'로 표현하고 싶다고 이야기하여, 반짝이풀과 색연필, 사인펜 등으로 내가 경험한 바다 놀이를 표현하면서 "선생님, ○○반에 바다를 만들면 좋지 않을까요?"라고 제안하였다.

"물감을 멀리 퍼뜨려서 바다를 완성하자!"

"얘들아! 손보다 발로 하는 게 더 잘되는 것 같아!"

"바다가 점점 더 크게 만들어지고 있어!"

| 바다를 만들어요 1 |

- 바다를 만들고 싶다는 유아들의 의견에 따라, 유아들과 함께 바다를 만들기 위해 필요한 재료를 이야기 나눈 후 본격적으로 바다를 만들기 시작하였다.

- 전지 위에 바다의 색을 낼 수 있는 물감을 부은 뒤, 아세테이트지를 덮었다. 유아들은 그 위를 움직이며 전지에 물감이 골고루 퍼질 수 있게 하였다.

- 처음에 손으로 물감을 밀며 조금씩 흩트리던 유아들은 우연히 자리에서 일어나다가 물감이 크게 흩트러진 것을 보고 발로 밀면 더 잘 된다는 것을 알게 되었다. 그 후로 유아들은 온몸을 사용하여 바다 만들기에 열중하게 되었다.

"내가 이면지함에서 상어 그림을 찾았어!"
"그거 오려서 붙이자!"
"나는 문어랑 물고기를 그릴래!"
"그럼 나는 색종이로 접어볼게!"

| 바다를 만들어요 2 |

완성된 바다를 보고 교사가 바다에 사는 생물들을 언급하자, 유아들은 "바다에 물고기들이 있었으면 좋겠어요!"라고 이야기하며 바다를 꾸며주기 시작하였다.

"여기에다가 상어를 붙이면 좋겠어!" "선생님! 우리가 바다를 꾸며줬어요!"

| 바다를 만들어요 3 |

유아들은 이면지함에서 찾은 상어 그림을 오려 함께 만든 바다 위에 테이프로 붙이고, 종이접기를 하여 물고기를 붙이고, 직접 그리고 오려 붙이며 바다를 꾸미기 시작했다.

"준비 시작! 이번에는 자유형으로 수영하는 거야!"
"이건 내가 만든 파도야! 구불구불, 어때 비슷하지?"

| 바다 수영 놀이 |

바다가 완성되자, 유아들은 바다에서 할 수 있는 놀이들을 하였다. 제일 먼저, '바다' 하면 수영이 생각난다던 유아들은 곡선 블록들을 이용하여 파도를 만들어 올려 두고, 그 옆에서 수영하는 흉내를 내며 수영 놀이를 진행하였다.

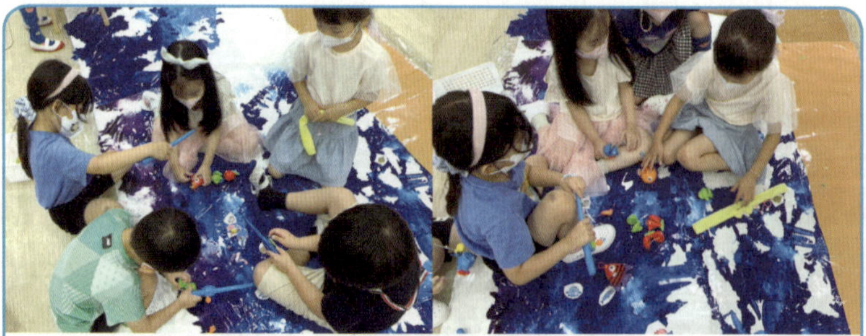

"바다에서 낚시 놀이를 하니까 더 재미있다!"
"낚싯대가 더 필요했으면 좋겠어!"
"그럼 우리 순서를 정해볼까?"

| 바다 낚시 놀이 |

유아들이 바다를 꾸미면서 언급한 낚시 놀이에 대해 낚시 놀잇감을 제공해 주었더니, 바다 위에서 순서를 정해 번갈아 가며 낚시 놀이를 하는 모습을 볼 수 있었다.

| 교사의 지원 |

공간	· 바다에 대한 추억을 그린 그림을 친구에게 공유할 수 있도록 하기 위해 벽면에 환경구성을 해 주어 유아들이 서로의 작품을 감상할 수 있도록 제공하였다. · 바다를 만들어 놀이하고 싶다고 이야기하는 유아들을 위해, 책상 배치를 다시 한 뒤 교실의 가장 가운데 부분을 남겨놓아 바다를 만들 수 있는 장소를 제공하였다.
자료	· 바다에 대한 추억을 그림으로 표현하는 유아들이 재료 중 '반짝이풀'을 이용하여 반짝이는 바다로 표현하고 싶다고 하여, 사용할 수 있도록 제공하였다. · 바다를 만들기 위해 필요한 재료들을 이야기하며, 그중 유아들이 선택한 물감으로 바다를 만들기 위해 물감, 아세테이트지, 전지 등을 제공하여 직접 바다를 만들어 볼 수 있는 기회를 제공하였다. · 바다에서 할 수 있는 놀이를 생각하며 '낚시 놀이'를 떠올린 유아들을 위해, 낚시의자와 낚시 놀잇감을 제공하여 유아들이 바다를 활용하여 바다 낚시 놀이를 할 수 있도록 하였다.
상호작용	· 유아들이 바다에 대한 추억을 떠올릴 때 유아들의 경험을 주의 깊게 들으며 유아들이 충분히 자신의 경험을 말로 표현할 수 있도록 언어적 지원을 하였다. · 바다를 만드는 과정에서, 유아들이 우연한 경험으로 손으로 물감을 퍼트리는 것보다 발로 물감을 퍼트리는 것이 더 빠르다는 것을 알게 되었을 때, "왜 발로 밀면 더 잘 퍼질까?"라고 물어보아 유아들이 이유에 대해 생각해 볼 수 있는 기회를 제공하였다. 또한 바다 낚시 놀이를 할 수 있도록 놀잇감을 제공하였다.

| 교사 평가 |

- 유아들이 선호하는 재료인 물감으로 바다를 만드는 것이 성공적으로 이루어질 수 있을까 걱정이 많았는데, 유아들이 적극적으로 참여하며 바다에 대한 관심을 보여 바다 만들기가 잘 이루어질 수 있었다고 생각한다.
- 유아들의 흥미가 바다를 만드는 것에서 그칠 수 있다는 생각이 들어 놀이를 확장시키기 위해 어떤 방법을 사용하면 좋을지 고민이 되었는데, 유아들이 바다에 자연스럽게 지속적인 관심을 가져 바다 놀이가 잘 이루어졌다고 생각했다. 그러나 알고 있는 놀이 외에도 조금 더 확장되어 이루어질 수 있는 놀이들에 대해 함께 이야기 나누면 바다에서 더 즐겁게 놀이할 수 있지 않았을까 하는 아쉬움이 들었다.
- 바다를 만들고 꾸미는 놀이를 할 때, 일부 관심 있는 유아들만 바다 꾸미기에 참여하고 그 외에는 바다 꾸미기에 큰 관심을 보이지 않았다. 차후에 바다에서 놀이하며 그때 관심이 생겨 꾸미는 유아들도 있었으나, 유아가 흥미를 가지지 않을 때 어떤 방법으로 관심을 유도하면 좋을지 계속 연구해야 할 것 같다.

| 유아 평가 |

- 우리 반에 바다가 생겨서 진짜 여름 바다에 놀러온 것 같아 좋아요!
- 바다에서 놀이하니까 그냥 바닥에서 놀이하는 것보다 훨씬 더 재미있어요!
- 바다에서 낚시 놀이를 하면 물고기가 진짜 살아 움직이는 것 같아요.
- 바다가 조금 더 컸으면 좋겠어요! 우리 반 전체를 바다로 만들어보는 건 어때요?

놀이 2 – 놀이의 확장

| 놀이의 진행 양상 |

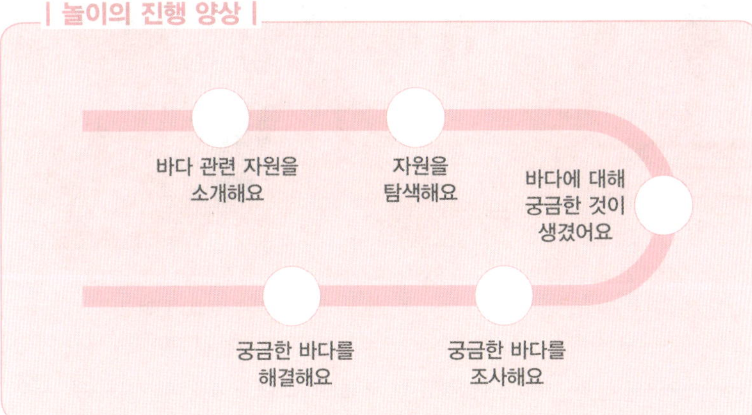

"나는 바닷속 생물에 대한 이야기가 담긴 책을 가지고 왔어."

"너희가 엄청 궁금해하고 좋아하는 소라껍데기를 가지고 왔어!"

"이건 로봇 물고기야. 물에 넣으면 막 움직인대! 같이 가지고 놀자!"

| 바다와 관련된 자원 소개하기 |

바다와 관련된 책, 소라껍데기, 조개껍데기, 로봇 물고기 등 여러 가지 자원을 가지고 와 친구들 앞에서 소개하는 시간을 가졌다. 특히, 소라껍데기는 유아들이 관찰할 수 있도록 과학 영역에 놔두었는데, 유아들이 소라껍데기와 조개껍데기를 돋보기로 관찰하고 탐색하는 데 관심이 많음을 볼 수 있었다.

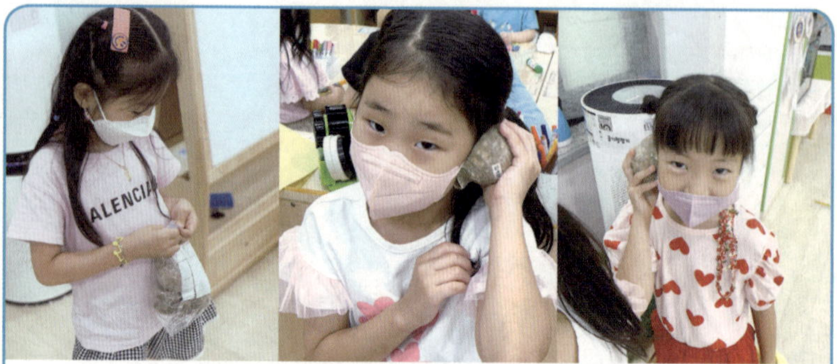

"소라껍데기가 더 있으면 좋을 것 같아서 가지고 왔어! 이것도 같이 보자!"

"소라껍데기에 귀를 대고 들어보니 어떤가요?"
"파도가 첨벙거리는 소리가 들려요!"
"제가 바닷속에 있는 것 같아요!"

| 소라껍데기를 탐색해요 |

친구들이 가지고 온 자원 중 소라껍데기, 조개껍데기 등에 많은 관심이 생긴 유아들은 소라껍데기 표면을 손으로 만지며 느낌을 서로 이야기 나누어 보기도 하고, 소라를 귀에 대고 소리를 들으며 "여기에서 바다 소리가 나는 것 같아!"라고 이야기하는 등 소라껍데기를 즐겁게 탐색하기 시작하였다.

"바다에서 낚시 놀이를 하니까 더 재미있다!"
"낚싯대가 더 필요했으면 좋겠어!"
"그럼 우리 순서를 정해볼까?"

"미역을 쭉 짜볼까? 물이 엄청 많이 나와!"
"내가 이걸로 미역국을 해 줄게. 어때?"
"이거 먹을 수 있는 미역인 거지?"

| 미역을 탐색해요 |

소라껍데기를 즐겁게 탐색하는 것을 보며 주변에서 흔히 접할 수 있는 것 중 하나인 미역을 함께 탐색해 보아도 좋을 것 같아 미역을 물에 불려 탐색해 보는 시간을 제공하였다. 유아들은 미역이 커지는 모습을 관찰하고 직접 손으로 만져보며 "미역이 먹는 것처럼 엄청 미끌미끌하다", "미역을 꾹 짜니까 물이 엄청 나와!"라고 이야기하는 등 미역을 적극적으로 탐색하기 시작했다.

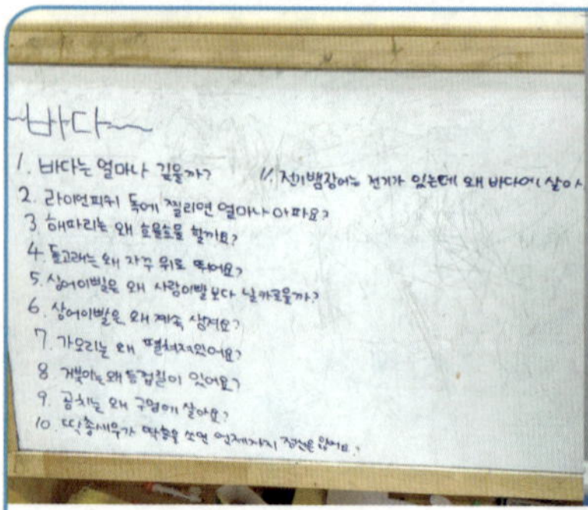

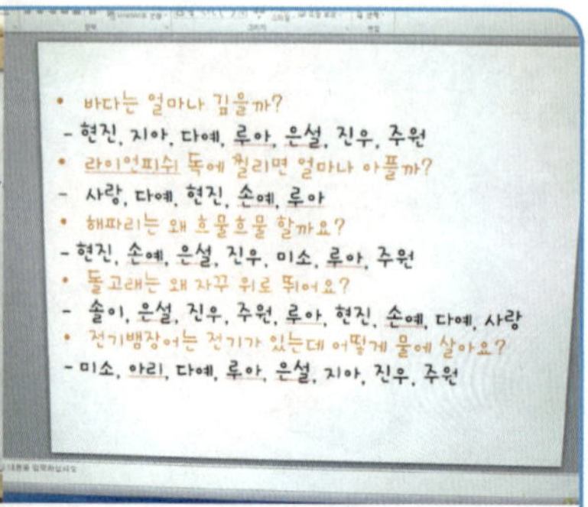

1. 거북이는 왜 등껍질이 있나요?
2. 딱총새우가 딱총을 쏘면 얼마나 아파요?
3. 곰치는 왜 구멍에 살아요?
4. 해파리는 왜 자꾸 흐물흐물 할까요?
5. 상어이빨은 왜 날카로울까요?
6. 돌고래는 왜 자꾸 위로 뛰어요?
7. 바다는 얼마나 깊을까?
8. 전기뱀장어는 전기가 있는데 어떻게 바다에 살아요?
9. 라이언피쉬 독에 찔리면 얼마나 아파요?
10. 상어 이빨은 왜 에스컬레이터예요? (상어이빨은 왜 계속 자라는 걸까요?)

| 친구들이 직접 조사하기로 한 바다 질문 목록 |

미역, 소라껍데기 등을 탐색하고 바닷속 생물에 대해 함께 알아가는 과정에서 유아들은 바다에 대해 여러 가지 궁금한 점들이 생겨 교사에게 질문하고, 서로 이야기를 나누는 모습들이 자주 보였다. 유아들과 바다에 대해 궁금한 것들을 이야기 나눈 뒤, 함께 알아보기로 하여 유아들과 함께 10가지의 질문 목록을 작성하였다.

유아들은 그동안 궁금했지만 찾아보지 못했던 내용들을 함께 알아가고 싶어 하였다. 그래서 작성한 질문 목록을 조사하고 싶은 유아는 손을 들어 조사해 보기로 하고 조사 방법으로 인터넷에 검색하기, 책으로 찾아보기, 견학 가기 등을 이야기하여 함께 해 보며 궁금증에 대한 해답을 찾아보기로 하였다.

"목차를 한번 볼까?
여기에는 다양한 바다 생물이 있네!
나는 백상아리 먼저 읽을래!
우리가 궁금해했던 상어 이빨에 대한 정보를
찾을 수 있을 거야!"

"우와 여기 다양한 조개들이 있어.
물고기보다 큰 조개도 있대!
그래서 물고기를 잡아먹을 수도 있나 봐.
이런 조개를 발견하게 되면
어떻게 해야 할까?"

| 책을 통해 조사하기 |

"라이언피쉬는 한국이름으로
쏠배감펭이라고 해."
"쏠배감펭? 이름 부르기 조금 어렵긴 하다!
근데 생김새가 엄청 무섭게 생기기도 했어."

"이 동영상에 우리가 궁금한
정보가 나올까?"
"우리가 동영상을 보면서 필요한 정보를
잘 찾아보자!"

| 컴퓨터와 영상을 이용하여 조사하기 |

질문 목록과 자신이 조사하고 싶은 질문을 정한 유아들은 다양한 방법으로 자신이 궁금했던 내용을 조사하기 시작하였

다. 교사와 함께 책을 살펴보며 궁금한 질문에 대한 해답을 찾아보기도 하였고, 인터넷과 유튜브 동영상을 함께 시청하면서 궁금한 것을 하나씩 해결해 나가보기도 하였다.

"이것 봐! 이 친구의 이름은 뭐지?
근데 생김새가 딱총새우랑 비슷하게 생겼다!"

"문어 다리 좀 봐!
왜 이렇게 동그라미가 많은 거지?"

| '아쿠아리움' 견학지에서 조사하기 |

유아들이 "아쿠아리움에 가면 다양한 동물들을 볼 수 있고, 거기에 있는 직원에게 물어보면 답을 알려주실 수도 있어요!"라고 이야기하여 아쿠아리움 견학을 계획하게 되었고, 견학을 통해 궁금했던 생물들을 함께 살펴보며 자세히 탐구해 보는 시간을 가졌다.

"선생님! 우리가 정했던 궁금증 뽑아주세요! 제가 적을게요!"

"뭐라고 적어야 쉽게 알려줄 수 있지?"

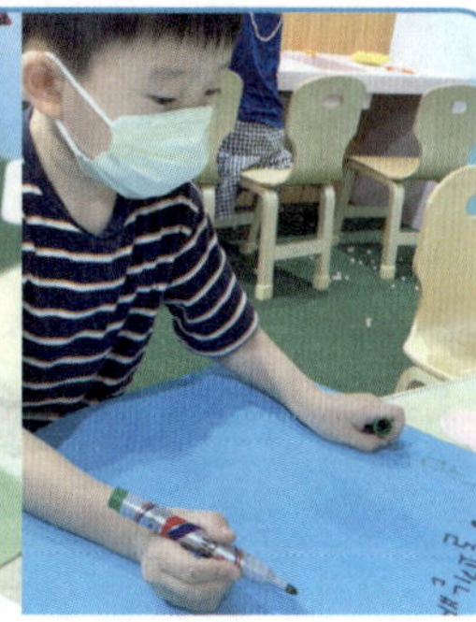

"한 문장으로 적어서 알려주자! 제가 혼자 적어볼게요!"

| 내가 알게 된 내용을 포스터로 만들어요 |

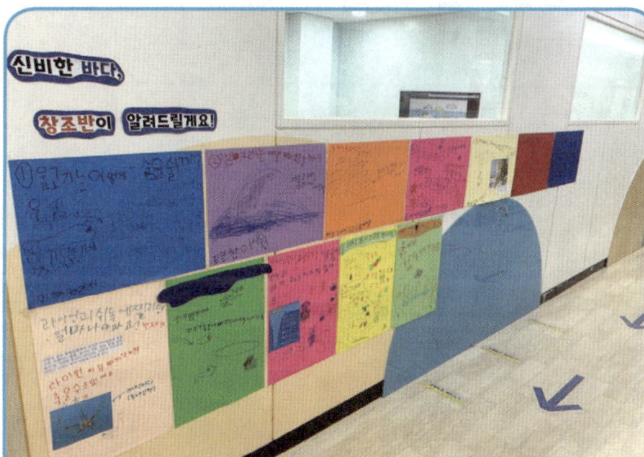

"우리가 만든 포스터를 어디에 붙이면 좋을까?"
"○○반 앞 복도에 붙이면 많은 친구들이 볼 수 있을 거예요!"

| 신비한 바다, ○○반이 알려드릴게요! |

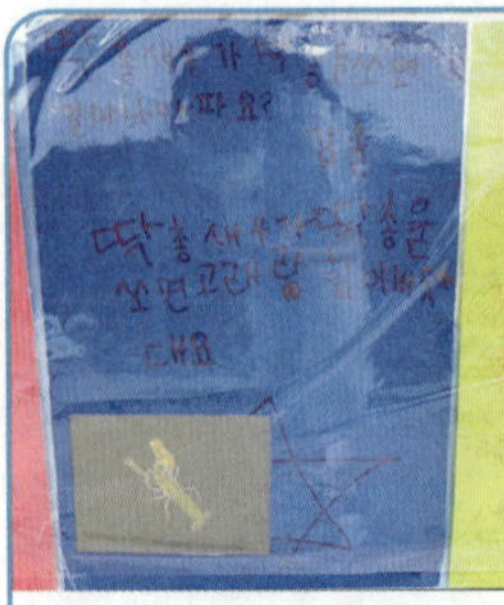

Ⓠ 딱총새우가 딱총을 쏘면 얼마나 아파요?
Ⓐ 딱총새우가 딱총을 쏘면 고래랑 힘이 비슷하대요.

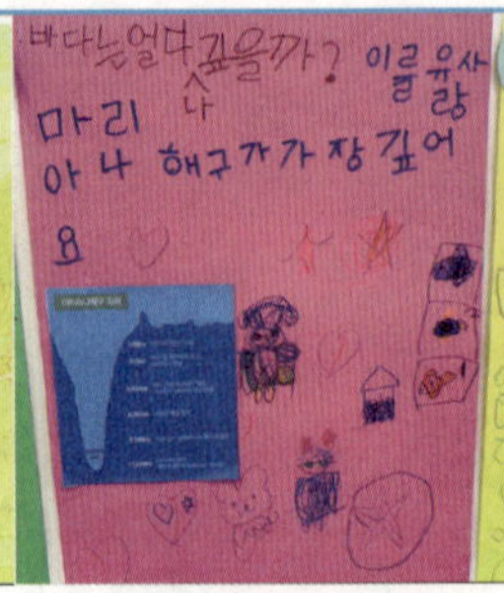

Ⓠ 바다는 얼마나 깊을까요?
Ⓐ 마리아나 해구가 가장 깊어요.

Ⓠ 거북이는 왜 등껍질이 있어요?
Ⓐ 거북이가 땅을 열심히 파게 되면서 등을 보호하기 위해 등껍질이 생겼어요.

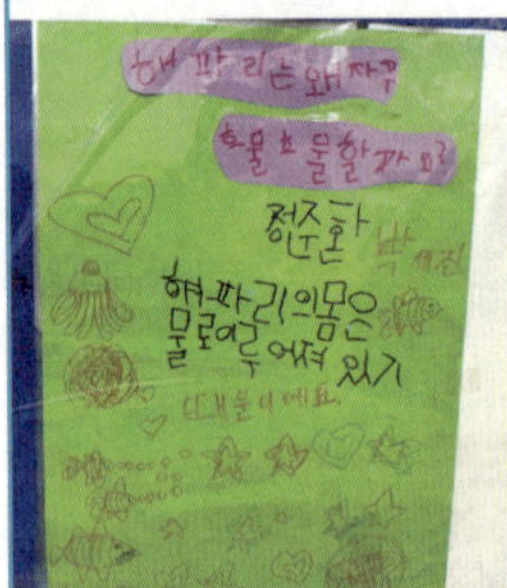

Ⓠ 해파리는 왜 자꾸 흐물흐물할까요?
Ⓐ 해파리의 몸은 물로 이루어져 있기 때문이에요.

Ⓠ 상어 이빨은 왜 날카로울까요?
Ⓐ 물고기를 잡아먹기 위해서예요.

Ⓠ 돌고래는 왜 자꾸 위로 뛰어요?
Ⓐ 돌고래는 포유류라서 숨을 쉬기 위해 위로 점프하는 거예요.

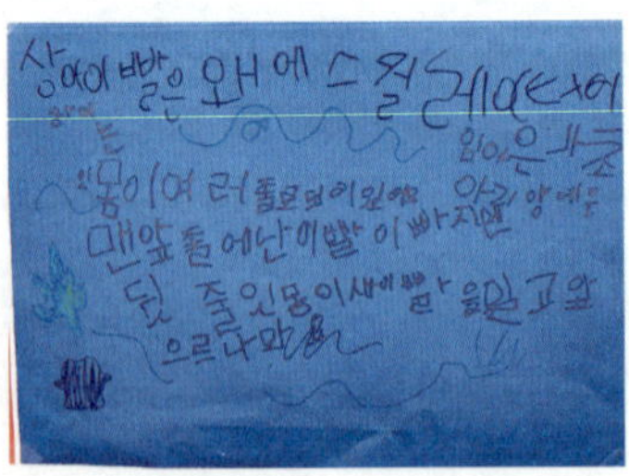

Ⓠ 상어 이빨은 왜 에스컬레이터예요?
Ⓐ 상어는 잇몸이 여러 줄로 덮여 있어요. 맨 앞줄에 난 이빨이 빠지면 뒷줄 잇몸이 새 이빨을 밀고 앞으로 나와요.

| 우리가 알게 된 내용을 다른 사람들에게도 전해요 |

책, 컴퓨터, 견학 등을 통해 유아들은 궁금한 것에 대한 해답들을 알아내었고, 알게 된 내용을 서로에게 공유하기 위해 글씨를 적고 알맞은 그림을 그려 포스터를 제작하였다. 포스터를 함께 살펴보며 이야기를 나누던 와중에, "선생님, 우리가 바다에 대해 알게 된 내용을 지나다니는 다른 반 친구들이나 선생님, 동생들도 알게 되었으면 좋겠어요!"라는 이야기가 나와서 어디에 전시하면 좋을지 이야기를 나누어 교실 앞 복도에 그동안 알게 된 내용이 담긴 포스터를 붙여 전시하게 되었다.

| 교사의 지원 |

공간

- 유아들이 바다에 대한 궁금증을 해결할 수 있도록 아쿠아리움, 교실 등 다양한 공간에서 자료를 찾아볼 수 있도록 하였다.
- 유아들이 해결한 궁금증을 포스터로 만든 뒤, 유아가 이를 게시하여 다른 친구들에게 알려주고 싶다고 이야기하여, 교실 앞 벽면을 제공하여 유아들이 조사한 내용을 게시할 수 있도록 제공하였다.

자료

- 유아들이 여러 가지 바다 자원을 탐색할 때, 충분히 관찰하고 탐색할 수 있도록 다양한 자원을 충분히 구비하여 제공하였고, 마른 미역이 물과 만나 커지는 과정을 직접 눈으로 관찰할 수 있도록 적절한 수조와 장소를 마련하였다.
- 유아들이 궁금증을 해결하는 과정에서 컴퓨터, 책 등 다양한 자료를 필요로 하자 직접 사용하여 조사할 수 있도록 제공하였다. 이 과정에서 유아들은 컴퓨터를 다루는 법, 책에서 필요한 내용만을 찾아 정보를 알아가는 것 등을 경험할 수 있었다.
- 유아들이 직접 조사하여 알게 된 내용을 적을 수 있도록 종이와 매직을 제공하였고, 유아들은 직접 글씨로 적어 표현하며 글씨에 적어 정보를 제공하는 것에 관심을 가지게 되었다.

상호작용

- 유아들과 바다에 대한 궁금증을 모아볼 때, 유아들의 다양한 생각과 질문을 함께 이야기 나누며 해답을 먼저 찾아보기 전, 왜 그럴지에 대한 생각을 먼저 해 볼 수 있는 기회를 제공하였다.
- 유아들이 정보를 찾을 때, 이 정보가 왜 질문에 맞는 답이라고 생각하는지 함께 이야기 나누며 유아들이 올바른 정보를 찾고, 정보를 구별할 수 있도록 하는 이야기를 자주 나누었다.

| 교사 평가 |

- 유아들이 직접 궁금한 내용을 찾아보는 과정에서 어떠한 지원이 이루어지면 좋을지 생각해 볼 수 있었으며, 교사가 도움을 주지 않아도 방법을 제시하면 유아들이 스스로 기계를 다룰 수 있는 방법을 터득했음을 볼 수 있었다.
- 유아들과 궁금증에 대해 함께 이야기를 나누는 과정에서, 궁금해하는 내용이 굉장히 창의적이라는 생각이 들었으며, 이를 찾아보는 과정에서 교사, 유아 모두 즐거움을 느낄 수 있었다고 생각한다.
- 궁금한 것에 대한 답을 찾아가는 과정에서 먼저 가설을 세워보기도 하였는데, 가설을 세우고 찾다 보니 유아들이 자신의 가설과 정보를 비교하며 자신의 도식을 수정하고 조절하는 것을 관찰할 수 있었다.

| 유아 평가 |

- 직접 미역이 커지는 걸 보면서 만져보는 게 진짜 재미있었어요!
- 우리가 궁금한 것을 찾으러 직접 아쿠아리움에 가서 여러 가지 생물을 볼 수 있었던 것이 좋았어요!
- 우리가 조사한 내용을 벽에 붙여두니까, 지나가는 선생님들이랑 동생들, 친구들이 관심을 가져주어서 좋았어요!

| 놀이의 교육적 의미 |

영역	내용
신체운동·건강	• 바다를 만들어 놀이하며 실내외 신체활동에 자발적으로 참여한다.
의사소통	• 바다에 대해 궁금한 것을 탐구하는 과정에서 알게 된 자신의 생각을 글자와 비슷한 형태로 표현하며 글자에 관심을 가진다. • 책, 컴퓨터 등을 사용하여 정보를 찾으며 글자 읽기에 관심을 가진다. • 친구와 궁금증을 해결하는 과정에서 자신의 생각, 느낌을 말하며 말이나 이야기를 관심 있게 듣는다.
사회관계	• 내가 궁금한 것을 찾는 과정에서 아쿠아리움을 견학하는 등 지역사회에 관심을 가진다. • 친구와 바다를 만들어 놀이하는 과정에서 사이좋게 놀이한다. • 바다를 만드는 과정에서 내가 할 수 있는 것을 찾아 스스로 한다.
예술경험	• 다양한 미술재료와 도구를 이용하여 우리가 생각한 바다를 만들어 놀이할 수 있다. • 바다에서 할 수 있는 놀이를 떠올리며 자신의 경험을 극놀이로 표현한다.
자연탐구	• 바다에 대한 궁금한 것을 탐구하는 과정에 즐겁게 참여한다. • 탐구 과정에서 서로 다른 생각에 관심을 가진다. • 바다를 탐구하는 과정에서 모은 자료를 기준에 따라 분류한다. • '바다' 프로젝트를 진행하며 바닷속 생물과 자연환경에 관심을 가지고 소중히 여긴다.

| 교사 총평 |

- '바다' 프로젝트는 바다에 대한 즐거운 추억을 갖고 있는 유아들과 그 추억을 다시 한번 상기시키며 친구와 함께하는 바다 놀이의 즐거움을 알아가고, 다가오는 여름을 즐겁게 맞이하자는 교사의 의도를 가지고 시작하였다. 프로젝트 진행 과정에서 유아들과 바다에 대해 하나씩 이야기를 나누며, 유아들은 직접 교실을 바다로 만들자고 하는 의견을 내었고, 교실의 한가운데를 바다로 만들어 놀이하는 시간을 가질 수 있었다. 더 나아가 바다와 관련된 자원을 탐색하며 궁금한 내용들을 직접 알아보고 탐구하는 과정에서 교사의 처음 의도와는 다르게 바다에 대해 더 깊이, 자세히 알아보는 시간을 가지게 되었다. 유아들은 궁금한 것을 알아가는 과정에서 다양한 방법을 사용하고, 예측하고 추론하며 알아가는 것에 대한 즐거움을 느꼈으며 무언가를 탐구하는 과정을 즐기는 태도를 형성하게 되었다고 생각한다. 행복한 추억에서 시작된 '바다' 프로젝트는 유아들에게 바다에 대한 즐거움을 넘어서, 내가 알지 못했던 바다에 대해서도 알아가는 시간이었다고 생각된다. 교사에게도 유아들과 함께한 '바다' 프로젝트는 유아들의 무한한 상상력을 다시 한번 깨닫게 하고, 유아들 스스로 정보를 찾아 나서고 알아가는 과정에서 나오는 주도성과, 결국은 원하는 답을 알아내었을 때 느끼는 성취감이 유아들에게 긍정적 영향을 미치고 있다는 것을 느낄 수 있었다.

PROJECT

2

우리 함께
여행을 떠나요~!

'여행' 프로젝트
놀이 이야기

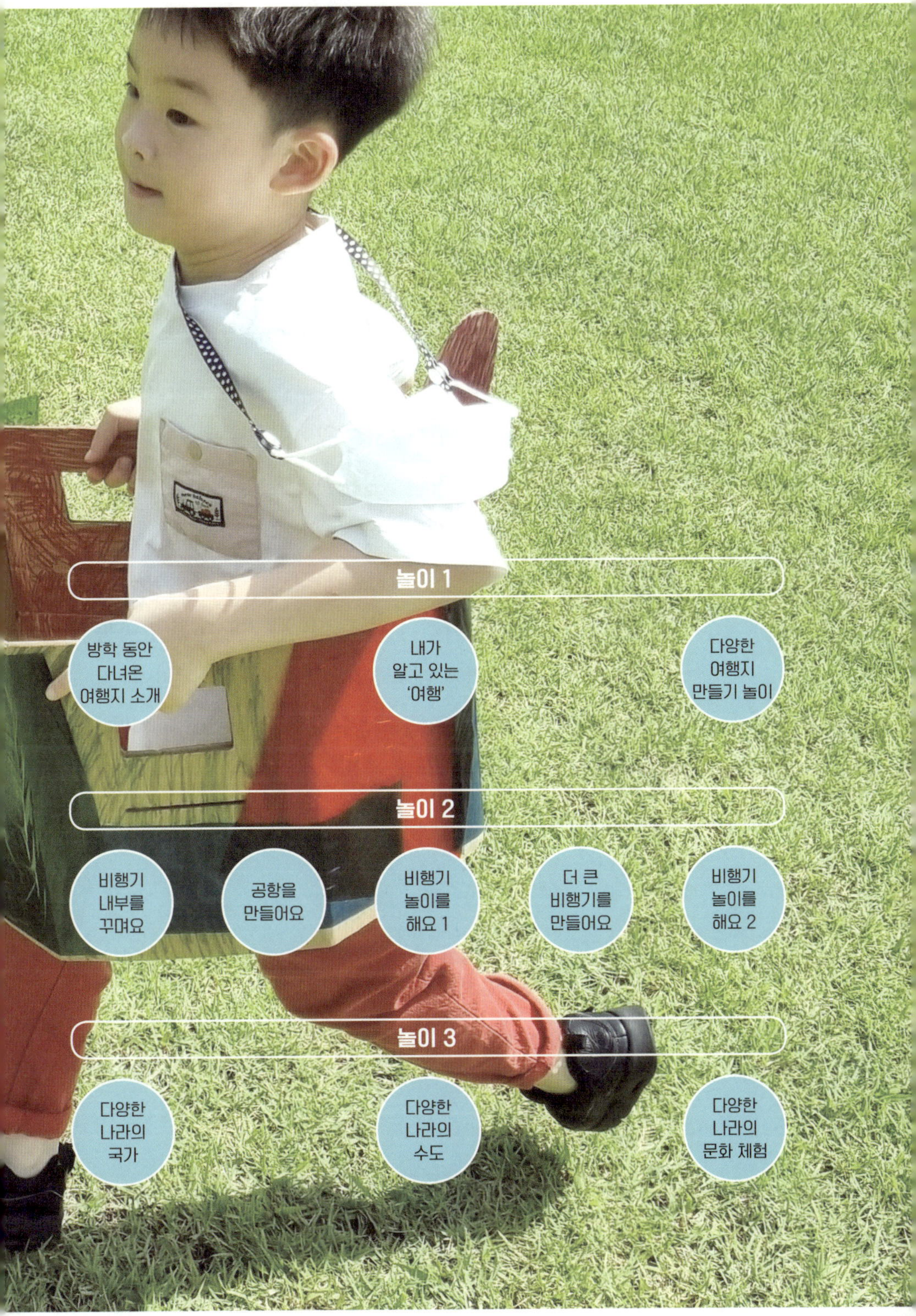

놀이 1

- 방학 동안 다녀온 여행지 소개
- 내가 알고 있는 '여행'
- 다양한 여행지 만들기 놀이

놀이 2

- 비행기 내부를 꾸며요
- 공항을 만들어요
- 비행기 놀이를 해요 1
- 더 큰 비행기를 만들어요
- 비행기 놀이를 해요 2

놀이 3

- 다양한 나라의 국가
- 다양한 나라의 수도
- 다양한 나라의 문화 체험

프로젝트 진행 기간 : 약 4주

프로젝트 선정 이유 : 즐거웠던 여름방학을 보낸 후 교실에서 다시 만난 유아들과 방학 지낸 이야기를 나누며 내가 다녀온 여행지에 대해 소개하는 시간을 가졌다. “나는 방학 때 바다에 갔었어! 바다에서 수영을 엄청 많이 하고 놀았어.”, “나는 캠핑장에 가서 고기도 구워 먹고 물놀이도 하고 놀았어!”, “나는 제주도로 여행을 다녀왔어.”라는 등 다양한 이야기를 들은 유아들은 자연스럽게 여행지에 관심을 보이기 시작하였다. 그래서 유아들과 함께 여행의 의미를 알아보고 다양한 여행지와 여행을 준비하는 과정 등을 알아보며 그동안 접해 보지 못했던 여행지의 새로운 환경에 대해 알아봄으로써 우리나라 지역에 대한 호기심과 자연스럽게 다른 지역·나라의 언어, 의상, 음식, 생활모습을 알아보고자 ‘여행’ 프로젝트를 진행하게 되었다.

주제 개념망

• 주제 개념망은 교사의 계획이므로 같은 주제라 하더라도 인적·물적 환경에 따라 다를 수 있으며, 실제 활동이 진행되면서 언제든지 바뀔 수 있다.

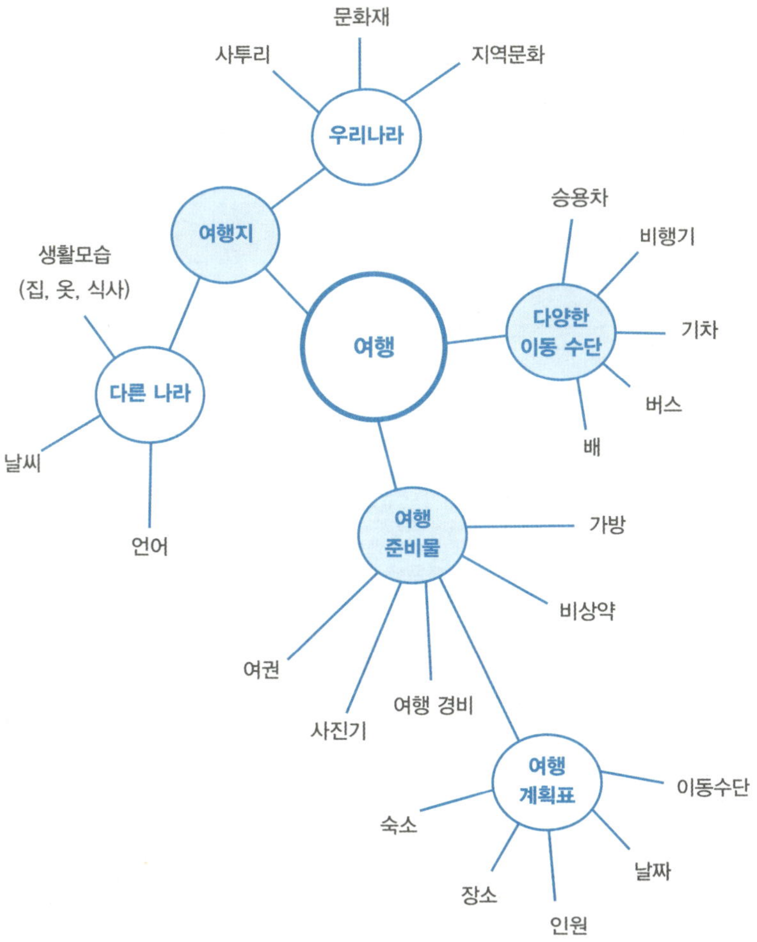

관련 활동

• 교사는 프로젝트와 관련하여 유아들을 위한 환경구성과 관련 활동들을 미리 계획해 두어 놀이의 진행에 따라 지원할 수 있도록 한다.

언어 활동	미술 활동	수 · 조작 활동
[이야기 나누기] • 내가 가본 여행지 • 여행갈 때 타고 갔던 교통기관 • 여행을 계획해요 • 여행 갈 때 필요한 것들 • 여행을 기억하는 방법 [동시] • 여행을 떠나요 • 우주여행 [동화] • 와! 신나는 세계여행 • 머나먼 여행 • 세계여행을 떠난 펭귄, 화이트블랙 • 바무와 게로의 하늘여행	[명화감상] • 클로드 모네 – 절벽 위의 산책 명화 감상 • 빈센트 반 고흐 – 생트 마리 바다 위의 보트 명화 감상 [만들기] • 여행 이전 경험을 그려요 • 캐리어 만들기 • 열기구 모빌 만들기 • 자연물로 유람선 꾸미기 • 여권을 만들어요 • 재활용품으로 랜드마크를 만들어요 • 데칼코마니로 궁전을 표현해요 • 보글보글 거품으로 우주 만들기	[수] • 크기 순서대로 행성을 나열해요 • 우리나라와 다른 나라의 시간을 비교해요 • 각 나라 화폐로 계산해요 • 다양한 과일 열매를 따요 [조작] • 세계 여행 주사위 게임을 해요 • 국기와 랜드마크를 연결해요 • 교통기관 바퀴를 붙여요 • 세계 여러 나라의 국기 퍼즐 맞추기 • 교통기관 퍼즐 맞추기 • 여행 준비물 기억력 게임
음률 · 신체활동	**쌓기 · 역할 · 실외 활동**	**과학 · 요리 활동**
[새노래] • 꿀벌의 여행 • 우주여행 • 세계 수도송 [악기연주] • 세계 여러 나라 악기로 연주해요 [게임] • 여행에 가면 [신체표현] • 내가 비행기라면 • 랜드마크를 표현해요	[쌓기] • 공항을 구성해요 • 내가 세우고 싶은 건축물 • 사랑반 기차를 만들어요 • 세계 음식을 파는 가게를 구성해요 [역할] • 공항 직원 놀이 • 세계음식을 만드는 요리사 • 우주비행사가 되어요 [실외] • '국립항공박물관' 견학	[과학] • 지구본에서 세계 여러 나라 찾기 • 다양한 여행 티켓을 탐색해요 • 여권을 관찰해요 • 여행용 물건을 관찰해요 • 여행지도를 탐색해요 [요리] • 터키 대표 음식 케밥 만들기

가정에서의 협조

- 프로젝트마다 가정에서 협조할 수 있는 필요한 자원들을 요청하는 것은 유치원과 가정과의 연계를 도와주며, 부모들의 교육활동에 대한 관심을 높이는 데도 도움을 준다.

- 아이들과 주말에 함께 여행하는 시간을 가져주시면 도움이 될 것입니다.
- 아이들과 버스, 기차 등 다양한 교통수단을 이용하는 경험을 함께해 주시기 바랍니다.
- 유아들이 경험했던 여행지를 중심으로 프로젝트가 진행될 예정입니다. 함께 진행되는 가정 연계 활동에도 많은 관심과 참여 바랍니다.

자원 협조	1차적 자원	• '여행' 주제와 관련된 실물 자료(여권, 지도, 여행 가방, 여행갈 때 필요한 준비물 등)를 보내주시면 유아들과 즐거운 활동을 진행하겠습니다.
자원 협조	2차적 자원	• '여행'과 관련된 도서, 자료(그림, 사진, 물건 등)를 유치원으로 보내주시면 소중한 교육 자료로 활동한 후 주제가 마무리될 때 가정으로 보내드리겠습니다. • '여행'과 관련된 유아 사진(유치원 휴대폰 번호로 문자 전송이나 실물 자료를 보내주시면 아이들과 이야기 나누기 자료로 사용하겠습니다.)

놀이 1 - 놀이의 시작

| 놀이의 진행 양상 |

방학 동안 다녀온 여행지 소개 → 내가 알고 있는 '여행' → 다양한 여행지 만들기 놀이

"방학 때 수영장이 있는 펜션으로 여행을 다녀왔어요!"

"저는 '양양'에 다녀왔어요!"

| 방학 지낸 이야기 |

개학 후 다시 만난 아이들과 방학 지낸 이야기를 나누는 시간을 가져보았다. 대부분의 유아들이 여행에 다녀온 경험을 이야기해 주었다. 이를 통해 다양한 여행지에 관심을 보이는 유아들과 '여행' 프로젝트를 시작하게 되었으며 내가 다녀왔던 여행지, 내가 생각하는 여행에 대해 서로의 생각을 나누는 시간을 가져보았다.

"나는 부산으로 여행 갔을 때 아쿠아리움에 갔다 왔어!"
"나도 아쿠아리움 간 적 있는데!"

| '여행' 이전 경험 그리기 |

방학 지낸 이야기를 통해, 다양한 여행지에 관심을 보이는 유아들과 '여행'에 대한 다양한 생각과 경험을 공유하는 시간을 가져보았다.

"열기구 타고 여행 갈 수 있어요!"

"'여행' 하면 로마가 떠올라요! 엄마, 아빠랑 로마에 다녀온 적이 있어요!"

| '여행' 브레인스토밍(생각 모으기) |

'여행' 이전 경험 그리기, 브레인스토밍 활동을 통하여 내가 경험해 보지 못했던 부분을 간접적으로 경험해 볼 수 있는 기회가 되었다.

"여기는 비행기 타고 올 수 있는 외국의 유명한 곳이에요!"

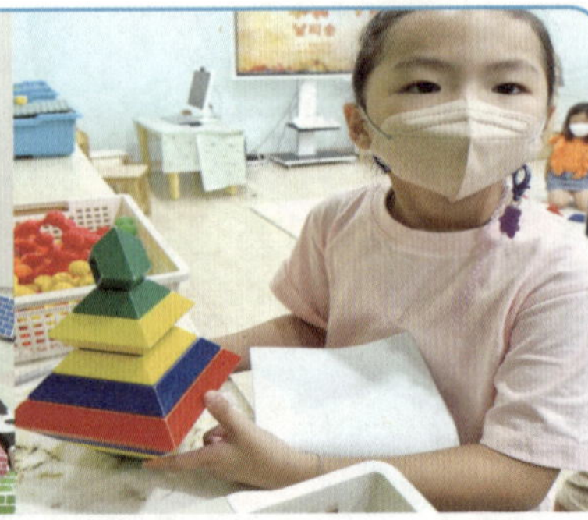

"이게 뭔지 알아요?"
"유튜브에서 피라미드를 본 적이 있어요! 사람들이 여기 앞에서 사진 찍었어요!"

"여름에 많이 가는 워터파크를 만들자!"
"미끄럼틀이 있는 킨더랜드 블록으로 만들면 되겠다!"

| 놀잇감으로 여행지 만들기 |

기존에 교실에 비치되어 있던 다양한 종류의 블록을 활용하여 여행지 만드는 놀이가 활발해졌다.

놀이가 끝나고 작품 전시를 원하는 유아들이 많았으나 아무래도 블록으로 만든 부피가 큰 작품이다 보니 모든 작품을 전시할 수는 없었다. 그래서 정리하기 전에 사진을 찍어 프린트해 주기로 하였다.

| 교사의 지원 |

공간

- 대부분의 유아들이 부피가 큰 작품을 만들며 놀이하였기에 무조건 넓은 공간을 확보하는 것을 최우선으로 하였다. 쌓기, 역할 영역을 결합하여 넓고 탁 트인 한 공간으로 활용하였으며, 그래도 영역 구분은 있어야 하므로 영역 이름표를 잘 보이는 곳에 부착하였다.

자료

- 교실에 상시 비치되어 있던 교구로 다양한 여행지를 만들며 놀이하는 유아들의 모습을 관찰할 수 있었지만 다른 활동실에 비치되어 있는 다양한 종류의 블록들을 빌려와 아이들의 만들기 자료가 더 풍부해질 수 있도록 도움을 주었다.

상호작용

- '여행'에 대한 생각과 경험이 굉장히 광범위하였기 때문에 어느 부분에 초점을 맞춰야 할지 고민이 많았으나, 개념에 벗어나지 않는 모든 유아들의 생각과 경험을 들어주고 수용해 주려고 노력하였다.

| 교사 평가 |

- 유아들이 사전에 계획해 놓았던 방향과는 다른 부분에 더 많은 관심을 보여 놀이 방향을 어떻게 잡아야 할지 혼란스러웠지만 무엇보다 유아들의 흥미가 가장 중요하다 보니 놀이를 충분히 관찰한 후, 유아들이 궁금해하는 것, 흥미를 보이고 탐색을 하는 것 등에 초점을 맞추어 지원해 주어야겠다는 생각이 들었다.

| 유아 평가 |

- ○○반에 우리가 만든 다양한 여행지가 생겼어요.
- 교실에 원래 없었던 블록이 많아졌어요.
- 교실이 더 넓어졌어요.
- 만든 작품을 전시할 수 없어서 아쉬웠어요.

놀이 2 - 놀이의 확장

| 놀이의 진행 양상 |

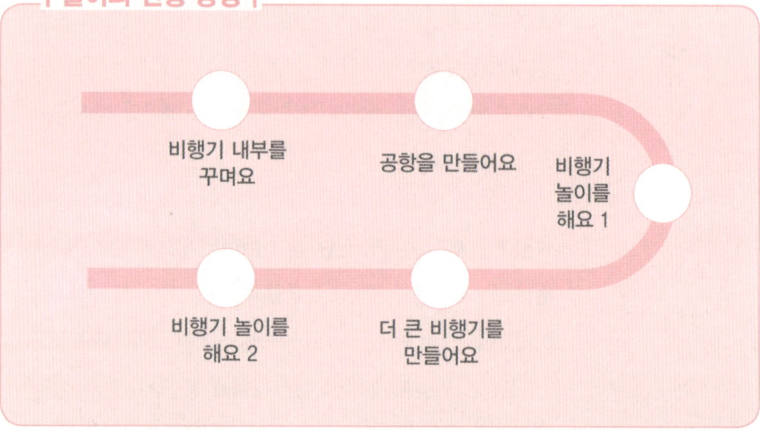

"얘들아, 그런데 해외에 가기 위해서는 필요한 것들이 있어! 어떤 것들이 필요할까?"

"비행기를 타야 돼요!"

"비행기 표도 필요해요!"

"그럼 우리 일단 비행기를 만들어 보자!"

"비행기 좌석은 내가 만들게!"

| 비행기 내부를 꾸며요 |

역할영역 한쪽에 비행기 창문 배경지를 부착한 후 비행기 내부를 꾸며 놀이하는 유아들의 모습을 관찰할 수 있었다.

"선생님, 그런데 공항 이름도 정해야 되지 않아요?"

"그렇네! 공항 이름은 뭘로 하면 좋을까?"

| 공항을 만들어요 |

비행기 내부를 완성한 후 공항 이름을 정해 보자는 유아들의 제안이 있었다. 이름을 크게 프린트해 주어 공항 이름표를 꾸며주고 붙여주니 비행기가 있는 공항을 완성할 수 있었다.

"기장은 내가 할게!"

"잠시 후 출발하겠습니다."

"나는 승무원이야! 먹고 싶은 것이 있으면 나한테 말하면 돼!"

| 공항을 만들어요 |

유아들이 구성한 '공항과 비행기'에서 하고 싶은 역할을 스스로 정한 후 비행기 관련 역할놀이가 이루어졌다.

"얘들아, 그런데 해외에 가기 위해서 또 어떤 것들이 필요하다고 했지?"
"비행기 표요!"
"또 뭐가 필요할 것 같니?"

| '여행' 이전 경험 그리기 |

해외에 가기 위해서는 비행기, 비행기표가 필요하다고 이야기해 준 유아들에게 비행기표를 제공해 준 후 비행기 놀이에 활용해 볼 수 있도록 하였다.

"이게 뭐예요?"
"이거 진짜 선생님 얼굴이에요?"
"너무 신기해요!"

"우와~! 내 얼굴이다!"

| 여권 탐색과 여권 만들기 |

해외에 가기 위해서 꼭 필요한 것들 중 유아들이 평소에 접해 보기 어려운 실제 여권을 탐색해 보는 시간을 가져보았다.

여권에 많은 관심을 보인 유아들에게 자신의 사진을 넣은 여권 자료를 제공해 준 후 여권을 만들어보는 시간을 가져보았다.

비행기표, 여권을 만든 후 비행기 놀이가 더 활발하게 이루어지는 모습을 관찰할 수 있었다.

"우와 비행기 진짜 크다~!" "비행기 날개도 진짜 크다!"

| 더 큰 비행기를 만들어요 |

예상보다 비행기 놀이가 오랜 시간 지속되었다. 놀이 상황 속에서 유아들이 "비행기가 진짜 움직이면 좋겠다.", "비행기가 더 컸으면 좋겠다."라고 이야기하는 모습을 종종 관찰할 수 있었다.

"나는 제주도로 갈 거야!" "비행기는 엄청 빠르니까 엄청 빨리 달려야 돼!"

| 더 크고 움직이는 비행기로 놀이해요 |

"비행기가 진짜 움직이면 좋겠다."고 하는 유아들과 함께 교실에서 만든 비행기를 움직이기에는 무리가 있어 새로운 방법에 대해 고민해 보았다. 교사는 입체 비행기 모형을 제공해 준 후 꾸며보는 시간을 가져보았다. 완성된 비행기를 바깥놀이 시간에 활용하여 움직이는 비행기를 경험해 볼 수 있었다.

"비행기가 더 컸으면 좋겠다." 실제 비행기가 엄청 크다는 사실을 알고 있는 유아들은 넓은 공간보다는 크기가 큰 비행기를 접해 보고 싶어 하였다. 그래서 우드락을 이어붙인 후 크기가 큰 비행기 모형을 만들어 제공해 주었다. 큰 비행기는 모든 유아들의 관심을 이끌 수 있었으며 비행기를 꾸며준 후 놀이에 활용하는 모습을 볼 수 있었다.

| 교사의 지원 |

공간

- 비행기 내부를 꾸며주기 위해서는 책상과 의자의 재배치가 필요하였다. 평소에 안전상의 문제로 놀이 시간에 책상과 의자는 최대한 이동하지 못하도록 하였는데 비행기 내부를 완성하기 위해서는 이동이 필수적이었다. 이동 시 지켜야 할 약속에 대하여 이야기를 나눈 후 이동을 허용해 주었다. 이동 내내 불안한 마음이 컸지만 재배치로 인하여 비행기라는 공간이 더욱 더 생생한 장소로 완성되었다.

자료

- 해외에 가기 위해서 꼭 필요한 것들을 유아들과 함께 알아보고 그 자료를 프린트해 주어 제공해 주었다. 유아들이 생각하지 못한 것들은 자료와 함께 보여주며 알려준 후 놀이에 활용할 수 있도록 도움을 주었다. 유아들은 실물 자료에 많은 관심을 보였으며 유아들의 놀이에 있어 자료가 유아들의 놀이에 큰 영향을 미친다는 사실을 깨달을 수 있었다.

상호작용

- 상호작용에 가장 크게 개입한 놀이는 [역할을 정해 비행기 놀이를 해요]였다. 비행기 내부를 완성한 후 유아들이 스스로 역할을 정하여 비행기 놀이를 이끌어 나갔지만 역할에 대한 정확한 직업의 이름과 그 역할의 임무를 정확하게 알려주기 위하여 (예, "기장은 출발, 도착하기 전에 방송을 해줘야 돼.") 유아-유아 간의 상호작용에 최대한 방해가 되지 않는 선에서 개입하여 알려주었다.
- 유아들에게 꼭 알려주고 싶은데 유아들이 잘 모를 경우 먼저 알려주기보다는 최대한 질문을 많이 하여 정답을 유추해 볼 수 있도록 많은 질문을 하였다.

| 교사 평가 |

- 해외에 가기 위해서는 비행기를 타야 됨을 알고, 유아들이 협동하여 교실 한쪽에 비행기 내부를 꾸며주는 모습을 관찰할 수 있었다. 완성된 공항, 비행기에서 역할을 정하여 비행기 놀이가 활발하게 이루어졌다. 대부분의 유아들이 비행기 놀이에 참여하고 흥미를 보였다. 유아들이 원했던 진짜로 움직이는 비행기, 실제 비행기처럼 큰 비행기를 똑같이 경험해 보기에는 무리가 있었지만 비슷하게라도 경험해 보며 놀이하는 시간을 가질 수 있었다.

| 유아 평가 |

- 교실에 우리가 직접 만든 다양한 비행기가 생겼어요.
- 엄청 큰 비행기가 생겨서 너무 좋아요.
- 비행기 놀이가 너무 재미있어요.
- 비행기가 진짜로 움직이고 컸으면 좋겠어요.

놀이 3 - 놀이의 전환

| 놀이의 진행 양상 |

다양한 나라의 국가 → 다양한 나라의 수도 → 다양한 나라의 문화 체험

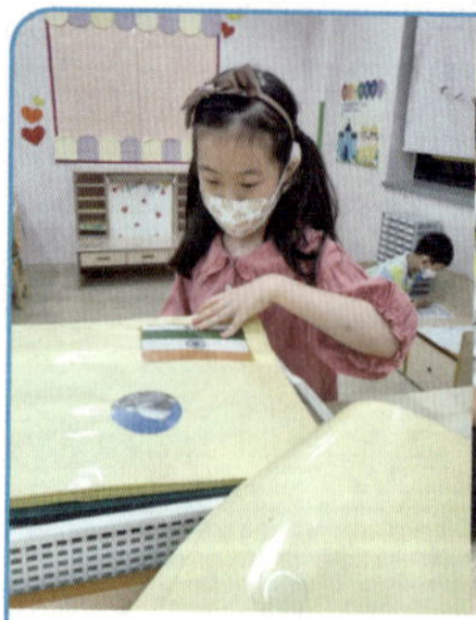

"이 국기는 인도!"

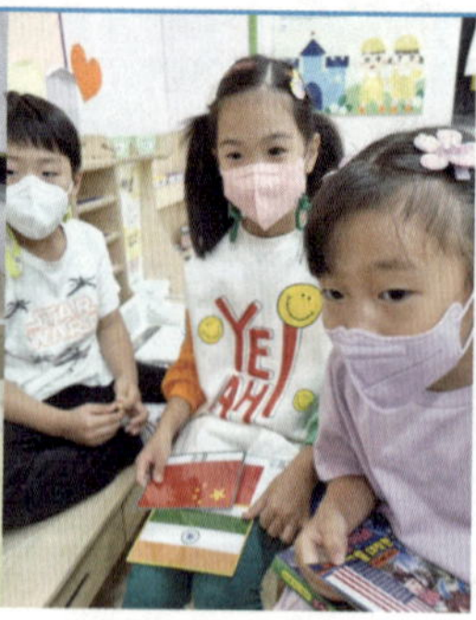

"우와 중국이다!"

"얘들아, 이 그림이 은재가 다녀왔던 로마의 국기래."
(교실에 있는 태극기를 가리키며)
"대한민국 국기는 저기 있잖아요!"

| 다양한 나라의 국기를 알아보아요 |

프로젝트 시작 이후 교실에 비치해 준 세계 여러 나라와 관련된 교구로 놀이하는 유아들의 모습을 관찰할 수 있었다. 이미 알고 있는 국기, 처음 보는 국기에 많은 관심을 보인 유아들과 다양한 나라의 국기에 대해 알아보는 시간을 가져보았다.

자원으로 가져온 그림책, 교실에 있는 컴퓨터로 조사해 보는 시간을 가지며 더 다양한 국기를 탐색해 보는 유아들을 관찰할 수 있었다.

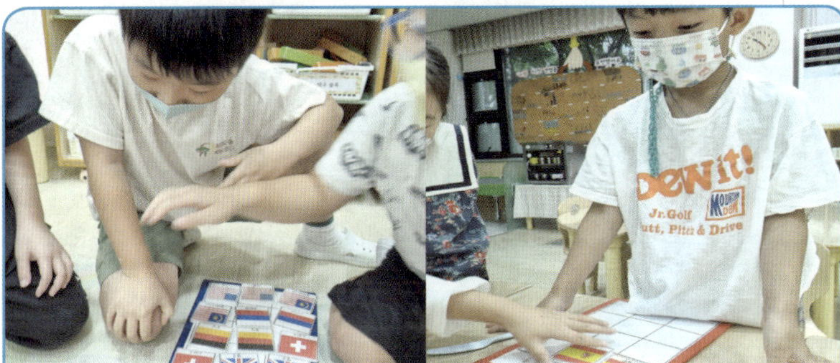

"국기 다 찾았다!"　　"이게 어떤 나라의 국기였지?"

| 나라 이름과 국기 찾기 교구 활동 |

교구를 활용한 게임 활동을 통하여 나라 이름과 국기를 익혀볼 수 있었다.

| 만국기를 만들어요 |

국기에 많은 관심을 보이는 유아들에게 국기 색칠 도안을 제공해 주었다. 평소에 색칠하는 것을 좋아하고 잘하는 유아들이 많아서 지원해 준 색칠 도안이 잘 활용되었다.

완성된 국기 그림을 이전에 구성해 놓은 공항에 붙여 보자는 제안이 있었다.

"선생님, 이거 잘라서 붙여 놓는 거 어때요?"
"좋은 생각이야! 어디에 붙여 놓으면 좋을까?"
"사람들이 봐야 되니까 저기 비행기에 붙여 놔요!"
"얘들아, 이렇게 세계 여러 나라의 국기를 만국기라고 해!"

"만국기 보고 레고로 똑같이 만들었어요!"

"인도로 가주세요!"

"다시 한국으로 가야 할 시간입니다!"

| 만국기 놀이 |

공항에 붙여 놓은 국기를 보고 유아들에게 만국기에 대해 알려주는 시간을 가져보았다. 다양한 국기 그림을 공항에 붙여 놓으니 모든 유아들이 보면서 국기를 익혀볼 수 있는 기회가 되었다. 또한, 비행기 놀이에 만국기를 활용하여 놀이하는 모습을 관찰할 수 있었다.

| 다양한 나라의 수도를 알아보아요 |

놀이시간에 틀어 놓은 '세계 수도송'에 흥미를 보이는 유아들과 세계 여러 나라의 수도에 대해 알아보는 시간을 가져보았다.

수도에 급격한 관심을 보이는 유아들에게 "중국의 수도는 베이징이래.", "너희가 알고 있는 나라의 수도가 있니?"와 같은 식으로 질문과 대답을 반복하며 이야기하는 시간을 가져보았다.

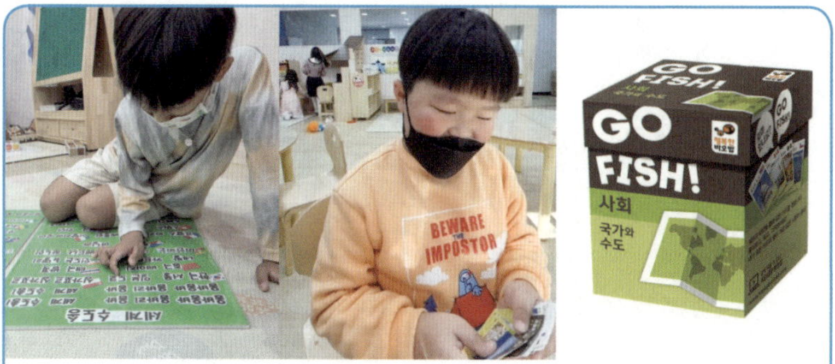

| 다양한 나라의 수도를 알아보아요 |

- 대집단 활동으로 새노래를 알아보고 교실에 가사판을 제작하여 부착해 주었다.

- 가사판을 보며 수도를 외우고 교실 언어영역에 상시 비치되어 있던 교구를 활용하여 다양한 놀이가 이루어졌다. 가사판에 없는 나라를 찾아보기도 하며, 국가 이름을 가리고 수도를 말하는 놀이 등 주로 대결 구도가 펼쳐지는 놀이가 이루어졌다.

- 유아들이 서로 게임에서 이기고 싶어 하는 마음이 강해서 많은 나라의 수도를 빠른 시간 내에 익힐 수 있었다.

"알록달록하게 꾸며줘야지."

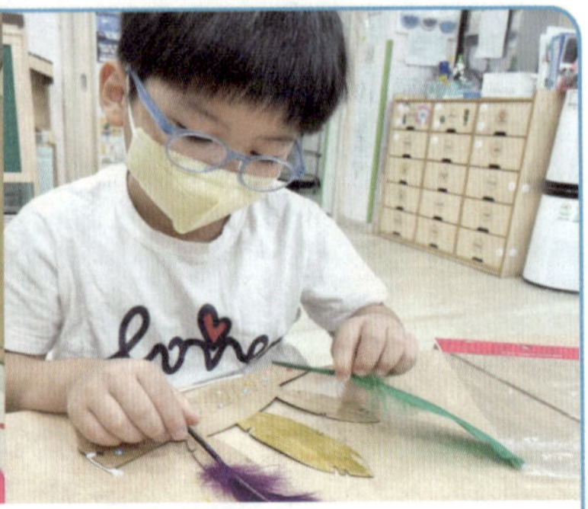

"인디언 모자에는 깃털이 있어!"

| 인디언 모자를 만들어요 |

"얘들아, 멕시코에서는 우리가 매일매일 밥을 먹는 것처럼 이 타코를 매일매일 먹는대!"

"맛있을 것 같아요!"

| 멕시코 음식 타코를 만들어요 |

"우리 저번에 만국기 만들어봤잖아!"

"이건 프랑스의 국기였어!"

| 만국기 팔찌를 만들어요 |

세계 여러 나라의 국기, 수도, 여행지 등과 관련된 놀이를 하던 유아들에게 대집단 활동 시 "얘들아, 러시아는 1년 내내 추운 나라래.", "미국에 가기 위해서는 비행기를 10시간이나 타야 된대." 등 다른 나라에 대해 이야기 나누는 시간을 가졌다. 교사가 이야기해 주는 내용을 이미 알고 있는 유아들도 있었으며, 새로운 사실을 알게 된 유아들은 신기하다는 반응을 보이며 수많은 질문이 오고 갔다. '여행' 프로젝트를 진행하면서 유아들에게 다른 나라에 대해 최대한 많은 경험을 시켜주고 싶었지만 대부분 간접적으로밖에 경험해 볼 수 없었다. 그래서 마무리 활동으로 인디언 모자를 만들거나 멕시코 음식을 만들어보는 등의 경험을 해 볼 수 있는 활동을 준비하여 부스를 열어보기로 하였다.

| 교사의 지원 |

공간

- '비행기'라는 공간이 계속적으로 구성되어 있다 보니 비행기 놀이가 아닌 다른 역할 놀이를 원하는 유아들의 공간 확보가 필요한 것 이외에는 공간적으로는 큰 어려움이 없었다. 다른 놀이를 원하는 유아들에게는 역할 영역의 놀잇감을 챙겨 다른 공간에서 놀이할 수 있도록 허용해 주었다.

자료

- 기존에 교실에 비치되어 있던 교구 사용이 활발하였다. 이미 정해져 있는 방법으로 놀이하는 것만이 아닌 아이들이 스스로 놀이 방법을 정하여 전혀 다른 방식으로 놀이하는 모습을 관찰할 수 있었다. 반제품, 정형화된 놀이 자료가 아니더라도 각 유아들만의 방식으로 놀이하며 배움이 일어날 수 있다는 것을 깨달을 수 있었다.

상호작용

- 개념 습득에 있어 유아들에게 질문하고 대답하는 것을 무수히 반복하였다. 일방적으로 알려주는 것이 아닌 질문을 통하여 유아들이 스스로 해답을 찾아갈 수 있도록 도움을 주었다.

| 유아 평가 |

- 다양한 나라에 대해 알게 되었어요!
- 다른 나라의 음식을 먹어볼 수 있어서 좋았어요.
- 다른 나라에 대해 더 많이 알고 싶어요!

| 놀이의 교육적 의미 |

신체운동 · 건강	· 자신의 신체를 움직이고 조절하여 놀이(비행기 만들기, 비행기 경주 등)에 참여한다.
의사소통	· 여행과 관련한 자신의 생각, 느낌, 경험 등을 적절한 단어를 사용하여 말할 수 있다. · 상황에 맞는 적절한 단어를 사용하여 읽기, 쓰기, 말하기를 할 수 있다.
사회관계	· 친구와 협동하여 놀잇감을 만들 수 있다. · 협동하여 만든 놀잇감을 사용할 때 약속을 지키며 놀이한다. · 다양한 문화에 관심을 갖고 문화의 다양성을 이해할 수 있다.
예술경험	· 다양한 미술 재료와 도구를 사용하여 자신의 생각과 느낌을 표현할 수 있다. · 새노래를 즐겨 부르며 다양한 나라의 수도에 관심을 가진다.
자연탐구	· 궁금한 것을 탐구하는 과정에 적극적으로 참여한다. · 자신이 궁금한 것을 책, 컴퓨터로 조사해 보며 세계 여러 나라에 대해 지속적으로 호기심을 가진다.

| 교사 총평 |

- 방학이 끝난 직후라 그런지 여행지에 대한 관심도가 높은 상태로 주제를 진행하다 보니 유아들의 적극적인 참여로 놀이가 더욱더 매끄럽게 진행되었다.
- 유아들의 놀이 제안이 많았으며, 유아들이 필요로 하는 것을 바로 지원해 주려고 노력하였다. 유아들이 놀이에 더욱더 몰두하는 모습을 관찰할 수 있었다.
- 시중에 주제와 관련된 완제품이 많아 이번 주제에서는 다른 때와 달리 많이 제공해 주었는데 유아들은 너무 좋아하였으나 만드는 방법이 정해져 있었기 때문에 오히려 아이들의 창의적인 생각 표현에 방해가 되는 것 같은 생각이 들었다.

PROJECT

3

'재활용품'으로
얼마큼 놀아봤니?

'재활용' 프로젝트
놀이 이야기

놀이 1

- 플라스틱으로 만든 개미집
- 집에서 가져온 재활용품 자원
- 재활용 마크를 찾아라!
- 여러 종류의 재활용품

놀이 2

- 재활용품으로 무엇을 할까?
- 무엇이든 될 수 있는 재활용품
- ○○반의 정크아트
- 신문지로 만든 재생종이

놀이 3

- 쓰레기가 사라지는 데 걸리는 시간
- 지구를 지키는 방법
- '○○마켓'을 계획하기
- 아나바다 물건을 분류해요
- 물건의 가격을 정해요
- '○○마켓'이 열렸어요

프로젝트 진행 기간 : 약 4주

프로젝트 선정 이유 : 숲 체험을 위해 숲속에 간 유아들은 땅에서 개미를 발견하고는 개미를 관찰하기 위해 흙을 파고 있었다. 그러던 중 유아들은 흙 속에 있던 쓰레기들을 발견하게 되었다. "선생님, 흙 속에 왜 비닐이 있어요?", "여기는 과자봉지도 있어요!", "이건 어른들이 커피 마실 때 쓰는 컵 아니에요?"라고 흙 속에 있던 쓰레기들을 이야기하는 유아들은 쓰레기의 원래 용도를 알고 있었다. 그러자 다른 유아가 "우리 이 컵으로 개미 채집하자!"라고 말하며 다른 용도로 바꾸어 사용하는 모습을 관찰할 수 있었고 다른 유아들도 호기심을 보이기 시작했다. 평소 자유놀이시간에도 재활용품을 활용하여 다양한 작품을 만드는 것을 좋아하는 유아들은 '재활용'에 대하여 관심을 보였고 재활용의 분류에 대해 알아보고 재활용품을 활용하여 다양한 놀이와 놀잇감을 만들어 보면 재미있을 것 같다고 이야기하였다. 또한 '재활용' 프로젝트를 진행하면서 재활용을 하지 않는다면 지구에 어떤 문제가 발생하는지에 대해 알아보며, 다양한 환경 문제와 재활용의 중요성에 관심을 가짐으로써 지속가능한 사회를 실현할 수 있는 역량을 기를 수 있을 것으로 생각되어 프로젝트로 진행하게 되었다.

주제 개념망

- 주제 개념망은 교사의 계획이므로 같은 주제라 하더라도 인적·물적 환경에 따라 다를 수 있으며, 실제 활동이 진행되면서 언제든지 바뀔 수 있다.

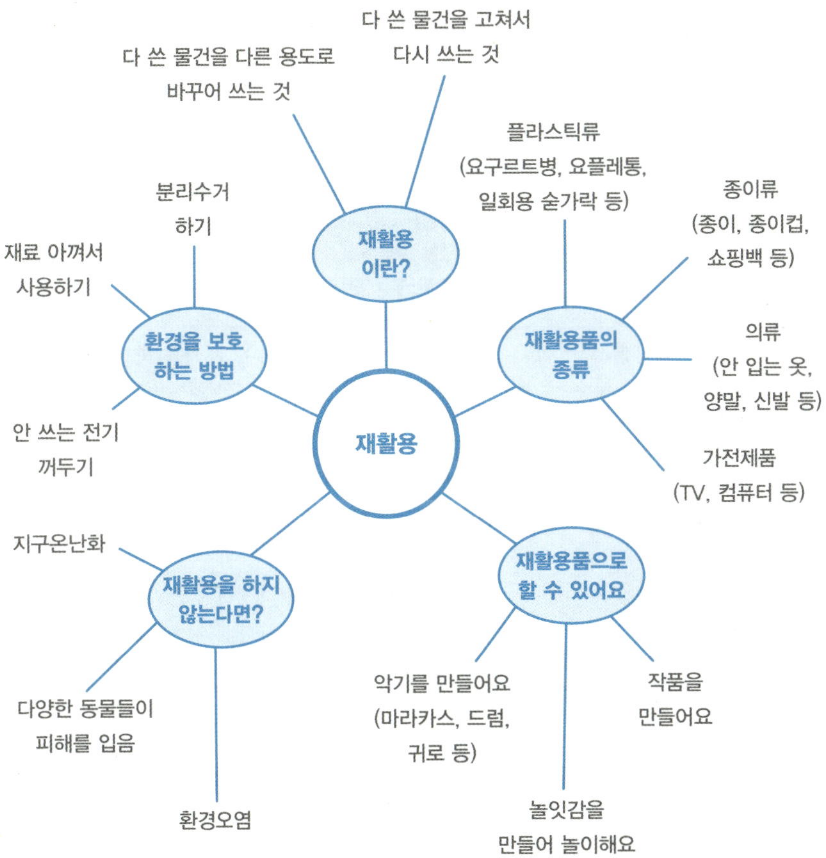

관련 활동

- 교사는 프로젝트와 관련하여 유아들을 위한 환경구성과 관련 활동들을 미리 계획해 두어 놀이의 진행에 따라 지원할 수 있도록 한다.

언어 활동	미술 활동	수 · 조작 활동
[이야기 나누기] • 재활용이란 무엇일까요? • 재활용과 재사용은 무엇일까요? • 재활용품으로 어떤 놀이를 할 수 있을까요? [동시] • 내가 지켜줄게 • 나는야 우리 동네 지킴이 [동화] • 재활용이 좋아요 • 쓰레기와 재활용 • 재활용 아저씨 고마워요 • 재활용은 즐거워 [동극] • 플라스틱이 온다	[명화감상] • 정크아트 명화 패러디 작품을 감상해요 [만들기] • 재활용품으로 나만의 스탬프를 만들어요 • 사용한 휴지로 작품을 만들어요 • 전단지로 콜라주 활동을 해요 • 요플레 숟가락으로 인형을 만들어요 • 재활용품으로 악기를 만들어요 • 재활용품을 이용해 필통을 만들어요 • 재활용품으로 모빌을 만들어요 • 내가 디자인 하는 분리수거 마크	[수] • 재활용품을 모아라! • 재활용품 빙고게임을 해요 • 재활용품이 썩는 시간을 비교해요 • 분리수거 마크 종류에 따라 분류해요 [조작] • 재활용 마크 바느질을 해요 • 지구를 청소해 줘요 • 쓰레기를 치워주세요 • 맑은 하늘을 완성해 주세요

음률 · 신체활동	쌓기 · 역할 · 실외 활동	과학 · 요리 활동
[새노래] • 다시 쓸 수 있어요 • 정리송 [악기연주] • 플라스틱 악기 합주를 해요	[쌓기] • 다양한 크기의 박스를 이용해 탑을 쌓아요 • 재활용 마을을 구성해요	[과학] • 우유갑으로 물레방아를 만들어요 • 페트병으로 분수대를 만들어요

[게임] • 폐지를 모아 눈싸움을 해요 • 재활용 공놀이를 해요 • 옷걸이 배드민턴 게임을 해요 [신체표현] • 플라스틱을 만난 물고기가 되어보아요	[역할] • 아껴 쓰고 다시 쓰는 재활용 가게 • 재활용품 아이디어 가게 • 환경미화원 놀이를 해요 [실외] • 환경미래관	• 지렁이를 키워요 • 썩는 것과 썩지 않는 것 • 재생종이 만들기 [요리] • 알록달록 지구 케이크 만들기

가정에서의 협조

- 프로젝트마다 가정에서 협조할 수 있는 필요한 자원들을 요청하는 것은 유치원과 가정과의 연계를 도와주며 부모들의 교육 활동에 대한 관심을 높이는 데도 도움을 준다.

- 가정에서 나온 재활용품들을 스스로 깨끗하게 씻어서 활용할 수 있도록 경험해 주세요.
- 1주일에 한번 가정에서 재활용 마크를 보고 함께 분리수거를 할 수 있도록 도와주세요.
- 환경을 보호하는 방법을 스스로 찾아 실천할 수 있는 기회(방 불끄기, 쓰레기 함부로 버리지 않기, 화학용품 사용 줄이기, 가까운 곳은 걸어 다니기, 음식물 남기지 않기, 분리수거 하기 등)를 갖게 해 주세요. 실천하는 모습은 사진으로 촬영하여 유치원 휴대폰으로 보내주시면 자원으로 발표하는 시간을 갖도록 하겠습니다.

자원 협조	1차적 자원	• '재활용' 주제와 관련된 실물(재활용 마크, 입지 않는 옷과 양말 그리고 가방, 재활용품 – 종이상자, 우유팩, 포장지, 플라스틱, 휴지심, 일회용 컵, 일회용 컵 뚜껑 등) 자료들을 보내주시면 유아들과 즐거운 활동을 진행하겠습니다.
	2차적 자원	• 재활용, 재활용품, 지구, 환경오염 등과 관련된 도서, 자료(그림, 사진, 물건 등)를 유치원으로 보내주시면 소중한 교육 자료로 활동한 후 주제가 마무리될 때 가정으로 보내드리겠습니다.

놀이 1 – 놀이의 시작

| 놀이의 진행 양상 |

플라스틱으로 만든 개미집 → 집에서 가져온 재활용품 자원 → 재활용 마크를 찾아라! → 여러 종류의 재활용품

"개미집에 뚜껑이 없어서 개미가 자꾸 집을 나가네?"

"그럼 뚜껑이 있는 재활용품으로 개미집을 만들어보자!"

"뚜껑이 있으니까 개미들이 나가지 않고 집에 잘 있어!"

| 플라스틱으로 만든 개미집 |

이전 프로젝트인 '개미' 프로젝트를 진행하며 재활용품을 이용한 개미집을 만들어 개미를 교실에서 관찰하며 다양한 종류의 재활용품에 관심을 가지게 되어, 유아들은 자연스럽게 '재활용' 프로젝트를 시작하기로 하였다.

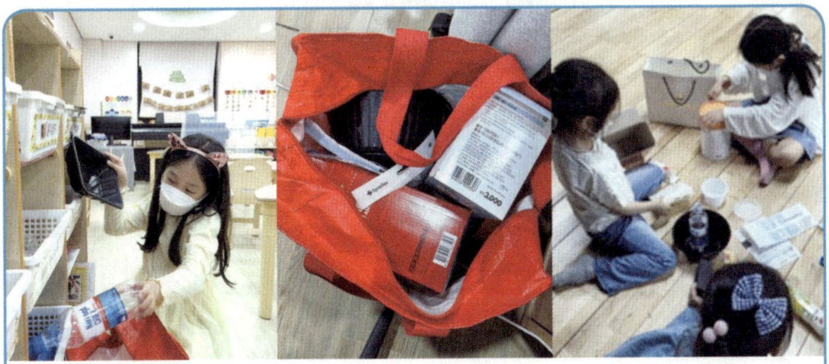

"얘들아 내가 집에서 재활용품 자원을 가져왔어!"

"재활용품 진짜 많다!! 먼저 끼리끼리 정리하자~!

"이 재활용품은 음식점 놀이에 쓸 수 있을 것 같은데.." "어? 그런데 재활용품에 다 똑같은 그림이 있어!"

| 집에서 가져온 재활용품 자원 |

교실에 있는 재활용품, 가정에서 자원으로 가져온 재활용품을 이용하여 놀이하던 유아들은 재활용품들에 있는 똑같은 그림인 '재활용 마크'를 발견하였다.

"재활용품 찾았다!"
"어? 그런데 세모 모양 안에 적힌 글자가 달라!"
"진짜네? 여긴 '종이' 저기엔 '비닐'이라고 적혀 있어~!"

| 재활용 마크를 찾아라! |

유아들은 재활용품들을 이용하면서 놀이하던 중 재활용품에 있는 똑같은 그림인 재활용 마크를 발견하고는 더 많은 '재활용 마크'를 찾아보기 위해 학교 주변과 산책로 주면을 살펴보며 재활용 마크를 찾기 시작하였다.

"종이, 캔, 플라스틱, 병…
재활용품 종류가 진~짜 많잖아?"

"우리 유치원은 학교에 있어서 여러 가지
재활용품을 가져올 수 있어!"

| 여러 종류의 재활용품 |

- 가정에서 가져오는 자원의 크기에는 한계가 있어 유치원이라는 울타리를 벗어나 '학교'라는 넓은 환경으로 나아가 더 다양한 재활용품을 찾아볼 수 있도록 하였다.

- 다양한 재활용품을 찾아보면서 물체의 성질에 따라 재활용품이 분류되는 것을 발견하게 되었다.

- 재활용품에는 유리병, 캔 등 유아들이 사용하다가 다칠 위험이 있는 재활용품을 어떻게 하면 좋을지 고민하게 되었다. → 유아들과 함께 사용 방향에 대해 함께 이야기를 나누었다.

○○반 아이들이 재활용품을 교실로 가져가기 위해 정한 약속은?	1. 꼭 필요한 재활용품을 가져가요. 2. 다치지 않도록 조심히 사용해요.

| 교사의 지원 |

공간

- 학교의 부속 유치원이 주는 장점을 활용하여 학교에서 재활용품을 분류해둔 재활용 장소에서 다양한 재활용품을 찾아보고 탐색하였다.

자료

- 유아들이 직접 가져오는 재활용품, 간식시간 후 남게 되는 재활용품은 한계가 있으므로 더 크고 다양한 재활용품을 찾아보고 탐색하는 시간을 가졌다.

상호작용

- 재활용품을 이용하여 놀이할 때에 안전하게 놀이할 수 있는 방법에 대해 이야기를 나누었다.
- 재활용품을 찾아보고 마크 속의 다른 글자를 찾아볼 땐 어떻게 다른지, 왜 다를지에 대해 상호작용을 하였다.

| 교사 평가 |

- 가장 많이 주의를 기울인 부분은 안전하게 재활용품을 이용하여 놀이하는 것이다. 안전하지 않은 재활용품에 대해 너무 개입을 하게 되면 유아들이 사용하고 싶은 재료를 사용하는 데 제한이 생길 것 같았고, 그냥 두기에는 다칠 수도 있는 것들이 있었기에 고민을 많이 하고 유아들이 스스로 판단하고 조절할 수 있는 기회를 제공하였다. 재활용품에 대한 제한을 걸지 않았음에도 유아들과 충분히 이야기를 나누어서 프로젝트 기간 중에 재활용품으로 인해 다치는 유아들은 발생하지 않았다.

| 유아 평가 |

- 재활용품이 교실에 있는 거 말고도 정~말 많아요.
- 엄청 많은 재활용품을 발견해서 좋았어요.
- 재활용품을 붙일 수 있는 센 테이프랑 풀이 필요해요. ➔ 박스테이프 제공

놀이 2 - 놀이의 확장

| 놀이의 진행 양상 |

재활용품으로 무엇을 할까? → 무엇이든 될 수 있는 재활용품 → ○○반의 정크아트 → 신문지로 만든 재생종이

"큰 박스가 새로 생기니까 만들 수 있는 게 많아졌어~!"

"우리 몸만큼 큰 재활용품으로 어떻게 놀이하지?"

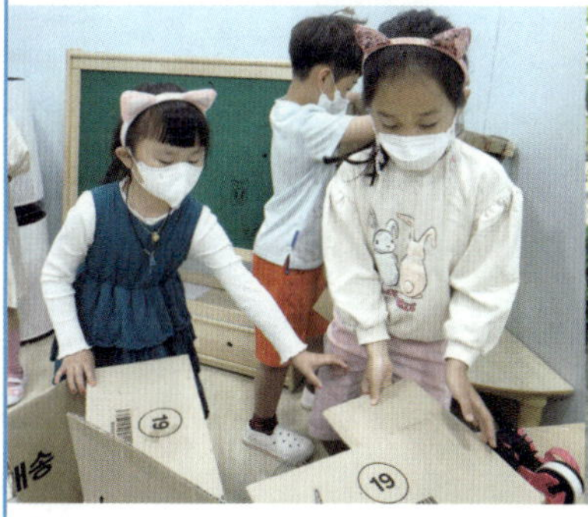

"우리 여기엔 집을 만들어보자!"

"박스를 이으면 기차가 될 수 있을 것 같은데?!"

"손님~ 타셨으면 출발하겠습니다~!"

"재활용품을 밖으로 가지고 나오니까 교실에서 할 수 없던 놀이도 할 수 있어!"

| 재활용품으로 무엇을 할까? |

재활용품의 크기가 커지면서 유아들이 놀이에 활용하게 된 재활용 작품의 크기도 커졌다. 그래서 교실 내에서는 걸어 다녀야 한다는 규칙을 지키며 놀이하기에는 제한적인 것들이 생겼다.

교사는 유아들이 잔디운동장으로 만든 것들을 가지고 나가서 자유롭게 놀이할 수 있도록 매일(미세먼지 좋음–보통인 날) 바깥놀이 시간을 가졌다.

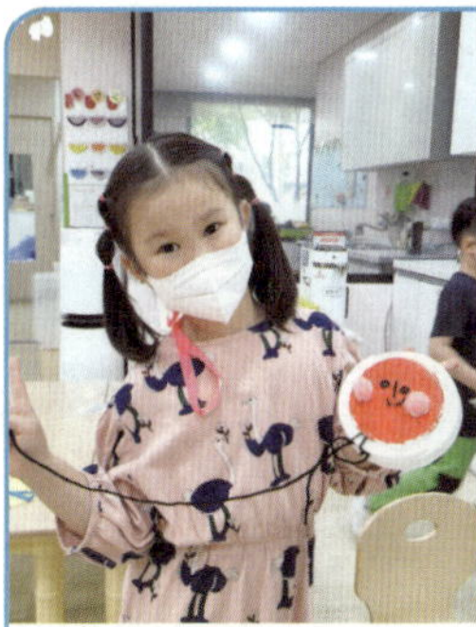

"플라스틱 뚜껑은 사인펜으로 칠하면 지워져서 매직이 필요해!"

"휴지갑에 셀로판지를 붙이면 색 망원경으로 변신할 수 있어!"

"플라스틱은 목공풀로 붙여야 안 떨어지는구나!"

"우유갑을 깨끗하게 씻어 말리면 이렇게 화분으로도 변신할 수 있어!"
"우유갑 화분에 심은 씨앗에 싹도 났잖아!?"

| 무엇이든 될 수 있는 재활용품 |

무엇이든 될 수 있는 재활용품을 경험한 유아들은 켄다마, 휴지심 인형, 휴지심 자동차, 볼링놀이, 알까기, 배드민턴 놀이 등 다양한 놀이로 확장하여 놀이하는 시간을 가져보았다.

"플라스틱 컵 뚜껑이랑 나무막대가 만나면 재미있는 켄다마가 완성돼!"

"줄에 달린 솔방울을 컵 안에 넣으려면 손을 잘 움직여야겠어~"

"난 드디어 성공!!"

| 켄다마 |

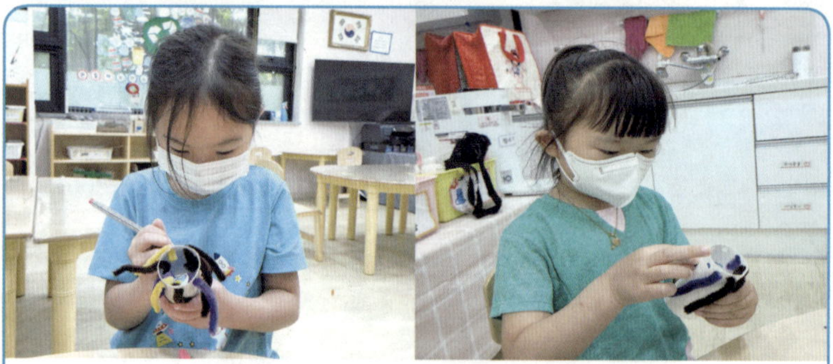

"휴지심은 귀여운 인형으로 변신할 수 있어!"

| 휴지심 인형 |

"휴지심에 바퀴를 달면 움직이는 자동차가 될 수 있어~!"

| 휴지심 자동차 |

"이번엔 꼭 다 쓰러뜨릴 거야!"

| 플라스틱 볼링핀 |

"난 연두색 병뚜껑 알! 넌 주황색 병뚜껑 알~"
"으싸~ 아 연두색 병뚜껑이 빠졌어~!"

| 병뚜껑 알까기 |

"자~ 풍선 받아~~"

"이번엔 내가 칠 차례지!?"

| 옷걸이 배드민턴 |

재활용품을 이용하여 다양한 방법으로 놀이하는 유아들이 재활용과 관련하여 더 풍부한 견해를 가질 수 있도록 '인천대공원 환경미래관'으로 견학을 가기로 하였다.

"쓰레기가 사라지려면 정말 시간이 오래 걸리네?"

"재활용품이 이렇게 멋진 미술 작품이 될 수 있다니!"

"재활용품을 줄이고 다시 써야 환경을 보호할 수 있겠어..!"

| 환경미래관 견학 |

견학을 통해 다양한 재활용품을 이용하여 만든 '정크아트'와 환경에 관심을 가지게 되었으며, 유치원에 돌아온 후 친구와 함께 협동하여 정크아트를 만들기로 계획하였다.

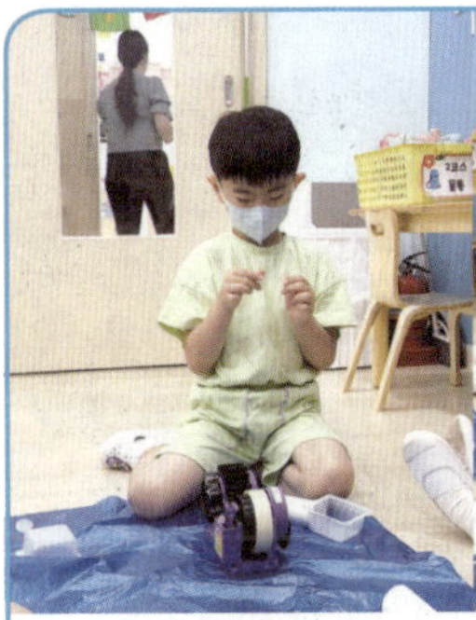

"우리 정크아트로 바닷속을 만들어보자!"

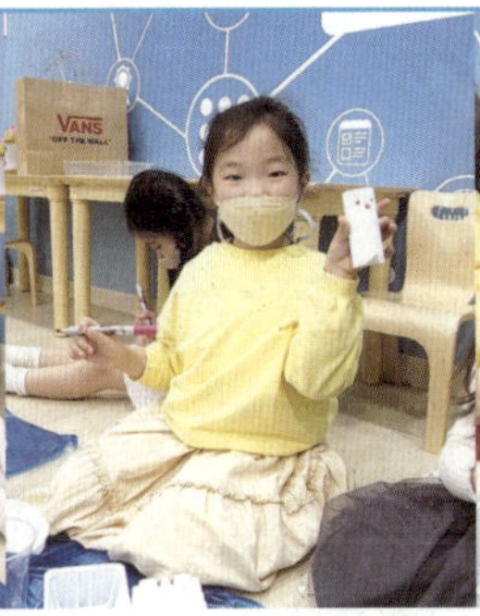

"그래~! 바닷속 동물들이 플라스틱으로 힘들어하니까~"

"플라스틱을 재활용하면 환경을 보호할 수 있겠지?!"

"플라스틱 없는 바닷속에 살면 물고기들도 좋아할 거야~!"

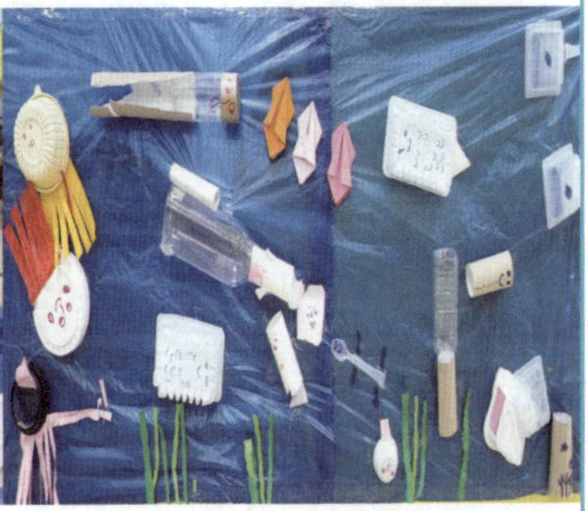

○○반의 정크아트 '행복한 바닷속 동물들'

| 정크아트 1 - 행복한 바닷속 동물들 |

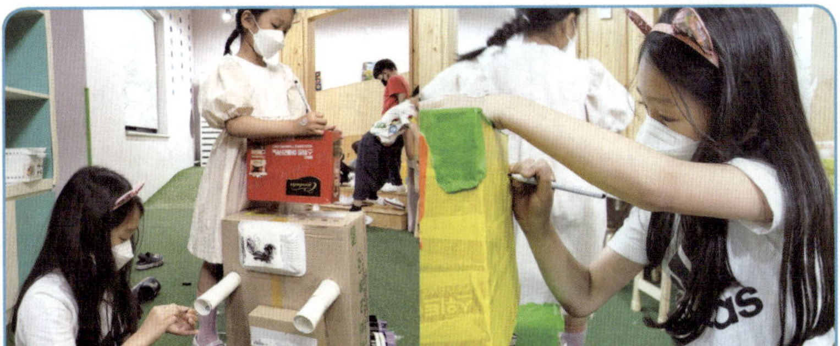

"로봇을 만들려면 팔, 다리, 눈, 코, 입… 엄청 많은 재활용품이 다 들어갔어!"

| 정크아트 2 - 박스 로봇 |

"박스로 축구 골대를
만들 수 있겠어!"

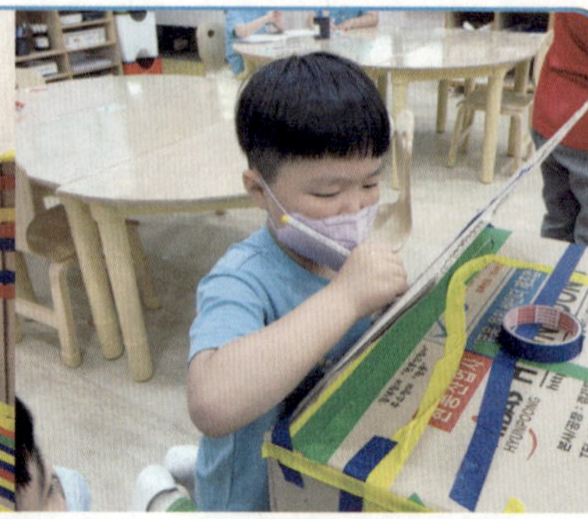

"누가 만들었는지 알 수 있게
이름도 적어야지~!"

"축구 골대 완성이야! 골대를 가지고 나가서 축구 시합을 하자~!"
"다 사용한 마스킹테이프로 만든 테이프 공으로 축구 놀이를 하면 아프지도 않을 거야!"
"좋아~~ 축구 시~작~~"

| 정크아트 3 - 축구 골대 |

이면지는 다시 그림을 그리거나 편지를 써서 재활용하였으나 신문지는 잘라서 사용하고 버려지는 것을 아까워하여 신문지를 이용한 재생 종이를 만들어보기로 하였다.

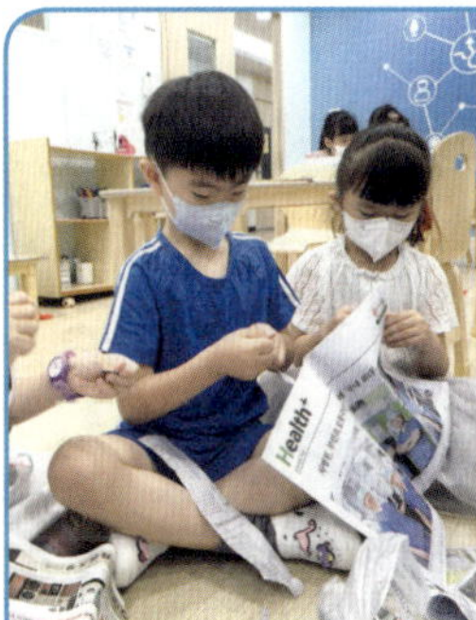

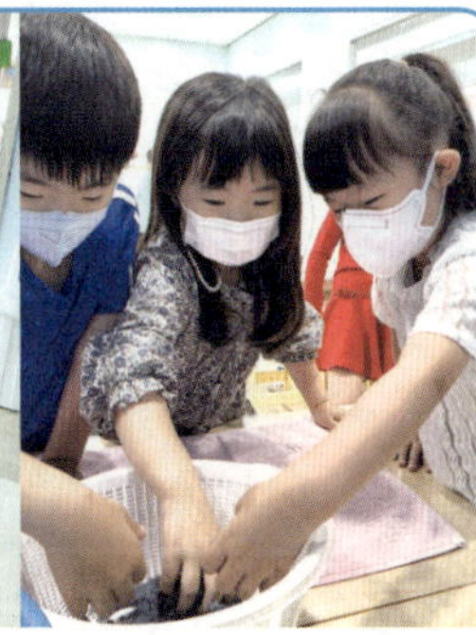

"정말 신문지가 종이가 될 수 있을까?"

"신문지를 물이랑 잘 섞어 주고 만져야 한대!"

"신문지가 물처럼 되도록 하자~!"

"신문지가 물처럼 됐어!"
"이제 내가 만들고 싶은 모양으로 만들어서 말리면 돼!!"

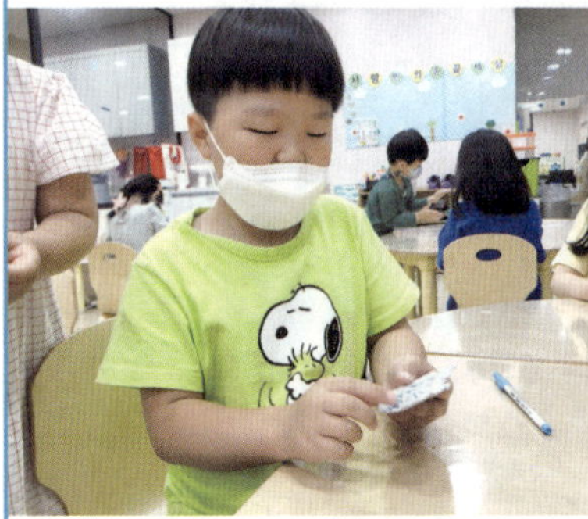

"우와! 정말 신문지가 다른 종이로 변신했어!!"
"내 건 캐릭터 모양이니까 눈코입을 그려줘야지~~"

| 신문지로 만든 재생종이 |

| 교사의 지원 |

공간

- 유아들의 재활용 작품들을 전시할 수 있도록 빈 교구장을 제공하여 '재활용 장난감영역'을 만들었다.
- 크기가 큰 정크아트는 교실의 블록 영역 옆에 넓은 공간을 만들어 전시하였다.

자료

- 재활용품의 물체 특성에 따라 접착제, 채색도구를 다르게 지원하였다(예, 플라스틱에 지워지는 사인펜 ➔ 매직이나 네임펜을 제공하였다.).
- 정형화된 재활용품을 재활용하는 것뿐 아니라 신문지라는 비정형화된 것을 재활용하는 경험을 제공하였다.

상호작용

- 원하면 무엇으로든 변할 수 있는 재활용품을 경험할 수 있도록 무엇을 만들어보는 것을 제안하기보다는 어떤 것을 만들어 보고 싶은지 구체화할 수 있는 상호작용을 하여 유아들이 필요한 재료들에 대해 함께 이야기 나누었다.

| 교사 평가 |

- 유아들의 생각을 구체화하는 데 초점을 맞추어 상호작용하는 시간이 필요했다. 아이들이 무언가를 만들고 싶다고 이야기를 할 때 어떤 방향으로, 어떤 재료를 사용해서 만들어 나갈 것인지를 이해해야 재료를 적절하게 제공할 수 있었다. 유아들이 만들다가 붙지 않거나 채색이 되지 않을 때에는 먼저 나서서 도움을 주기보다는 도움을 요청할 때까지 기다리는 태도가 필요했다. 유아들의 작품이 많아지는 프로젝트이기 때문에 전시할 공간을 충분히 만들어주어야 했다.

| 유아 평가 |

- 재활용품은 내가 원하는 대로 변신할 수 있어요~!
- 필요한 것을 재활용품으로 다 만들 수 있어서 좋았어요!
- 유리병이 깨질까 봐 조금 걱정이 돼서 사용하기 어려웠어요.

놀이 3 – 놀이의 확장

| 놀이의 진행 양상 |

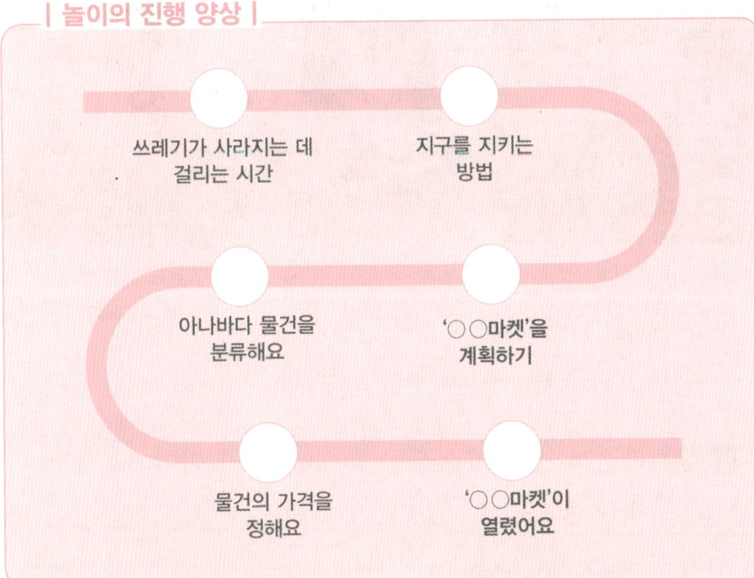

"쓰레기가 사라지려면 시간이 이렇게 오래 걸린다고?"

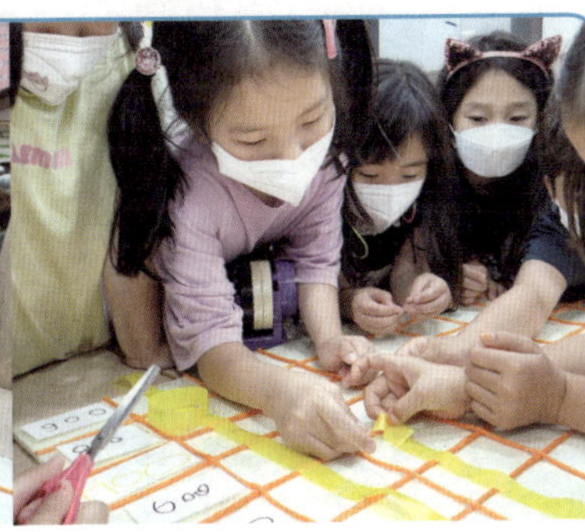

"이렇게 쓰레기들이 버려지면 지구는 정말 아프겠다."

| 쓰레기가 사라지는 데 걸리는 시간 |

재활용 쓰레기들이 버려지고 사라지기까지 걸리는 시간을 그래프로 만들어봄으로써 지구 환경에 관심을 가지고, 지구를 위해 우리가 직접 실천할 수 있는 것들을 알아보기로 하였다.

"지구를 지키려고 점심을 다~ 먹어서 용돈을 받았어!"

"우유갑 저금통에 용돈을 많~~이 모아야지!"

"용돈을 많이 모아서 어디에 쓰면 좋을까?"

| 지구를 지키는 방법 |

실천하면서 받은 용돈으로 무엇을 할지 이야기를 나누어 '○○마켓'을 열기로 하였다.

"나는 이 장난감을 가져왔어!"
"우와~~나 저거 살래!"

"이건 직접 탈 수 있는 자동차 장난감이야~! 이제 내가 안 써!"

| '○○마켓'을 계획해요 |

'○○마켓'에는 집에서 사용하지 않지만 다른 친구들이 사게 되면 재미있게 놀이할 수 있는 것을 가져오기로 하였으며, 유아들은 본인이 사용하지는 않지만 상태가 좋은 것을 가지고 와서 친구들에게 소개하는 시간을 갖게 되었다.

'책' 분류

'액세서리' 분류

"친구들이 가져온 물건이 정말 많아~!
문구점, 액세서리 가게, 서점, 장난감…
가게 간판도 만들어야겠어!

| 아나바다 물건을 분류해요 |

친구들이 가져온 다양한 물건들을 살펴보며 이렇게 많은 물건들을 어떻게 진열할지 고민하던 유아들은 물건의 종류에 따라 분류해 보고, 분류한 물건에 따라 가게의 이름을 정하게 되었다.

"내가 사고 싶은 물건은 다른 친구들도 사고 싶어 해서 비싸겠어."

"사고 싶은 물건을 다 사려면 용돈을 부지런히 모아야겠다!"

| 물건의 가격을 정해요 |

- 친구들이 가져온 물건을 분류한 후 물건의 가격을 어떻게 정할지 함께 이야기를 나누었다.

- 물건을 사고 싶어 하는 아이들이 많을 경우엔 비싸게, 물건의 개수가 많은 경우에는 저렴하게 물건의 가격을 정하기로 토의하고 물건에 정해진 가격을 명시하기 위해 라벨지를 제공하여 유아들이 값을 적어 붙이도록 하였다.

"어서 오세요~! 장난감 가게입니다!"

"재미있는 책들이 가~득 있는 책가게예요~"

"신기한 물건이 많이 있는 문구점으로 오세요~~"

"이건 얼마인가요?"
"2000원입니다~"
"두 개 살 거니까 4000원 드릴게요~!"
"여기엔 신기한 물건이 많이 있네요?"

"이번엔 손님이랑 사장님이랑 바꾸는 시간~!"
"사장님! 여기 있는 장난감 인형 제가 살게요~~"
"네~ 감사합니다 또 오세요~~"

"어? 이제 곧 사랑마켓 닫을 시간이잖아?"
"그럼 이제.. 반짝 세일 시간~~~~ 모든 물건 천원에 팔아요~~"

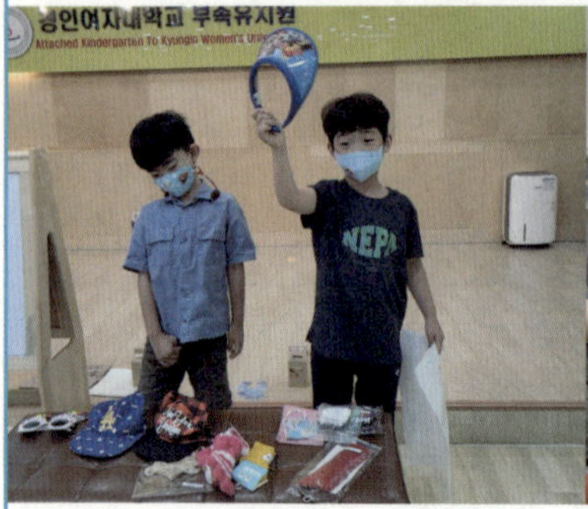

"멋진 썬캡~~ 천원이에요 천원~~"

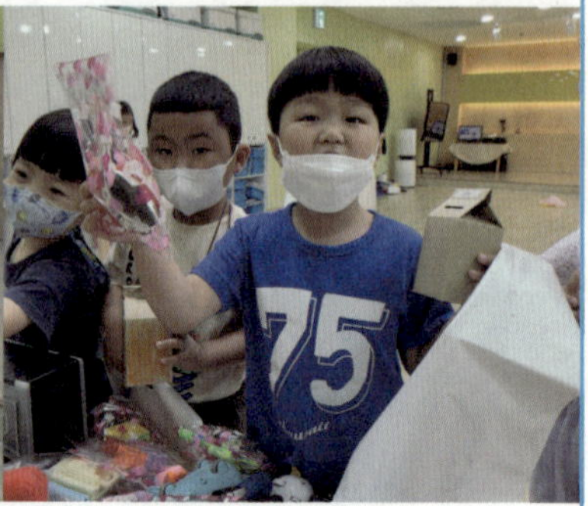

"모든 물건이 천원이라니!
세일시간 너무 좋아요~!"

"우와~~ 다 팔렸다!"
"사랑마켓 영업을 종료합니다~~~"

| '○○마켓'이 열렸어요 |

마켓을 열기 위해 가격도 직접 정하고, 사고 싶은 물건들을 정한 후 직접 사고파는 시간을 가져본 유아들은 물건은 얼마든지 재활용될 수 있음을 경험할 수 있었다.

| 교사의 지원 |

공간

- 마켓을 열기 위한 공간은 넓게 쓸 수 있는 튼튼이방으로 선정하였고, 유아들이 간판을 만들어서 붙일 수 있도록 가게를 배치하였다.
- 유아들이 물건이 많은 가게는 더 넓은 공간, 물건이 적은 가게는 작은 공간으로 선정하였다.

자료

- 간판을 만들 수 있도록 우드락을 제공할까 고민하였으나 아이들이 박스를 재활용할 것을 제안하여 박스를 반듯하게 잘라 제공하여 가게 간판을 만들 수 있도록 지원하였다.
- 유아들이 가져온 아나바다 물건을 분류할 수 있도록 분류 공간을 만들고, 많은 물건을 담아 보관할 수 있는 자루를 함께 제공하였다.

상호작용

- 마켓을 열기 위해 필요한 과정인 물건 가격 정하기를 할 때 물건을 가져온 아이들이 속상해하지 않도록 하고, 수요와 공급의 원리를 유아들이 가격을 정하면서 적용할 수 있도록 상호작용을 하였다.

| 교사 평가 |

- [놀이 3]에서는 유아들이 직접 마켓을 꾸려 나갈 수 있도록 지원하는 것에 초점을 맞추었다. 시장이나 마트에 대한 경험은 이미 충분했기에 마켓을 열기 위해 필요한 것들을 함께 이야기 나누었고, 용돈을 모을 수 있는 다양한 방법에 대해서도 아이들과 정하여 지구를 지킬 때마다 용돈(모형돈)을 주어 저축할 수 있도록 했다. 특히 친구들이 가져온 물건에 가격을 정한 이후로는 돈을 얼마큼 모아야 하는지, 돈을 어떻게 사용할 것인지 유아들이 정해볼 수 있도록 '사고 싶은 물건 목록표'를 만들어 제공하여 지출 계획을 세워볼 수 있도록 하여 원만한 지출이 이루어질 수 있었다.

| 유아 평가 |

- 우리가 직접 사장님이 되어 봤어!
- 물건 가격을 정해보는 것도 재미있었어!
- 나는 안 쓰는 물건을 친구들이 사고 싶어 해서 기분이 좋았어요~!
- 용돈을 더 많이 모을 수 있었으면 좋았을 것 같아요.

| 놀이의 교육적 의미 |

영역	내용
신체운동·건강	· 재활용품을 이용하여 신체 활동 도구를 만들어 도구를 이용한 운동을 즐긴다. · 재활용품을 안전하게 사용하는 방법을 알고 놀이하며 생활한다.
사회관계	· 친구와 의견을 조율하여 협동 작품을 만든다. · 재활용 장난감 영역에서의 약속과 규칙의 필요성을 알고 지킨다. · 수요와 공급에 따라 물건의 가격을 정할 수 있다. · 함께 살아가는 지구 환경을 위해 스스로 할 수 있는 일을 실천한다.
의사소통	· 재활용 마크의 상징을 알고 마크 안의 글자 읽기에 관심을 가진다. · 마켓 안의 가게 간판을 글자로 표현할 수 있다.
예술경험	· 다양한 재활용품과 미술재료를 사용하여 자신의 생각을 자유롭게 표현한다. · 다른 친구의 표현을 존중한다.
자연탐구	· 서로 다른 재활용품의 특성을 탐색한다. · 같은 종류의 재활용품을 분류할 수 있다. · 신문지가 물과 섞였을 때의 변화에 관심을 가지고 관찰한다. · 주변 세계와 자연에 대해 지속적으로 호기심을 가진다.

| 교사 총평 |

- 유아에게 익숙한 놀잇감으로 사용되어 온 '재활용'은 생각보다 쉽지 않았다. 하지만 아이들이 직접 탐구해 보는 시간이나 궁금증을 해결해 볼 수 있는 시간이 많이 있었는데, 그런 호기심이 주제를 즐겁게 이끌어 나갈 수 있었다.
- 그저 만들기만 해도 즐거운 놀이 자료인 재활용품인데 재활용에서 계속 확장되어 큰 숲을 완성할 수 있는 시간이었다.
- 유아들은 유치원에서 프로젝트의 마무리와 시작이 '무조건 재미있는 시간'으로 기억되어 마무리를 하게 될 때면 아이들은 이제 재미있고 다양한 생각과 의견을 말하고, 다음 주제에 대한 기대도 가지고 있다.
- 유아들의 놀이는 교사의 생각을 뛰어넘는다. 이러한 창의적인 놀이들 속에서 유아들은 다양한 경험을 하고 배워나간다. 즐거운 놀이 흐름이 깨지지 않도록 놀이가 이루어지고 있는 순간순간을 고민해야 할 것 같다. 이 과정 속에서 교사가 재미있게 지원함으로써 놀이가 풍성해지고 유아에게는 즐거운 기억으로 남는 것을 느낄 수 있었고, 교사로서도 배울 수 있었던 시간이었다.

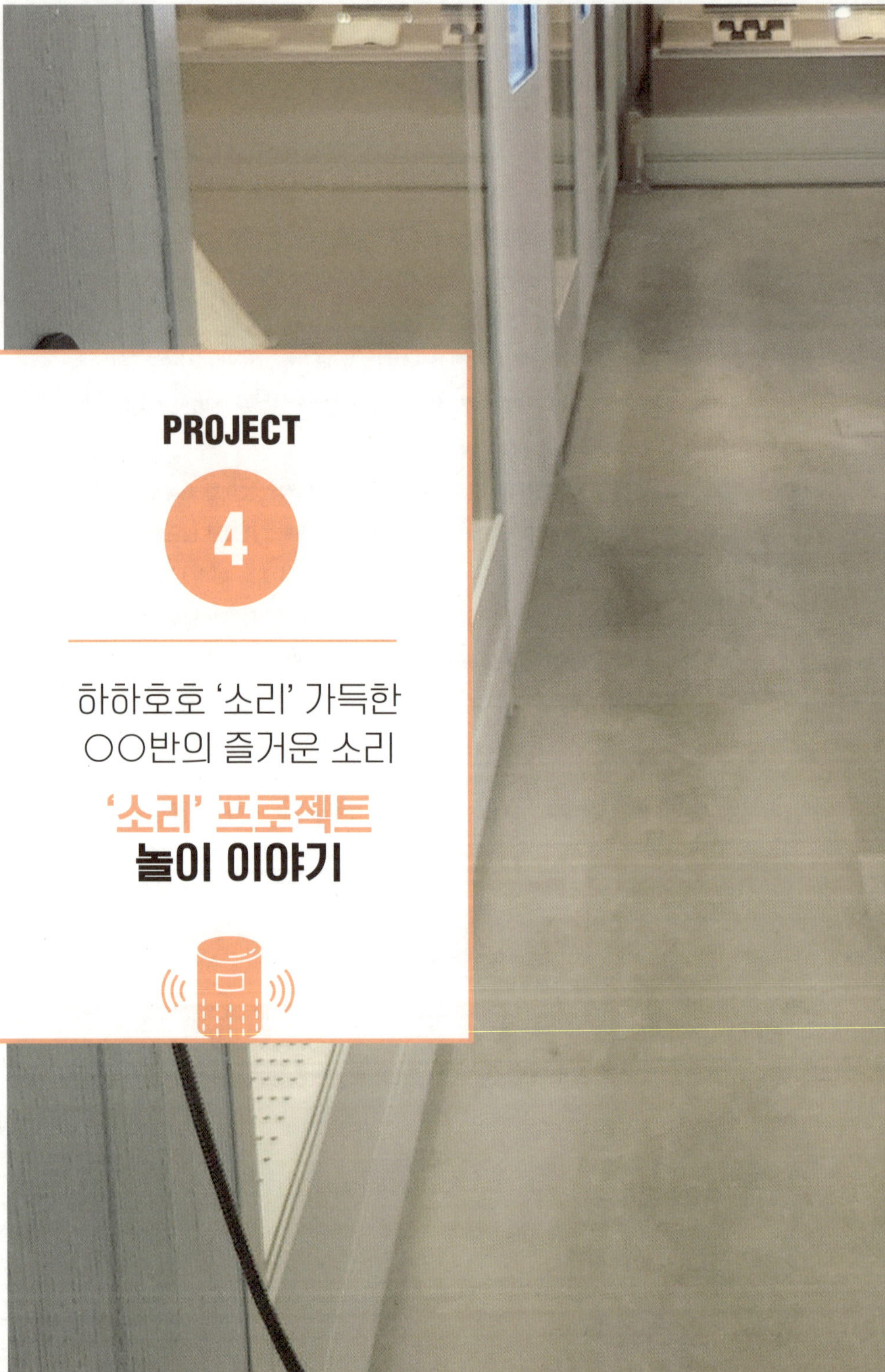

PROJECT 4

하하호호 '소리' 가득한
○○반의 즐거운 소리

'소리' 프로젝트
놀이 이야기

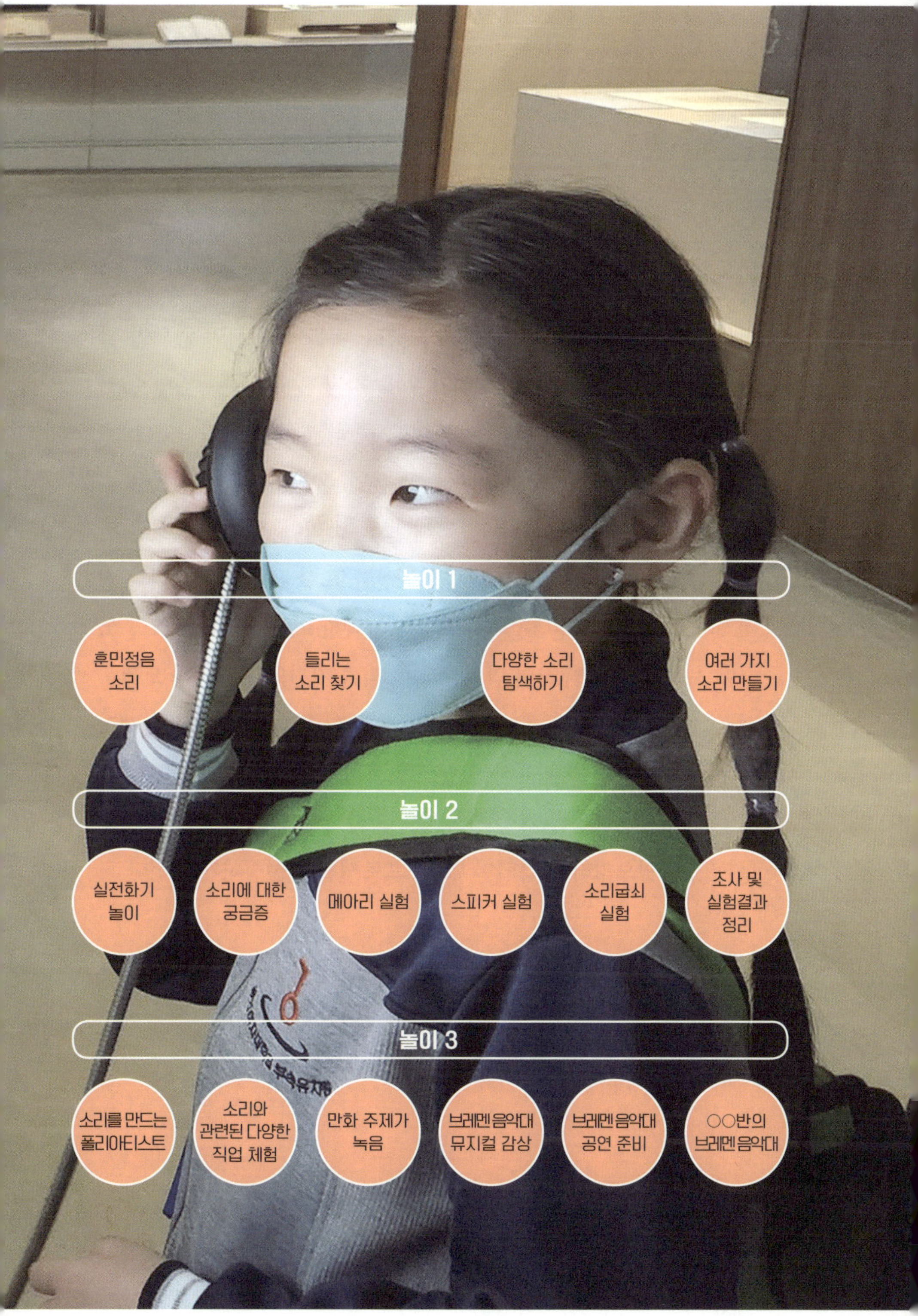
놀이 1
훈민정음 소리
들리는 소리 찾기
다양한 소리 탐색하기
여러 가지 소리 만들기
놀이 2
실전화기 놀이
소리에 대한 궁금증
메아리 실험
스피커 실험
소리굽쇠 실험
조사 및 실험결과 정리
놀이 3
소리를 만드는 폴리아티스트
소리와 관련된 다양한 직업 체험
만화 주제가 녹음
브레멘음악대 뮤지컬 감상
브레멘음악대 공연 준비
○○반의 브레멘음악대

프로젝트 진행 기간 : 약 4주

프로젝트 선정 이유 : 한글 프로젝트를 하면서 훈민정음 해례본의 발음 영상을 볼 때 유아들은 "선생님, 이 발음 소리 엄청 신기해요!", "이 글자는 어떤 소리인지 잘 모르겠어요." 라며 발음 소리에 관심을 보였다. 더불어, 한글이 없으면 말을 하지 못한다며 "우리가 말을 하지 않으니 숨소리만 들려요.", "우리가 움직이는 소리도 들려."라고 이야기하였다. 소리에 관심을 보이는 유아들은 우리 주변 어디에서나 들을 수 있는 다양한 소리를 탐색해 보고 소리가 우리 생활에서 어떠한 영향을 주는지 궁금해하였다. 또한 유아들은 우리 주변 어디에나 있는 다양한 소리를 지각하고 구별하며 소리의 특성, 기능에 대하여 알아보고, 소리가 자신의 생각이나 느낌을 자유롭게 표현하고 전달하는 음성 기호임을 알게 되며, 여러 가지 방법을 활용하여 필요한 소리를 직접 만들어보면서 소리와 관련된 즐거운 경험으로 과학적·예술적 소양을 함양할 수 있으리라 생각되어 '소리' 프로젝트를 선정하게 되었다.

주제 개념망

- 주제 개념망은 교사의 계획이므로 같은 주제라 하더라도 인적·물적 환경에 따라 다를 수 있으며, 실제 활동이 진행되면서 언제든지 바뀔 수 있다.

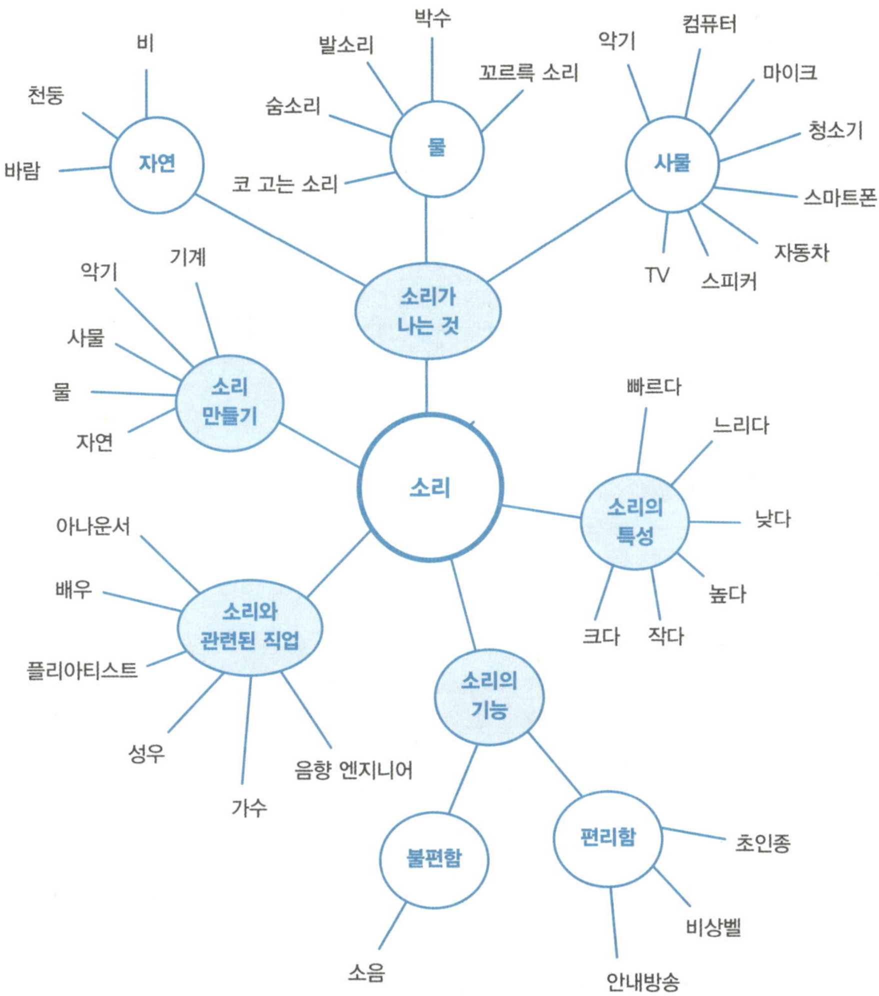

관련 활동

- 교사는 프로젝트와 관련하여 유아들을 위한 환경구성과 관련 활동들을 미리 계획해 두어 놀이의 진행에 따라 지원할 수 있도록 한다.

언어 활동	미술 활동	수 · 조작 활동
[이야기 나누기] • 우리 교실 안의 소리를 찾아요 • 소리를 손으로 표현한 언어가 있어요 • 듣기 좋은 소리와 듣고 싶지 않은 소리가 있어요 • 아름다운 소리를 만들기 위해서는? • 만약에 소리가 없다면? • 브레멘 음악대 동극을 해요 [동시] • 구슬비 • 참새네 말 참새네 글 [동화] • 소리괴물 • 브레멘 음악대 • 세상에서 가장 좋은 소리 • 소리가 없어졌어요!	[명화감상] • 르누아르의 '기타치는 소녀' [만들기] • 마라카스 만들기 • 카주 만들기 • 재활용품으로 악기를 만들 수 있을까? • 소리의 색깔을 찾아라! • 소리는 어떻게 생겼을까?	[수] • 더 높은 소리, 더 낮은 소리 • 숫자로 나타내는 셈여림 • 악보 패턴에 맞추어 연주해요 [조작] • 데굴데굴 굴러가는 구슬 미로 • 동물 소리 젠가 • 악기 할리갈리
음률 · 신체활동	**쌓기 · 역할 · 실외 활동**	**과학 · 요리 활동**
[새노래] • 악기놀이 • 소리는 새콤 글은 달콤 [악기연주] • '바다로 가자' 합주해요 [게임] • 고양이 방울 놀이 • 악기 소리듣고 악기 찾기 • 친구의 목소리를 찾아라 [신체표현] • 몸으로 소리 만들기	[쌓기] • 음악회장을 구성해요 • 방송국을 구성해요 • 연극 무대를 구성해요 [역할] • 음악회 놀이를 해요 • 아나운서가 되어보아요 • 방송놀이를 해요 • 연극배우가 되어보아요 [실외] • 소리체험박물관	[과학] • 물병 실로폰 • 듣기 좋은 소리, 듣기 싫은 소리 • 비밀상자 안에 들어 있는 소리는 무엇일까? • 소리를 어떻게 담아둘 수 있을까? [요리] • 오도독오도독 음표 쿠키를 구워요

가정에서의 협조

- 프로젝트마다 가정에서 협조할 수 있는 필요한 자원들을 요청하는 것은 유치원과 가정과의 연계를 도와주며 부모들의 교육활동에 대한 관심을 높이는 데도 도움을 준다.

- 우리 주변(자연의 소리, 실내에서 들을 수 있는 소리, 실외에서 들을 수 있는 소리 등)에서 찾을 수 있는 소리에 대해 함께 이야기 나누어 주시기 바랍니다.
- 유아들과 들어본 소리 중 기억하고 싶은 소리에 대해 이야기 나누어 주시기 바랍니다.
- 자연의 소리와 사람이 만든 소리를 찾아보며 소리가 우리에게 주는 편리한 점과 불편한 점에 대해 함께 이야기 나누어 주시기 바랍니다.

자원 협조	1차적 자원	• 소리가 나는 물건(아이들이 가정에서 사용하는 여러 가지 악기, 소리가 나는 놀잇감 등)을 보내주시면 아이들과 함께 이야기 나눈 후 가정으로 보내드리겠습니다.
	2차적 자원	• 소리와 관련된 도서나 사진, 잡지 등을 유치원으로 보내주시면 소중한 교육 자료로 활용한 후 주제가 마무리 될 때 가정으로 보내드리겠습니다. • 소리와 관련된 동영상, 녹음자료를 유치원 휴대폰 번호로 문자를 보내주시면 아이들과 놀이 자료로 사용하겠습니다.

놀이 1 - 놀이의 시작

| 놀이의 진행 양상 |

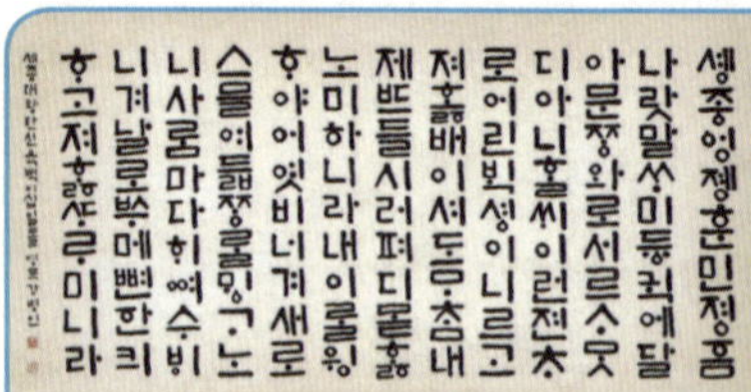

"옛날 한글 소리는 지금이랑 너~무 달라! 비슷한 것도 많은데 들리는 소리는 왜 다른 거지?"

| 훈민정음 소리 듣기 |

이전 프로젝트인 '한글' 프로젝트를 진행하며 세종대왕님이 만드셨던 한글과 현재 사용하는 한글이 들리는 소리가 다른 것에 흥미를 가지고 다양한 '소리'에 관심을 가지면서, 유아들은 자연스럽게 '한글' 프로젝트를 마무리하며 '소리' 프로젝트를 시작하게 되었다.

"낙엽에 많아져서 바스락 바스락 소리가 많이 들려!"

"차가 지나가는 소리도 엄청 잘 들린다~~"

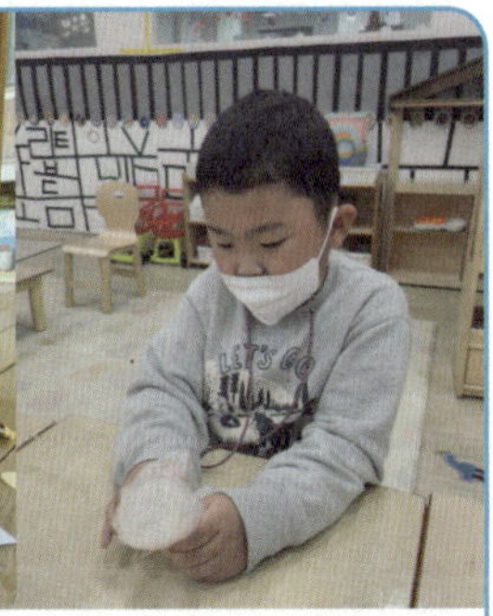

"이 비닐에 있는 동그라미를 터뜨리면 물방울 소리도 나!"

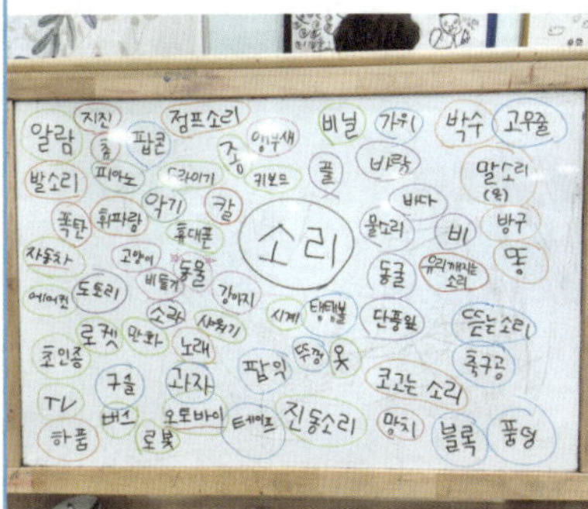

"'소리!' 하면 떠오르는 것들이 정~~말 많네?"

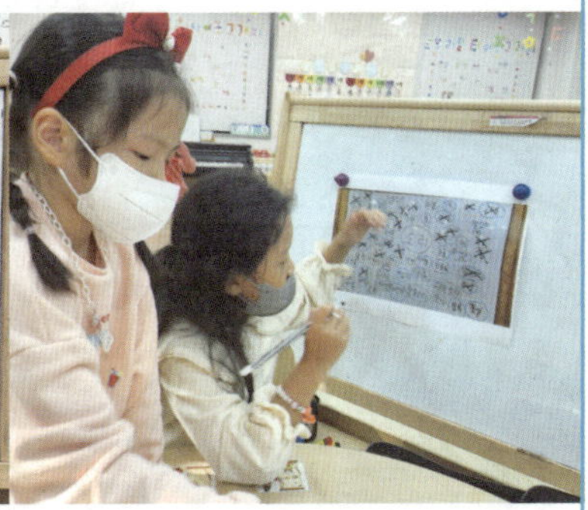

"이것도 비슷한 것끼리 모아보자!!"

| 들리는 소리 찾기 |

교실뿐만 아니라 유치원 밖에서도 들리는 다양한 소리들을 이전 프로젝트인 '한글' 프로젝트와 연결하여 한글로 적어보았다.

'소리' 프로젝트를 시작하면서 유아들이 즐거워하는 생각 모으기 활동을 진행하며 유아들의 다양한 생각들을 엿볼 수 있었다. 생각 모으기를 마친 후 유아들은 스스로 비슷한 것끼리 모아보며 유목화를 능숙하게 하였다.

"유치원에 물건들이 엄~~청 많아.
문지르면 이런 소리가 나네?"

"부딪히면 소리가 커져!
달그락 딱~"

| 다양한 소리 탐색하기 |

"눈이 안 보여도 소리가 들리니까
찾아갈 수 있어!"

"소리는 진짜 중요하고 편한 거야~!"

| 소리 찾아 따라 가요 |

"자~~ 과연 궁금이 상자
안에는 어떤 악기가
있는 걸까요?"

"이 악기 소리 들으면
이런 춤 출 수 있어~~"

"친구들이 가져온 자원이랑
유치원에 있는 소리들도
진짜 많아~"

| 악기 소리 알아맞히기 |

"제가 좋아하는 레고로 악기를 만들었어요!
그런데 안에 레고를 너무 많이 넣으면 레고가 안 움직여서 소리가 안 나요~!"

| 레고로 만든 악기 |

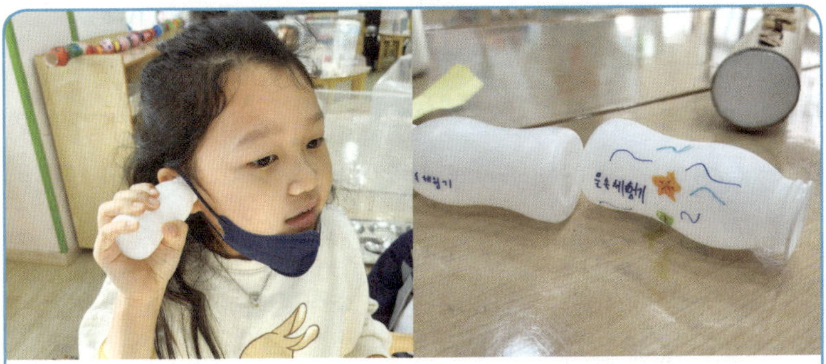

"우와! 이건 소라도 아닌데 바다 소리가 들려!"

"다른 친구들도 들을 수 있게
예쁘게 만들어야지~~"

| 요구르트 병으로 만든 바다 소리 악기 |

"우리나라 축구를 응원할 때
이걸로 응원하면 멋질 것 같아~!"

"대~한 민! 국! 삑삑~삑 삑삑~"

| 풀피리로 만든 월드컵 응원도구 |

"병뚜껑끼리 부딪히면 캐스터네츠 소리가 들려! 병뚜껑으로 캐스터네츠를 만들 수 있겠어~~"

| 병뚜껑 캐스터네츠 |

"소리 팔찌를 하면 친구들이 나를 피해서 잘 숨을 수 있겠지?"

| 소리 팔찌 |

유아들은 "악기 소리는 너무 쉬우니까 우리들이 소리를 만들어보는 거 어때?", "재미있겠다!" 하면서 교실뿐만 아니라 모든 활동실에서 들을 수 있는 소리, 만들 수 있는 소리를 자유롭게 탐색한 후 만들고 싶은 소리, 만들기 위해 필요한 것들을 함께 찾아보며 계획하였다.

놀이시간에 자신이 발견한 소리, 만들어 낸 소리 등을 친구나 교사에게 소개하고 부탁하여 녹음을 한 후, 그 소리와 비슷하게 낼 수 있는 것들을 탐색하며 만들어 나가기 시작했다.

다양한 소리를 만든 후 친구들에게도 들어볼 수 있도록 전시하였고, 전시된 소리 물품들을 어떻게 다루어야 할지 함께 이야기를 나누어 규칙을 정하여 소리 물품들은 규칙 안에서 잘 보관되었고, 친구들이 만든 소리를 다양하게 체험하였다.

| 교사의 지원 |

공간

- 소리를 이용한 다양한 놀이가 나타나게 되어 넓은 공간이 필요할 때에는 유아들이 교구장이나 책상 등을 자유롭게 움직여 공간을 넓힐 수 있도록 지원하였고, 무엇보다 다양한 소리를 탐색해 볼 수 있도록 교실뿐만 아니라 실외 놀이터, 잔디운동장, 계양산 등 여러 장소를 활용했다.

자료

- 자연의 소리, 물건을 탐색하며 발견한 소리들을 유아들이 직접 만들어 보고 싶어 하여 필요한 재료들을 요구하면 재료를 제공하며 틀을 만들어두지 않고 유아들의 생각을 표현해 볼 수 있도록 지원하였다. 소리를 다양한 재료와 방법으로 표현하면서 만들어진 물체의 성분에도 관심을 보였고 어떤 것으로 이루어진 물체인지에 따라 소리가 다름을 발견하였다. 무엇보다 소리를 만들 때에 지속적으로 요구했던 것은 교사의 휴대폰 속 녹음 기능이었다. 아이들이 교실이 아닌 다른 공간에서 발견한 소리를 만들기 위해 그 소리를 지속적으로 듣기 원해서 녹음 기능을 계속 제공해 주었다.

상호작용

- 원하는 소리를 만들기 위해서는 어떤 재료를 사용하는 것이 적합한지 알고 있어서 재료를 추천하고 싶은 마음이 계속 있었지만 유아들이 필요한 재료들을 스스로 생각해 볼 수 있도록 기다리는 시간을 많이 가졌다. 또 유아들이 소리를 만들어 낸 후 원하는 소리를 만들었을 때, 원하던 소리가 아닐 때에 따라 정서적 · 언어적 상호작용을 통해 소리 만들기에 지속적으로 흥미를 가질 수 있도록 지원했다.

| 교사 평가 |

- 놀이에서 가장 많이 주의를 기울인 부분은 '다양한 소리 탐색하기'이다. 교사 주도적으로 소리를 탐색하는 것이 아니라 유아들이 자신이 원하는 다양한 소리들을 자유롭게 탐색할 수 있도록 했다. 이로써 교사가 생각했던 소리뿐만 아니라 유아들이 각자 집중한 소리에 귀를 기울여 볼 수 있었고, 자연공간에서 들리는 소리, 물체의 성분에 따라 달라지는 소리들을 스스로 발견하여 놀이시간에 직접 만들어보는 시도를 해볼 수 있었다. 충분한 탐색 시간을 제공함으로써 이어지는 '여러 가지 소리 만들기'에서 유아들이 필요한 재료들을 스스로 생각해 보고 요구하여 주도적인 놀이가 풍부하게 나타나는 것을 관찰할 수 있었다.

| 유아 평가 |

- 친구들이 만든 여러 가지 소리가 신기해요!
- 가을이 되니까 소리가 달라졌어요!
- 내가 소리를 직접 만들어봐서 재미있었어요.
- 녹음기를 밖으로 들고 나가면 좋을 것 같아요. ➔ 건전지용 카세트로 변경

놀이 2 - 놀이의 확장

| 놀이의 진행 양상 |

- 실전화기 놀이
- 소리에 대한 궁금증
- 메아리 실험
- 스피커 실험
- 소리굽쇠 실험
- 조사 및 실험결과 정리

"정말 내 말 들려?"

"우와 진짜 들려! 소리가 움직이나 봐!"

"실을 잡으니까 소리가 안 들리네?"

| 실전화기 놀이 |

실전화기 놀이를 하며 소리의 움직임, 실을 잡았을 때 들리지 않는 소리 등 소리와 관련된 다양한 궁금증을 가지게 되면서 소리에 대해 궁금한 것들을 질문 목록으로 모아본다.

"실을 잡으면 왜 소리가 안 들릴까? 메아리도 직접 들어보고 싶어!"

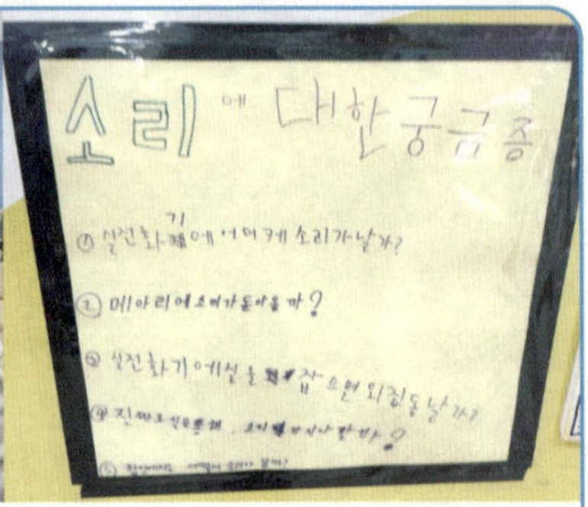

사랑반의 '소리'에 대한 궁금증

| 소리에 대한 궁금증 |

유아들이 놀이를 하면서 궁금했던 것들을 모아 컴퓨터로 조사도 하고 실험해 볼 수 있는 것들은 직접 실험해 보기로 이야기를 나누었다.

"야~~호~~
어? 왜 소리가 잘 안 들리지?"

"야~~호~~ 마스크를 벗어야 잘 들려!
마스크가 방해하나 봐~!"

| 메아리 실험 |

계양산, 잔디운동장, 놀이터 등 실외 공간에서 소리를 내보면서 마스크 유무의 차이, 벽이 있고 없고의 차이를 직접 경험하며 공간의 차이에 따라 메아리가 들리기도 하고, 들리지 않기도 하는 원인을 유아들이 예측해 보는 모습을 관찰할 수 있었다.

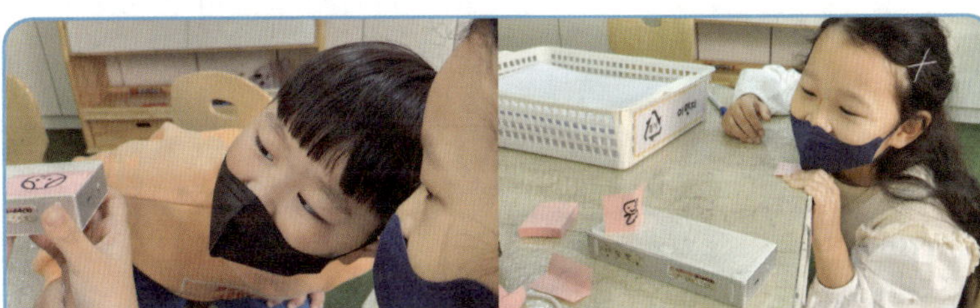

"여기 봐!
종이가 스피커 위에서 움직이고 있어!"

"종이 인형 만들어서 올리니까
스피커 위에서 춤추는 것 같아~~!"

| 스피커 실험 |

종이가 스피커 위에서 진동으로 움직이는 것을 보고 종이 인형을 만들어서 놀이한다.

스피커에서 소리와 함께 진동이 나는 것을 보며 소리 진동을 손으로 느끼는 경험을 한다.

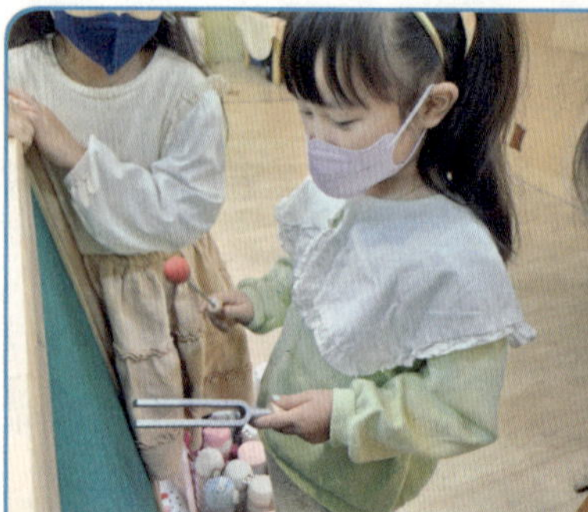

"소리굽쇠를 칠판에 대니까 진동이 느껴져!"

"물에 넣으니까 물이 튀어 오르잖아?"

| 소리굽쇠 실험 |

소리에서 진동을 발견하고 진동을 이용하여 놀이를 하는 유아들에게 소리굽쇠를 제공하고, 유아들은 소리굽쇠를 다양한 물체에 가져다 대어 차이를 탐색하며 놀이하였다.

"소리에 대해 알게 된 걸 얼른 적어야겠어!"

'소리' 질문 목록과 조사 및 실험 결과

| '소리' 실험결과 소개하기 |

실전화기에서 시작된 소리의 움직임에 대한 궁금증을 꾸준히 탐색하면서 함께 알아보기로 한다.

| 교사의 지원 |

공간	· 유아들이 궁금해하는 것을 언제든지 적어볼 수 있도록 교실에 게시해 두어 궁금증을 찾게 되었을 때에 즉시 적어볼 수 있도록 하였으며, 유아들이 본인의 생각을 통해 다양한 예측을 해 볼 수 있도록 지원하였다.
자료	· 유아들이 탐색하고 발견한 것을 더 풍부하게 하기 위해 기존에 없던 '소리굽쇠'를 따로 구입하여 유아들이 놀이에 활용해 볼 수 있도록 하였으며 소리굽쇠를 이용하여 놀이하면서 소리의 원리에 대해서도 직접 경험해 볼 수 있도록 지원하였다. · 이전 프로젝트를 진행할 때에 검색하는 방법을 알아보고 많이 활용했던 컴퓨터 영역을 항시 제공하여 유아들이 궁금한 것이 있으면 직접 검색해 볼 수 있도록 지원하였다.
상호작용	· 유아들이 궁금해하는 것을 직접 알려주기보다 "왜 그렇게 된 걸까?", "왜 그렇게 생각해?"에 집중하여 상호작용을 하였다. 유아들은 자신의 의견을 말하고 왜 그렇게 되었을지 예측해 보고 과학적 추론을 스스로 해 나가는 모습을 볼 수 있었다.

| 교사 평가 |

· [놀이 2]에서 가장 지원을 많이 한 부분은 상호작용과 그에 따른 놀이 자료이다. 유아들이 궁금해하는 것을 직접 알려주기보다 유아들이 직접 조사하고, 실험하면서 알아볼 수 있도록 하자 유아들이 더 깊게 탐구하는 모습이 나타났다. 또 유아들이 '과학 활동'이라는 활동보다는 오히려 놀이로 경험하며 즐겁게 알아가는 것을 더욱 즐긴다는 것을 알 수 있었으며 창의·탐구적인 모습을 더 많이 볼 수 있었다.

| 유아 평가 |

- 소리에 대해 알 수 있는 게 정말 많이 있었네!
- 궁금한 게 너무 많았는데 친구들이랑 같이 실험해 봐서 재미있었어요!
- 뭐라고 말로 해야 할지 잘 모를 때도 있었어요.

놀이 3 – 놀이의 전환

| 놀이의 진행 양상 |

- 소리를 만드는 폴리아티스트
- 소리와 관련된 다양한 직업 체험
- 만화 주제가 녹음
- 브레멘 음악대 뮤지컬 감상
- 브레멘 음악대 공연 준비
- ○○반의 브레멘 음악대

"나뭇잎이 모이면 비 오는 소리로 들리고
테이프로는 말 지나가는 소리를 만들 수 있어~~!"

| 소리를 만드는 폴리아티스트 |

소리를 만들어 보는 유아들에게 교사는 소리를 만드는 '폴리아티스트'라는 직업을 소개해 주었고, 유아들은 '폴리아티스트 놀이'를 하면서 소리와 관련된 다양한 직업에 관심을 보였다.

〈피아니스트〉
"피아노로 예쁜 연주를 들려주는 피아니스트는 얼마나 연습을 많이 하는 걸까?"

〈아나운서〉
"기쁜 소식 알려드립니다. 우리나라가 축구 16강에 진출했습니다!"

〈방송국 직원〉
"방송국에는 여러 가지 세트장이 있는데 제가 일하는 세트장을 알려 드릴게요~!"

〈악기장〉
"난 악기를 만드는 악기장! 줄로 악기를 만들 수 있어~!"

〈가수〉
"나는 문어~ 꿈을~ 꾸는 문어~~ 어어~"

〈성우〉
"방글핑! 어서 여기로 와!"
"알겠어 방글~!"

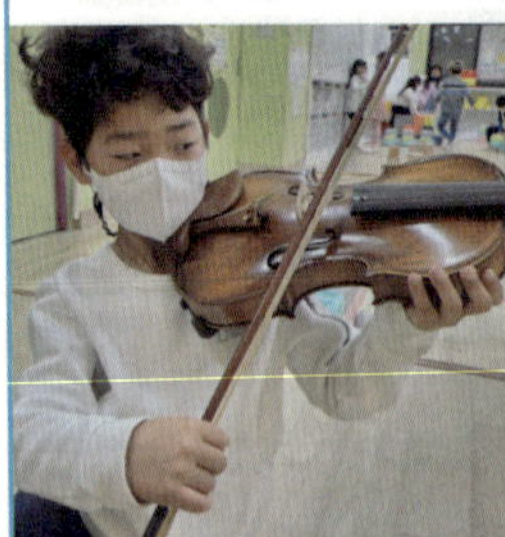

〈바이올리니스트〉
"바이올린은 활로 악기를 연주해!"

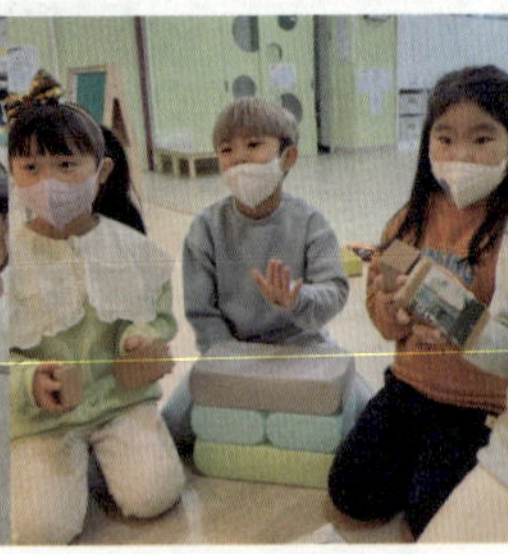

〈연주단〉
"저희의 멋진 연주를 들려드리겠습니다."

〈유튜버〉
"과연 소리 할리갈리는 누가 이길까요?"

| 소리와 관련된 다양한 직업 체험 |

다양한 직업을 체험해 보던 유아들은 좋아하는 만화인 '포켓몬스터'에 관심을 보였으며, 성우로 참여하고 싶어 하는 유아들이 너무 많아서 유아들과 함께 주제가를 부르는 가수가 되어보기로 하여 다 함께 참여할 수 있도록 하였다.

"피카츄 라이츄~ 파이리 꼬부기~
버터플! 야도란! 피죤투 또~가스~
우리가 진짜 포켓몬스터 가수가 됐어~~!"

| 만화 주제가 녹음 |

"노래로 말하는 것처럼 하는 공연은 뮤지컬이래!"
"우리도 그냥 배우 말고 뮤지컬 배우 해 보는거 어때?"

| 브레멘 음악대 뮤지컬 감상 |

소리와 관련된 다양한 직업을 알아보며 뮤지컬 배우에 관심을 갖게 된 유아들은 함께 어린이 뮤지컬을 감상하는 시간을 가져 보았다.

유아들은 뮤지컬을 보고 뮤지컬 배우가 되어 보고 싶어 하였으며, 교사는 영상을 반복적으로 재생하여 유아들이 놀이 시간에 뮤지컬을 감상할 수 있도록 하였다.

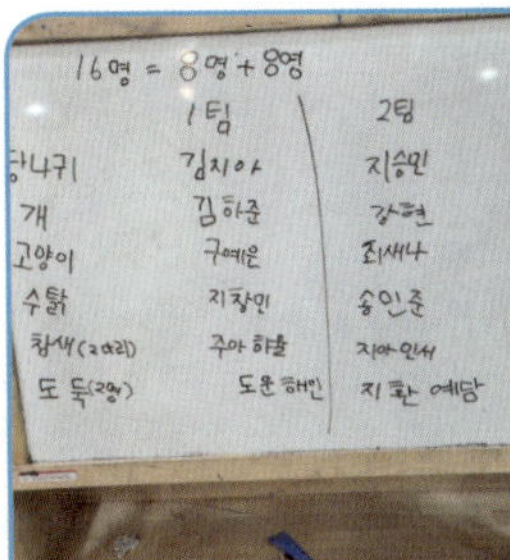

"배우 역할은 관객도 필요하니까 두 팀으로 하는 거 어때!?"

"진짜 공연처럼 배경도 만들면 좋겠어!"

"도둑들이 숨어 있는 집도 필요해~~"

"이건 도둑한테 필요한 망원경! 진짜 같죠?"

"동물들이 연주할 탬버린도 필요할 것 같아~!"

| 브레멘 음악대 공연 준비 |

- 유아들과 함께 배역을 나눈 후 공연을 위해 필요한 것들에 대해 이야기를 나누면서 어떻게 만들 것인지 계획한다.

- 필요한 것을 만들기 위해 원하는 재료들을 제공해 주었으며, 공통으로 필요한 배경이나 집처럼 큰 소품들은 함께 만들 수 있도록 하였다.

- 만든 소품들은 공연을 하는 날까지 망가지지 않도록 참관실에 따로 보관해 두었다.

"중간에 배경이 바뀌니까 배경을 바꿔 줄 사람도 있으면 좋겠어!"
"나~는 나~는 당~나귀~ 버림 받은 늙은 당나귀~
주인님을 위해서~ 열심히 일했던 나를 팔아 버린다니~"
"우~리는 브~레멘 동~물~ 음악대~ 즐~겁게 노~래를 부르며
걸어가요~ 랄라라랄라 랄라라~"

| ○○반의 브레멘 음악대 |

'브레멘 음악대' 공연을 하며 유아들은 자신이 맡은 역할을 동화 속 대화뿐만 아니라 상황에 적절한 대화로 변형하기도 하며 즐거운 시간을 경험할 수 있었다.

| 교사의 지원 |

공간

- 유아들이 공연을 하기 적당한 공간을 선정해야 했다. 익숙한 교실에서 할지 아니면 무대가 있는 튼튼이방(강당)에서 할지 함께 투표하여 정했고, 무대의 크기에 맞춰 배경을 준비하였다. 배경을 구성할 때에도 유아들이 책상이나 의자로 방해받지 않고 넓은 공간에서 협동 작업을 할 수 있도록 환경을 조정해 주었다.

자료

- 배경으로 사용할 수 있는 큰 전지와 큰 우드락을 제공하고, 영상자료 자체가 노래로 된 가사라서 놀이시간에 반복해서 재생해 주었다. 유아들이 놀이하면서 노래 가사를 함께 따라 부르며 자신이 맡은 역할을 준비할 수 있도록 지원하였다.

상호작용

- 공연을 준비하는 과정에서는 유아들이 배경이나 소품을 만들 때 친구와 같은 방법이 아닌 다양한 방법으로 제작할 수 있도록 '또 다른 멋진 생각'에 맞추어 상호작용을 했고, 공연을 진행할 때에는 유아들이 대사나 행동을 잊어버렸을 때 대사나 행동을 유추할 수 있는 내레이션으로 상호작용을 하여 공연이 이어질 수 있도록 지원하였다.

| 교사 평가 |

- 공연을 할 때 상호작용을 통해 유아들이 잊은 대사나 행동을 표현할 수 있도록 하는 것이 공연에서 가장 중요한 상호작용이었다. 아이들이 평소에 동극 놀이를 자주 해서 공연에 필요한 물건들을 금방 계획할 수 있었고, 프로젝트 초반에 소리를 꾸준히 탐색하면서 발견한 정보를 활용하여 유아들이 주도적으로 공연을 준비하는 모습을 관찰할 수 있었다. 탐색하는 과정이 유아들에게 긍정적으로 작용되는 것을 느끼고 함께 공연을 준비하면서 교사 또한 기대하는 마음으로 놀이할 수 있었다.

| 유아 평가 |

- 연극 대사를 노래로 부르니까 더 재미있는 것 같아~!
- 우리 유치원은 무대가 있어서 공연하기가 너무 좋아!
- 무대에 조명도 여러 가지 색으로 있었으면 더 재미있었을 것 같아!

| 놀이의 교육적 의미 |

신체운동·건강

- 맡은 역할에 따라 신체 움직임을 조절하여 표현할 수 있다.

의사소통

- 탐색한 소리에 대한 자신의 생각, 느낌, 경험 등을 적절한 단어를 사용하여 말한다.
- 소리에 대해 궁금한 점을 탐구한 내용을 글자로 표현할 수 있다.

사회관계

- 소리물품을 만들어 전시해두는 과정에서 필요한 규칙을 함께 정하여 지킨다.
- 공연 배경을 협동하여 만들 때에 서로의 의견을 존중한다.
- 소리에 대한 자신의 생각과 의견을 자신 있게 표현할 수 있다.

예술경험

- 다양한 재료를 이용하여 자신이 만들고 싶은 소리를 표현할 수 있다.
- 신체, 사물, 악기를 활용하여 이야기를 표현 한다.
- 자연에서 들리는 소리의 아름다움을 느끼고 즐긴다.

자연탐구

- 주변 세계와 자연에서 들리는 소리에 대해 지속적으로 호기심을 가진다.
- 소리에 대해 탐구하는 과정에 즐겁게 참여한다.
- 물체의 특성에 따라 서로 다른 소리의 차이를 구별한다.

| 교사 총평 |

- 놀이중심으로 아이들의 흥미에 맞게 프로젝트 주제를 선정하여 일 년을 지내다 보니 아이들의 놀이에서도 탐구력이 많이 성장한 것을 볼 수 있었다.
- 궁금한 것이 있으면 질문 목록도 스스로 만들어서 조사하고 필요한 것이 있으면 요구하여 본인들이 원하는 놀이를 만들어 갔다.
- 소리를 내는 악기들을 다양한 방법으로 만들고, 악기에만 치우쳐서 놀이를 하는 것이 아니라 여러 가지 직업을 알아보기도 하고 경험해 볼 수도 있었다.
- 놀이가 이루어질 때마다 예술경험이나 자연탐구 어느 한 방향으로든지 너무 기울지는 않을까 걱정을 했었는데, 궁금한 것들이 많았던 '소리'라는 프로젝트를 진행하면서 예술경험, 자연탐구영역뿐만 아니라 다양한 영역에서의 놀이가 이루어질 수 있었다.

PROJECT

5

데구르르 바퀴가 굴러간다!

'바퀴' 프로젝트 놀이 이야기

놀이 1

- 경사로 놀이
- 내가 아는 바퀴
- 유치원에서 바퀴를 찾아라!
- 유치원에서 찾은 바퀴!

놀이 2

- 바퀴블록으로 놀이해요
- 다양한 바퀴로 놀이해요
- 바퀴 발명품을 만들어요
- 바퀴 발명품을 소개해요

프로젝트 진행 기간 : 약 4주

프로젝트 선정 이유 : 방학을 지내고 온 유아들이 여행지를 오갈 때 이용했던 자동차, 기차, KTX, 비행기 등의 다양한 교통기관에 대해 놀이 속에서 이야기하는 모습을 볼 수 있었다. 다양한 교통기관에 대해 이야기하면서 '바퀴'에 대해 관심을 보이는 모습을 보이며, 다양한 경사로를 만들기 시작했고 바퀴와 비슷한 형태의 여러 가지 물건을 굴리면서 놀이하는 모습을 관찰할 수 있었다. 여러 가지 블록으로 다양한 바퀴 놀이하는 유아들을 보고, 바퀴가 있는 여러 종류의 교통수단을 알아보고 탐색하는 과정에서 친구들에게 서로의 경험을 소개하면서, 바퀴에 대해 호기심을 가지고 자발적으로 참여하는 태도를 기를 수 있을 것으로 생각되었다. 또한, 바퀴의 기능과 특성을 이해하는 과정에서 과학적인 탐구 능력을 기르고 우리의 생활을 편리하게 해 주는 바퀴에 대해 탐구해 보고자 '바퀴'라는 프로젝트를 진행하게 되었다.

주제 개념망

- 주제 개념망은 교사의 계획이므로 같은 주제라 하더라도 인적·물적 환경에 따라 다를 수 있으며 실제 활동이 진행되면서 언제든지 바뀔 수 있다.

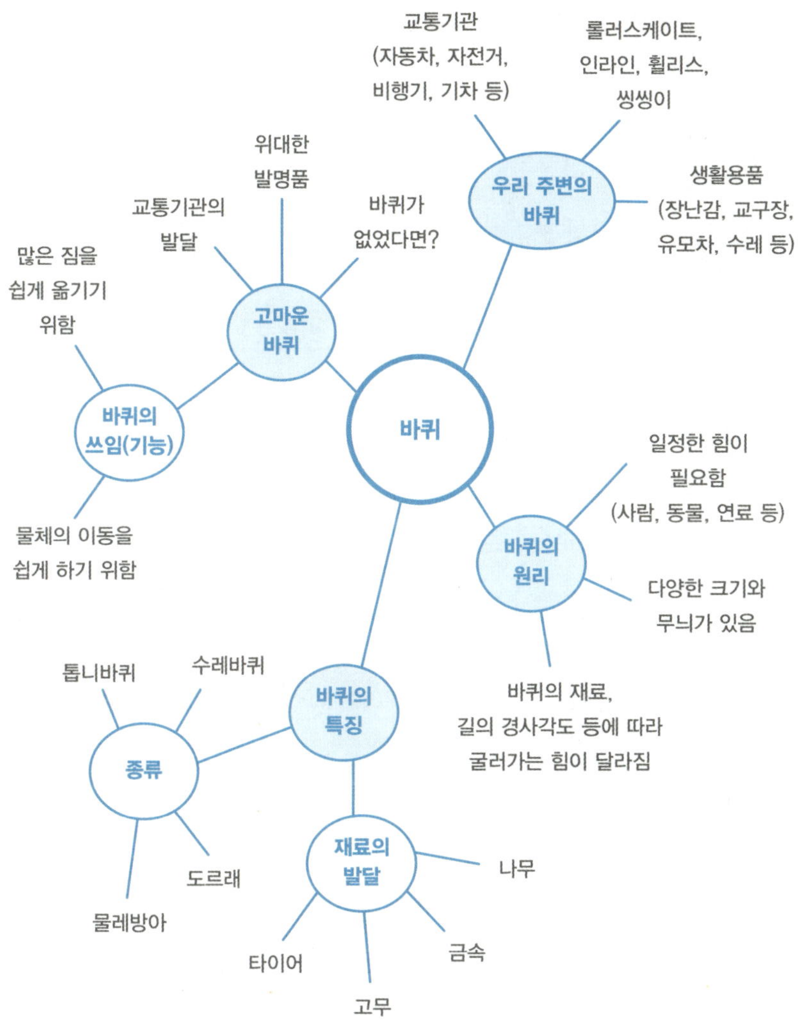

관련 활동

- 교사는 프로젝트와 관련하여 유아들을 위한 환경구성과 관련 활동들을 미리 계획해 두어 놀이의 진행에 따라 지원할 수 있도록 한다.

언어 활동	미술 활동	수 · 조작 활동
[이야기 나누기] • 우리 주변의 바퀴 • 다양한 바퀴의 종류를 알아보아요 • 바퀴는 크기와 모양이 달라요 • 바퀴가 잘 굴러가기 위해서는? • 만약에 바퀴가 없다면? [동시] • 바퀴가 하나 • 바퀴야 바퀴야 [동화] • 동글동글 바퀴 • 바퀴야 다 모여! [동극] • 버스의 다섯 번째 바퀴	[명화감상] • 자동차가 있는 풍경 • 자동차가 있는 풍경 재구성하기 [만들기] • 내가 알고 있는 바퀴(표상활동) • 내가 발견(경험)한 바퀴(이전 경험) • 바퀴 찍어 꾸미기 • 롤러 그림 그리기 • 휴지심으로 만든 자동차 • 교통안전 표지판을 만들어요 • 채소로 찍은 바퀴 • 나만의 바퀴 만들기 • 바퀴 발명품을 계획해요	[수] • 모두 몇 개의 바퀴일까요? • 바퀴를 모아요 • 바퀴 할리갈리 [조작] • 바퀴의 종류 빙고게임 • 바퀴 색종이 접기 • 바퀴 패턴 맞추기 • 바퀴 바느질하기 • 교통수단 메모리 카드 • 교통안전을 지켜요 • 교통기관 칠교놀이
음률 · 신체활동	**쌓기 · 역할 · 실외 활동**	**과학 · 요리 활동**
[새노래] • 씽씽 굴러가는 바퀴 • 더 빠른 것 더 느린 것 • 버스놀이 [게임] • 바퀴 릴레이 • 교통표지판을 지켜요 [신체표현] • 씽씽 굴러가는 바퀴가 되어요	[쌓기] • 블록으로 쌓은 경사로 • 자동차 정비소 구성하기 • 우리 반 도로 만들기 [역할] • 운전기사가 되어보아요 • 자동차 정비사가 되어요 • 교통안전 지킴이가 되어요 [실외] • '현대모터스튜디오' 견학	[과학] • 바퀴의 모양을 관찰해요 • 바퀴가 잘 굴러가려면?(경사로 실험) [요리] • 바퀴 모양 스파게티 만들기

가정에서의 협조

- 프로젝트마다 가정에서 협조할 수 있는 필요한 자원들을 요청하는 것은 유치원과 가정과의 연계를 도와주며 부모들의 교육활동에 대한 관심을 높이는 데도 도움을 준다.

- 유아와 함께 우리 주변에서 바퀴가 있는 물건을 찾아보세요.
- 바퀴를 함께 찾아보며 바퀴의 생김새, 무늬 등 특징에 대해 함께 이야기 나누어 주세요.
- 유아가 가정에서 '바퀴'에 대해 질문을 하면, 그 질문을 적고 답을 찾을 수 있도록 도와 주세요.

자원 협조	1차적 자원	• 다양한 종류의 바퀴 실물 자료(스페어타이어, 장난감자동차의 바퀴, 수레의 바퀴 등)를 보내주시면 유아들과 즐거운 활동을 진행하겠습니다.
	2차적 자원	• 바퀴와 관련된 동화책 또는 과학도서, 바퀴가 있는 다양한 종류의 물건, 교통기관 사진 및 영상자료, 자동차 카탈로그 등 바퀴를 찾아볼 수 있는 팸플릿을 유치원으로 보내 주시면 소중한 교육 자료로 활동한 후 주제가 마무리될 때 가정으로 보내드리겠습니다.

놀이 1 – 놀이의 시작

| 놀이의 진행 양상 |

경사로 놀이

내가 아는 바퀴

유치원에서 바퀴를 찾아라!

유치원 밖에서 찾은 바퀴!

"경사로를 가파르게 만들면 공이 어떻게 굴러갈지 궁금해!"

"길게 만든 길에 갑자기 커브 길이 나오면 공은 어떻게 굴러갈까?!"

| 경사로 블록으로 경사로를 만들어 공 굴리기 놀이 |

"아뜰리에에도 경사로가 있어!
여기에서 바퀴를 굴려볼까?"

"바퀴를 굴려서 피하는 게임을 해 보자!
조금 더 세게 굴릴까?"

| 아뜰리에 경사로에서 바퀴 모양 블록을 굴려 놀이하기 |

유아들은 할로우 블록과 길 만들기 블록을 사용하여 다양한 경사로를 만들거나, 경사로가 있는 표면에서 나무 공, 플라스틱 공 등 굴러가는 것을 굴리며 놀이하는 것에 관심을 보였다.

"편백나무 놀이터 안에도 경사로가 있잖아!
살살 바퀴를 굴려보면 어떻게 갈까?"

"이렇게도 경사로를 만들어 놀이할 수 있어!
자동차를 바구니 안으로 골인시켜 보자!"

| 그 외 경사로 놀이 |

유아들에게 굴릴 수 있는 것 중 하나인 바퀴 모양 블록들을 제공하였더니, 여러 가지 모양의 바퀴 블록들을 굴리며 바퀴의 크기, 모양에 따라 속도와 이동 거리가 달라짐을 알게 되며 바퀴에 관심을 갖게 되었다.

"내가 알고 있는 바퀴를 그림으로 그려보자!" "나는 자전거의 바퀴가 생각나!"
"나는 자동차에서 본 바퀴가 가장 먼저 떠올라!"

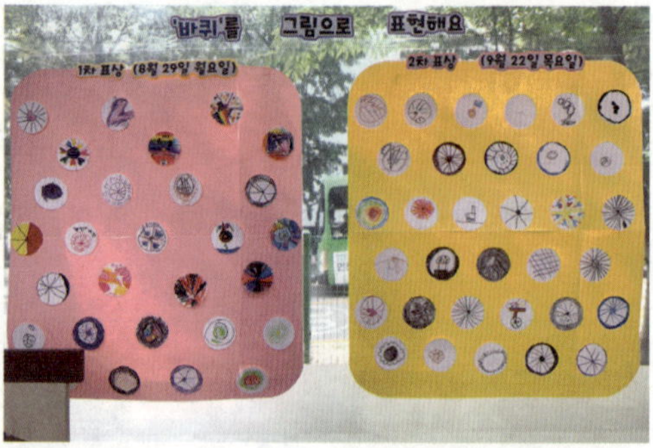

| 내가 아는 바퀴를 그림으로 표현해요(바퀴표상) |

바퀴에 관심 가지고 있는 유아들과 바퀴에 대한 생각을 모으며, 내가 알고 있는 바퀴를 그림으로 그려보고, 바퀴와 관련된 이전 경험을 색연필, 사인펜 등 다양한 재료와 도구를 이용하여 그려보는 시간을 가져보았다.

"나는 마트에서 장 볼 때 쓰는 카트의 바퀴를 보았던 것이 생각났어!"
"나는 동생 유모차의 바퀴를 끌었던 것이 생각나!"

| 바퀴와 관련된 나의 경험을 그림으로 표현해요(바퀴 이전 경험) |

유아들은 스케이트보드, 인라인스케이트, 자동차, 자전거 등 다양한 곳에서 바퀴를 본 경험을 그림으로 표현하였고, 바퀴를 표상할 때는 주로 자전거나 자동차에서 본 바퀴를 그림으로 표현하였다. 바퀴에 대한 이전 경험을 통해 알고 있는 바퀴를 그리면서 유아들은 "선생님, 근데 우리 반에도 바퀴가 엄청 많아요!"라고 이야기하며 바퀴가 있는 곳을 직접 짚어보기도 하고, 지나가는 차를 보며 "선생님, 저기도 바퀴 있어요!"라고 이야기하며 자신의 주변에 있는 바퀴를 찾기 시작하였다.

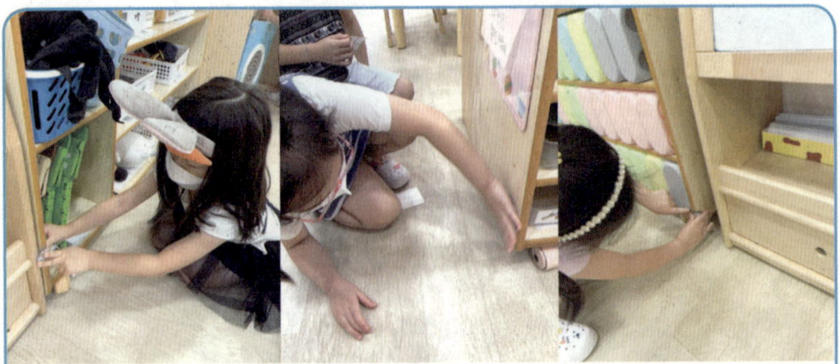

"교실에서 볼 수 있는 바퀴를 먼저 찾아보자!" "교구장에 다 바퀴가 달려 있어!"

"우리가 사용하는 제습기의 바닥에도 바퀴가 달려 있어서 움직일 수 있어!"

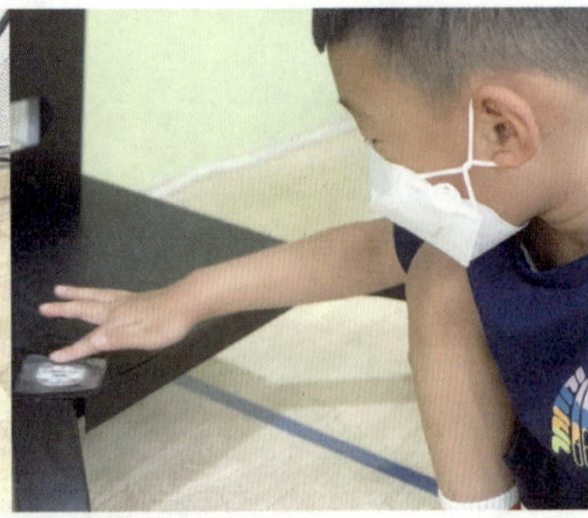

"튼튼이방의 TV에도 바퀴가 달려 있어!"

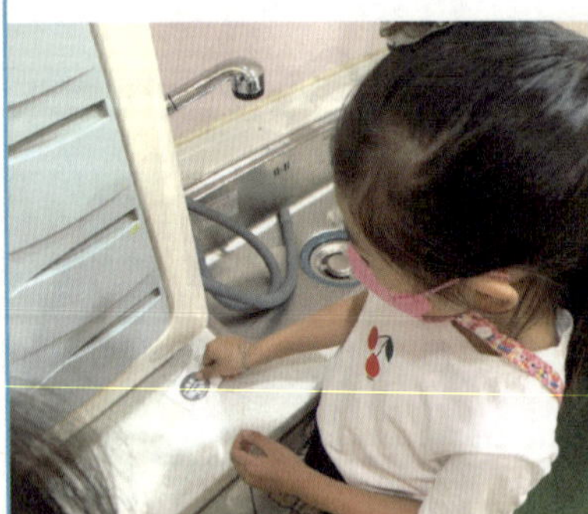

"이곳저곳에서 바퀴를 엄청 많이 볼 수 있어!" "바퀴 스티커로 우리가 바퀴를 찾았다는 것을 표시해 놓자."

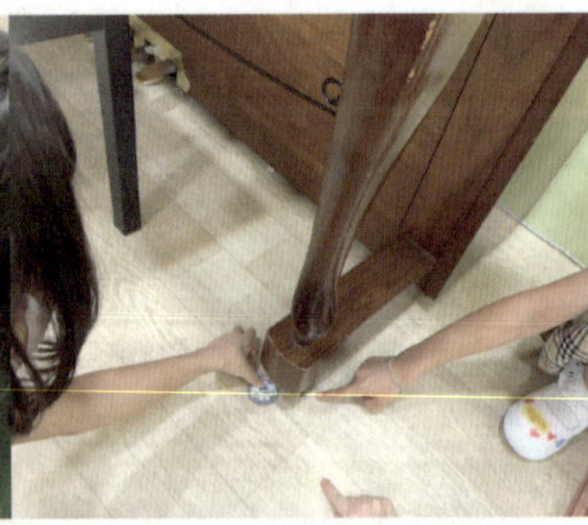

"우리가 좋아하는 피아노 밑에도 바퀴가 달려 있네!"

| 유치원에서 찾은 바퀴 |

자신의 주변에 있는 바퀴들을 찾아보는 것에 흥미가 생긴 유아들과 함께 '창조반이 찾은 바퀴' 스티커를 가지고 유치원을 돌아다니며 바퀴를 찾아보기로 하였다.

유아들은 개인별로 1장씩 스티커를 가진 뒤, 먼저 교실부터 탐색하며 바퀴가 있는 곳에 스티커를 붙였다. 활동실, 복도 등 여러 곳을 돌아다니며 바퀴를 찾아보았는데, 유아들은 아직 찾지 못한 친구를 도와 함께 바퀴를 찾아 나섰다.

유아들이 찾은 바퀴는 피아노 밑, 공기청정기, TV, 교구장 등 다양한 곳에 있었으며, 바퀴를 찾는 과정에서 "얘들아, 이런 곳에도 바퀴가 있어!"라고 이야기하며 서로 바퀴가 있는 곳을 소개하였다.

"유치원 밖에서도 바퀴를 찾아보자!"

"저기 수레에 바퀴가 달려 있어!
그림으로 그려 놓아야겠어!"

"선생님! 우리 유치원이 있는 대학교의
교문에도 바퀴가 있어요!"
"이 바퀴는 엄청 무겁게 생겨서
어린이들은 쉽게 밀지 못할 것 같아!"

"자전거 보관소에서는 자전거 바퀴를
찾을 수 있어!"

"우리 유치원 가는 길에 지나다니는 자동차에서 볼 수 있는 바퀴를 그리면 되겠다!"
"다들 다치지 않게 서로 조심하자!"

| 유치원에서 밖에서 찾은 바퀴 |

유치원을 둘러보며 바퀴를 찾은 유아들은 “선생님, 근데 밖에 나가도 바퀴가 엄청 많을 것 같아요”라고 이야기하며 유치원 주변에서도 바퀴를 찾아보길 원했고, 스스로 찾은 바퀴를 그림으로 표현할 수 있도록 도화지와 색연필, 사인펜을 들고 유치원 주변을 산책하였다.

유아들은 대학교를 산책하며 자동차, 자전거, 수레 등에서 바퀴를 찾아 이를 그림으로 표현하였으며, 뿐만 아니라 정문의 철문에도 바퀴가 있다는 것을 알고, “얘들아, 여기에도 바퀴가 있다! 근데 엄청 무거워 보여”라고 이야기하며 서로 생각을 공유하고 그림으로 표현하였다.

| 교사의 지원 |

공간	• 유아들이 경사로를 만들어 놀이하거나, 경사로에서 놀이할 때 충분히 경사로에 따른 공의 속도 변화를 탐색할 수 있도록 넓은 공간을 제공하였다. • 유아들이 유치원 안과 밖에서 다양한 바퀴를 찾을 수 있도록 유치원과 유치원 주변의 대학 내 공간을 활용하였다.
자료	• 경사로를 만들면서 공 굴리기에 관심을 보일 때, 여러 가지 굴릴 수 있는 것들을 제공하여 유아들이 다양하게 굴려볼 수 있도록 자료를 제공하였다. • 유아들이 그중 바퀴에 대해 관심을 가지자, 여러 가지 휠과 모양을 가지고 있는 다양한 바퀴를 제공하여 바퀴의 모양과 크기에 따라 굴러가는 속도가 달라짐을 탐구할 수 있도록 하였다. • 유아들이 유치원 안과 밖에서 찾은 바퀴를 표시하고 작성할 수 있도록 종이와 스티커를 제공하였다.
상호작용	• 유아들이 경사로를 만들며 경사로가 가파르게 변할 때마다 점점 더 속도가 빨라지는 것을 탐구하는 것을 보았을 때, '왜 그렇게 되었을까?'에 대해 함께 이야기 나누며 유아들이 스스로 경사로에 따른 속도의 변화를 실험할 수 있도록 하였다. • 유아들이 유치원 안과 밖의 바퀴를 찾을 때, 서로 바퀴의 위치를 함께 찾으며 다양한 바퀴의 종류에 대해 이야기 나눌 수 있도록 유도하였다.

| 교사 평가 |

- 경사로에서 굴리기 놀이를 하며 자연스럽게 바퀴에 관심을 가지게 된 유아들에게 '나'를 중심으로 점점 큰 범위로 확대하여 바퀴를 찾아 나서는 경험을 제공하였다는 생각이 들었다. 이를 통해 유아들은 우리 주변의 바퀴에 대해 더욱더 큰 관심을 가지고, 흥미를 느낄 수 있었다. 우리 주변의 바퀴를 찾아보는 과정에서 유아들이 직접 자신이 찾은 바퀴를 다양한 방법으로 표현할 수 있도록 도화지, 스티커 등을 제공하였는데, 유아들이 직접 찾은 바퀴를 표시하였기 때문에 계속해서 바퀴의 존재에 관심을 갖고 내가 찾은 바퀴를 한 번 더 들여다보는 등의 모습을 관찰할 수 있었다. 아쉬웠던 점은 유아들이 유치원 밖의 바퀴를 찾으면서 더 나아가 동네에서 찾을 수 있는 바퀴를 찾아보고 싶다고 하였으나, 멀리 나가 보지 못한 것이 아쉬움에 남았다.

| 유아 평가 |

- 경사로를 만들어 놀이할 때, 바퀴를 사용할 수 있어서 재미있었어요.
- 바퀴가 쭉 굴러갈 때도 있지만, 이리저리 굴러가다가 빙그르르 돌 때도 있어서 왜 그럴까 궁금하기도 했어요
- 유치원 안과 밖에서 바퀴를 찾으니까 바퀴가 더 눈에 잘 들어왔어요.
- 더 멀리 나가서 바퀴를 찾아보고 싶기도 했어요! 그래서 그건 좀 아쉬워요.

놀이 2 – 놀이의 확장

| 놀이의 진행 양상 |

1. 바퀴블록으로 놀이해요
2. 다양한 바퀴로 놀이해요
3. 바퀴 발명품을 만들어요
4. 바퀴 발명품을 소개해요

"얘들아, 선생님이 재미있는 놀잇감을 가지고 왔어!
이건 바퀴가 달려있는 큰 블록이야.
이걸 이용해서 자동차도 만들 수 있어!"
"우와! 이 바퀴블록으로 어떤 자동차를 만들지?"

"바퀴블록이 ○○반에 생기니까 엄청 신기하다!"
"우리, 바퀴블록으로 타고 다니면서 ○○반을 돌아다녀볼까?"

| ○○반에 바퀴블록이 생겼어요! |

여러 곳에서 바퀴를 찾으며 바퀴에 대한 관심이 높아지던 중, 자연스럽게 바퀴로 만든 탈것들에 대해서도 관심이 생겼다.

"선생님! 우리는 바퀴를 크게 이어서 캠핑카를 만들었어요!"
"우리가 만든 캠핑카 출발! 다들 앞에 봐! 캠핑카가 움직일 거야!"
"선생님, 그런데 바퀴블록은 개수가 많지 않은데 우리는 바퀴블록보다 수가 많아요!"
"자꾸 친구들끼리 바퀴블록을 가지겠다고 싸우는데, 어떻게 하면 좋죠?"
"그럼 바퀴블록 약속을 만들면 되지!"

유아들이 스스로 바퀴 달린 탈것을 구성하고 만들 수 있도록 바퀴 달린 블록들을 제공하여 바퀴를 직접 경험하게 하였다. 벽면의 교구장에 바퀴블록이 채워진 것을 본 유아들은 첫 시작으로 바퀴블록 위에 하나의 블록만 올려서 타고 다녔다. 즐겁게 타는 방법을 알게 된 유아들은 친구와 함께 바퀴를 이어 큰 자동차를 만들기도 하였고, 캠핑카를 만들어 교실을 돌아다니기도 하였다.

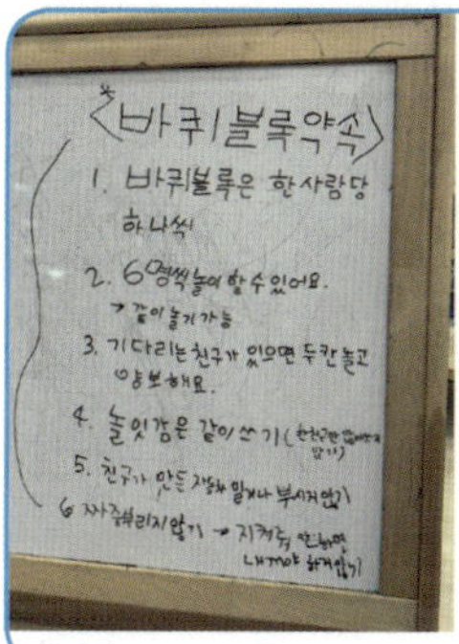

〈바퀴블록 약속〉

1. 바퀴블록은 한 사람당 하나씩
2. 6명씩 놀이할 수 있어요 ➔ 같이 놀기 가능!
3. 기다리는 친구가 있으면 두 칸 놀고 양보해요
4. 놀잇감은 같이 써요(한 친구만 많이 쓰지 않기!)
5. 친구가 만든 자동차 밀거나 부수지 않기
6. 짜증부리지 않기 ➔ 만들고 '지켜줘'라고 했으면 '내꺼야!' 라고 말하지 않기

| 우리가 정한 바퀴블록 약속 |

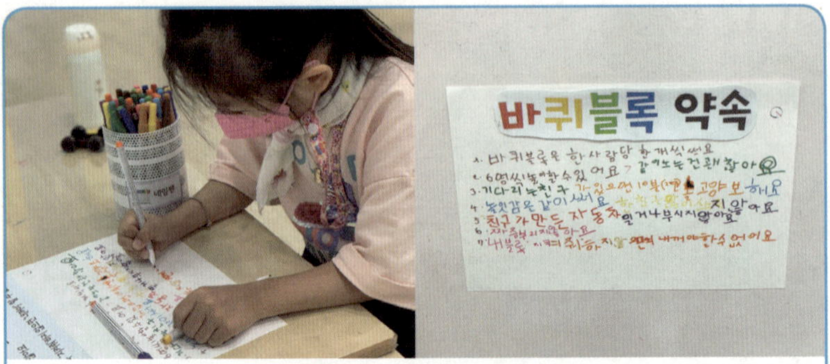

"우리가 정한 약속을 직접 적어요!"

| 바퀴블록 약속을 만들어요 |

놀이가 진행되던 중, 유아들의 인원수에 비해 바퀴블록의 개수가 적어 갈등이 일어났고, 유아들과 바퀴블록을 사용할 때 필요한 약속을 정하기로 하였다.

유아들은 '바퀴블록은 한 사람당 한 개씩 쓰기, 기다리는 친구가 있으면 10분만 타고 양보하기, 놀잇감은 같이 쓰고, 친구가 만든 자동차를 밀거나 부수지 않아요' 등 여러 가지 약속을 이야기해 주었고, 이를 글자로 작성하여 바퀴블록장 위에 붙여주었다. 그 후, 유아들은 이야기 나눈 바퀴블록 약속을 지켜 놀이하는 모습을 보였고, 서로 약속을 지키지 않을 경우 서로 규칙에 대해 다시 이야기 나누는 모습도 관찰할 수 있었다.

우리 주변의 바퀴를 찾아보고, 바퀴블록으로 놀이하며 다양한 바퀴 모양에 대해 이야기를 나누게 되었고, 다양한 바퀴로 놀이하는 시간을 가져보았다.

"여러 가지 모양의 바퀴에 물감을 묻혀 굴리면 어떤 모양이 나올까?"

"바퀴마다 물감을 묻혀 굴렸더니 모양이 달라!"
"이걸로 어떤 그림을 그리면 좋을까? 자동차 도로를 만들어 볼까?"

| 여러 가지 바퀴를 굴리면?! |

유아들은 경사로 놀이에 주로 사용하던 바퀴블록에 물감을 묻혀 굴려 그림을 그리며 바퀴의 모양이 각각 다름을 살펴보았다.

"얘들아, 이 파스타 면의 모양이 어때?"
"바퀴 모양 같아요!"
"만져보니까 바퀴처럼 딱딱하기도 하네요!"

출처: https://jhluv.com/98

1. 파스타 면을 삶아요.
2. 파스타 면을 토마토 소스와 함께 비벼요.
3. 소시지를 먹을 크기로 잘라요.
4. 파스타와 함께 비벼주면 '바퀴 모양 파스타' 완성!

"아까는 엄청 딱딱했던 파스타가 말랑말랑해졌어!"
"말랑말랑해져도 아까 그 모양은 바뀌지 않네!"
"내가 직접 만든 파스타라 그런지 엄청 맛있다!"

| 바퀴 모양 파스타면으로 파스타를 만들어보아요 |

바퀴 모양처럼 생긴 파스타도 있다고 하여 바퀴 모양 파스타를 만들어 먹는 요리 활동을 함께 진행해 보았다. 유아들은 딱딱했던 파스타 면이 물에 삶은 뒤에 부드러워지는 것을 탐색하며 물질의 변화도 관찰할 수 있었다.

"스케이트보드처럼 생긴 바퀴로
스케이트보드 타는 사람을 만들자!"
"나는 털실로 머리를 만들고,
이쑤시개로 팔다리를 만들어야지!"

"스케이트보드를 안전하게
타려면 교통표지판이 필요해!"
"스케이트보드뿐만 아니라 자동차를
탈 때도 교통표지판이 꼭 필요해!"

스케이트보드 모양과 비슷하게 생긴 바퀴를 함께 탐색하며
유아들은 "이거 스케이트보드 타는 사람 만들면 될 것 같아요!"라고 이야기하여
바퀴와 다른 여러 가지 재료를 이용하여 스케이트보드 타는 사람을 만들어보았다.

| 스케이트보드 바퀴로 놀이해요 |

유아들은 직접 만든 '스케이트보드 타는 사람'을 이용하여 굴리며 놀이하는 과정에서 바퀴를 굴리는 힘에 따라 이동하는 거리가 다름을 알게 되었다.

"내가 가져온 책에 풍선으로 자동차를 만드는 내용이 나와. 그래서 너희에게 소개하고 싶어서 가지고 왔어."

| 바퀴를 가지고 휴지심 자동차를 만들어요 |

유아들은 동화책 소개가 끝난 후 풍선으로 움직이는 자동차를 만들어보자고 제안하면서 자동차를 만들 몸통과 바퀴에 대해 이야기 나누고 바퀴 달린 자동차를 직접 만들어보고 싶어 하였다.

"휴지심이 많으니까 휴지심으로 자동차를 만들어요!"

"원하는 색으로 자동차를 칠하고 꾸며요!"

"햇빛에 말리면 우리가 만든 자동차 완성!"

| 손을 이용하지 않고 휴지심 자동차를 움직이는 방법은? |

휴지심으로 자동차를 만든 유아들은 자신이 원하는 색으로 자동차를 꾸미면서 드디어 완성하였다. 그러나 자동차를 손으로 밀지 않고 움직이고 싶었던 유아들은 "우리가 손으로 밀지 않고 자동차를 움직일 수 있는 방법이 있지 않을까? 어떻게 하면 손을 이용하지 않고 자동차를 움직일 수 있을까?"를 고민하기 시작했다.

"나는 색종이로 자동차의 입구를 막아볼 거야. 그리고 빨대로 불어보는 거지!"

"빨대로 불면 앞으로 나갈까?"

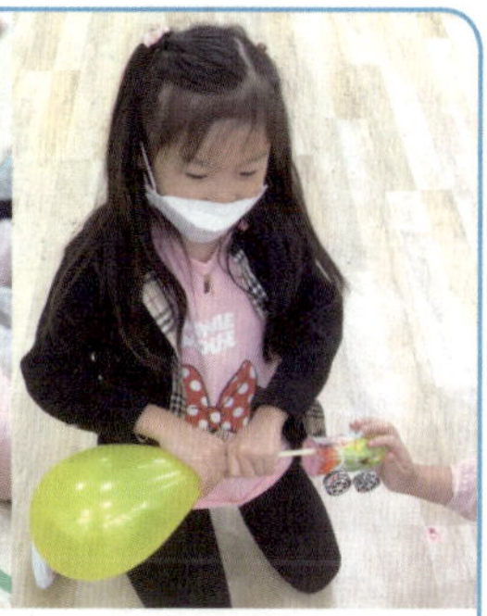

"나는 책에서 나온 것처럼 풍선으로 움직여볼래!"

"빨대에다가 우리가 크게 분 풍선을 꽂아보자!"
"어! 앞으로 나간다!
우리가 손으로 밀지 않고도 앞으로 나갔어!"

| 손을 이용하지 않고 휴지심 자동차를 움직이는 방법은? |

바퀴를 가지고 여러 방법으로 놀이하면서 유아들은 자동차를 조립하고 만드는 과정에 관심이 생겼고, 굴러갈 수 있는 바퀴 재료들을 이용하여 휴지심 자동차를 만들어보았다. 그러던 중 한 유아가 가져온 책에 '풍선 자동차'라는 부분이 있었는데, 유아들은 손을 이용하지 않고 바퀴 자동차가 스스로 굴러갈 수 있게 하는 방법에는 무엇이 있을지 궁금해하였고, 직접 실험을 통해 함께 알아보기도 하였다.

"내가 생각하는 미래의 바퀴 발명품은 핸드폰에 바퀴가 달린 거야!"

"화분에도 바퀴가 달렸을 수도 있지 않을까?"

"우리가 생각하는 미래의 바퀴 발명품을 그림으로 잘 그려보자!"

| 내가 만들고 싶은 바퀴 발명품을 디자인해요 |

교사는 유아들에게 미래에는 어떤 바퀴 달린 발명품이 나오게 될지, 유아들이 생각할 때 어디에 바퀴가 달려 있으면 우리가 생활하는 데 편리할 것 같은지에 대해 유아들의 상상력을 자극하였다.

미래의 바퀴 발명품을 만들기 위해
필요한 재료를 직접 찾아요!

| 필요한 재료를 담아요 |

"나는 바퀴 달린 수영장을 만들 거야. 그래서 수영장을 표현할 파란색 접시를 챙겼어."
"나는 바퀴 달린 침대를 만들어 보려고 재활용품 장에서 음료수병을 챙겼어!"

"어떤 바퀴를 달면 좋을까?"
"나는 상자를 잘라서 크게 만들 거니까 큰 바퀴가 필요할 것 같아."

| 디자인지를 보며 바퀴 발명품을 만들어요 |

여러 방법으로 탈것을 만들고, 바퀴를 이용하여 놀이하면서 '미래의 바퀴'에 대해 생각해 보게 되었다.

유아들은 미래의 바퀴와 미래의 발명품을 생각하며 디자인지에 내가 만들고 싶은 바퀴 발명품을 그림으로 그렸고, 필요한 재료를 적어 놓았다.

교실 미술교구장에서 원하는 재료를 고른 뒤, 디자인지를 보며 내가 만들고 싶은 바퀴 발명품을 만들어보는 시간을 가졌다.

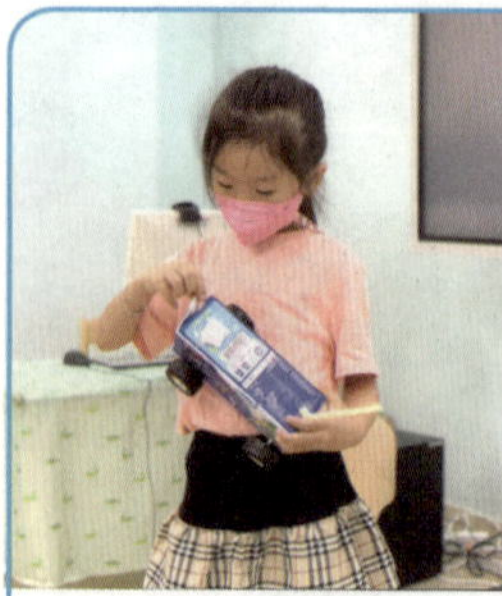

Ⓠ 박사님! 자동차의 앞부분은 왜 열리는 건가요?
Ⓐ 앞부분에 장난감을 넣고, 더러워진 바닥을 청소하도록 보관함 역할을 하는 거랍니다!

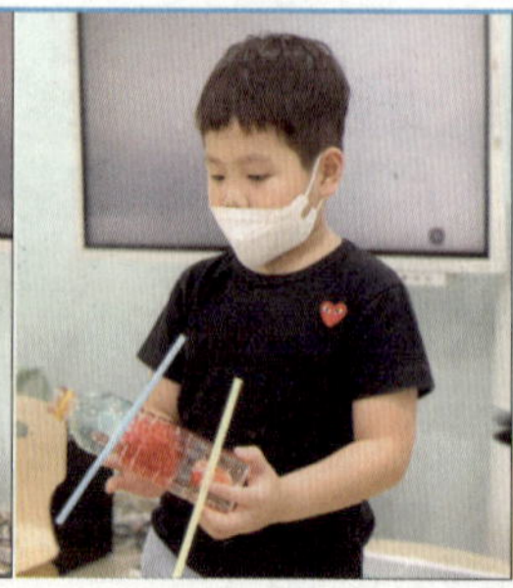

Ⓠ 박사님! 왜 비행기를 만들게 되셨나요?
Ⓐ 비행기에 바퀴를 달아서 땅에서도 움직이고, 바다에서도, 하늘, 우주까지 갈 수 있게 하고 싶어요!

Ⓠ 박사님! 수영자동차 위에 있는 사람은 누구인가요?
Ⓐ 오빠랑 저랍니다. 오빠랑 수영하면서 돌아다니고 싶어서 수영자동차를 만들었어요.

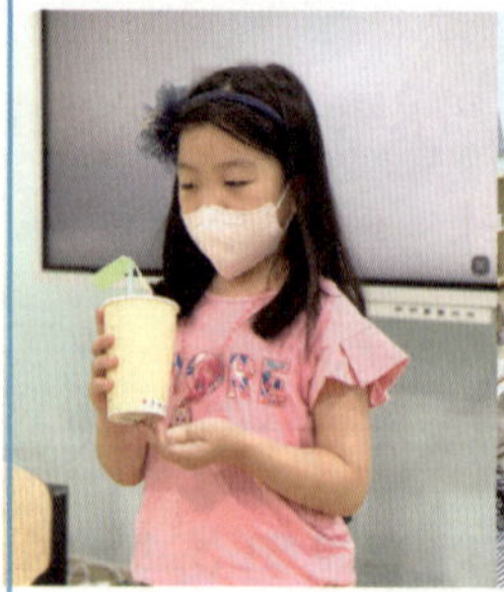

Ⓠ 박사님! 왜 발명품의 이름을 쑥쑥이라고 정하셨나요?
Ⓐ 여기 안에서 자라는 식물은 쑥쑥 자라니까요! 이건 바퀴 달린 화분이랍니다.

Ⓠ 박사님! 왜 핸드폰에 바퀴 달 생각을 하셨나요?
Ⓐ 핸드폰 받침대에 핸드폰을 넣고 바퀴를 달면 편하게 가지고 다닐 수 있으니까요!

Ⓠ 박사님! 지하철에 바퀴를 달아야겠다고 생각한 이유가 있으실까요?
Ⓐ 지하철에 바퀴를 달면 어디로든 갈 수 있을 테니까요!

| 바퀴 발명품을 만든 바퀴 박사님을 소개합니다 |

- 내가 만들고 싶은 바퀴 발명품 디자인지와 다양한 재료를 이용하여 바퀴 발명품을 만든 유아들은 친구들 앞에서 발표하고 다른 유아들은 발명품에 대해 궁금한 것들을 질문하는 시간을 가졌다.

- 유아들은 다른 친구들 앞에서 '핸드폰에 달린 바퀴, 바퀴 달린 화분, 바퀴 달린 물통' 등 다양한 생각들을 발표하며 미래의 바퀴에 대한 나의 생각을 공유해 보는 시간을 가졌다.

- 유아들은 서로의 바퀴 발명품에 관심을 가지고 이야기 나누는 과정에서 미래에는 '세모 모양, 네모 모양' 등 다양한 모양을 가진 바퀴, '투명색, 무지개색' 등 여러 가지 색깔을 가진 바퀴가 생기지 않을까 하는 기대를 하게 되었다. 내가 생각한 바퀴 발명품이 미래에는 꼭 생겨나기를 바라며 또 다른 바퀴 발명품을 상상해 보기도 하였다.

| 교사의 지원 |

자료	• 경사로 놀이를 통해 바퀴에 관심이 가진 유아들에게 바퀴블록을 가지고 놀이할 수 있도록 제공하여, 직접 바퀴블록을 이용하여 탈것을 만들어 타는 경험을 제공하였다. • 유아들이 다양한 바퀴를 탐색할 수 있도록 여러 가지 모양과 생김새가 다른 바퀴들을 제공하였고, 바퀴의 구조를 알아보며 바퀴마다 타이어의 모양이 다르다는 것을 알고 직접 탐구할 수 있도록 물감을 통해 직접 굴려볼 수 있도록 하였다. • 다양한 바퀴를 직접 관찰하고 탐색할 수 있도록 구매하여 제공하였고, 유아들이 친구가 가져온 책 자원에서 나온 풍선자동차를 직접 만들어 실험하고 싶다고 하여, 실험하기 위해 필요한 자원들을 실험에 사용할 수 있도록 하였다.
공간	• 큰 바퀴블록으로 탈것을 만들어 놀이하는 유아들이 교실에서 바퀴블록으로 놀이할 때 부딪히거나, 다치지 않도록 책상을 정돈하여 길을 만들어 제공하였다.
상호작용	• 한정된 수량의 바퀴블록을 사용하는 문제로 인해 유아들 간의 갈등이 생기자, 어떻게 하면 이 갈등을 해결할 수 있는지 유아들과 이야기를 나누며 바퀴블록 약속을 함께 만들어보는 시간을 가졌다. • 유아들과 여러 가지 바퀴의 종류에 대해 알아보며, 바퀴의 생김새, 바퀴마다 가지고 있는 공통점과 차이점에 대해 알아보았다. • 미래의 바퀴 발명품을 디자인하고 만드는 유아들이 자신감을 갖고 즐겁게 참여할 수 있도록 긍정적인 언어를 사용하여 유아의 행동을 긍정적으로 강화하였다.

| 교사 평가 |

- 유치원 안과 밖에서 우리 주변의 바퀴를 찾아보며 바퀴로 만든 탈것에 관심을 가지게 된 유아들에게 바퀴블록을 제공하여 바퀴로 즐겁게 놀이할 수 있도록 하였는데, 그 과정에서 생긴 갈등을 유아들이 '바퀴블록 약속'을 만들자고 이야기하며 갈등을 긍정적으로 해결하려고 하는 모습을 보며, 유아들이 약속과 규칙의 필요성을 알게 되었음을 느낄 수 있었다. 유아들이 여러 가지 바퀴의 종류에 대해 알아보고 다양한 바퀴로 놀이하며 탐색할 수 있도록 많은 양의 바퀴들을 준비하여 충분히 탐색할 수 있는 시간을 제공하였고, 그 과정에서 유아들이 바퀴의 특징을 구별하며 공통점과 차이점을 찾아볼 수 있었다. 미래의 바퀴 발명품에 관심이 생긴 유아들과 직접 발명품을 디자인하고 만들면서 유아들은 상상력과 창의력을 키울 수 있었고, 친구들 앞에서 자신의 발명품을 소개하며 말로 조리 있게 표현하는 방법에 대해 알아갈 수 있는 시간이었다는 생각이 들었다.

| 유아 평가 |

- 여러 가지 바퀴를 알아볼 수 있어서 재미있었어요!
- 바퀴블록으로 자동차를 만들어서 직접 타고 다니는 것이 정말 재미있었어요.
- 바퀴블록이 더 많았으면 좋겠어요. 그러면 친구들끼리 더 많이 바퀴블록을 사용한다고 다투는 일이 없어질 수도 있을 것 같아요.
- 미래의 바퀴 발명품을 만들어보니까 진짜 내가 바퀴 발명품 박사가 된 기분이었어요!

| 놀이의 교육적 의미 |

신체운동 · 건강

- 바퀴블록으로 탈것을 만들어 직접 타보며 자신의 신체 움직임을 조절할 수 있다.
- 바퀴블록으로 놀이하는 과정에서 실내외 신체활동에 자발적으로 참여한다.

의사소통

- 자신이 생각한 미래의 바퀴 발명품을 친구들에게 말로 표현한다.
- 여러 가지 바퀴 종류에 대한 자신의 생각을 말로 표현한다.

사회관계

- 친구와 바퀴블록을 가지고 놀이하며 사이좋게 놀이한다.
- 바퀴블록을 사용하는 과정에서 일어난 갈등을 긍정적인 방법으로 해결한다.
- 약속과 규칙의 필요성을 알고 지킨다.

예술경험

- 바퀴를 굴려 나오는 모양을 이용하여 자신의 생각을 자유롭게 표현한다.
- 다양한 예술을 감상하며 상상하기를 즐긴다.
- 친구의 예술작품을 감상하며 서로 다른 예술 표현을 존중한다.

자연탐구

- 바퀴 모양 파스타의 삶기 전과 후를 비교하며 물체의 특성을 탐색한다.
- 손을 이용하지 않고 자동차를 움직이는 방법을 직접 실험하며 탐구과정에 적극적으로 참여한다.
- 풍선 자동차를 실험하는 과정에서 서로 다른 생각에 관심을 가진다.
- 여러 가지 바퀴의 공통점과 차이점을 비교할 수 있다.
- 도구와 기계에 대해 관심을 가진다.

| 교사 총평 |

- '바퀴' 프로젝트로 주제를 선정할 때 가장 큰 영향을 미친 놀이는 '경사로 놀이'였다. 여러 방법으로 경사로를 구성하여 굴리는 놀이에 큰 재미와 흥미를 느끼는 유아들을 보며 굴릴 수 있는 것 중 하나인 '바퀴'에 대해 생각하게 되었다. 프로젝트 초반, 내가 알고 있는 바퀴 그리기 1차 표상을 할 때, 유아들은 주로 자전거 바퀴나 자동차 바퀴에 국한하여 그림으로 표현하는 것을 볼 수 있었으나, 프로젝트 마무리 단계에서 2차 표상을 진행하였을 때는 같은 자동차 바퀴라 하더라도 휠의 모양이 다르거나 타이어에 모양이 그려져 있는 것뿐만 아니라 도르래, 물레방아를 그림으로 표현하였다. 유아들이 프로젝트 진행 과정에서 다양한 바퀴를 접하고 탐색하면서 여러 종류의 바퀴에 대해 충분히 인지하고 이해하고 있음을 느꼈다. 나를 중심으로 하여 유치원 밖까지 바퀴를 찾아보는 시간을 가져봄으로써 유아들이 직접 주변의 바퀴를 찾아 나서며 여러 가지 바퀴가 있음을 눈으로 확인하고, 알아갈 수 있었다. 프로젝트 진행 과정에서 바퀴에 대한 흥미와 관심이 높아지고 미래의 바퀴 발명품을 만들어 소개하기도 하면서 유아들의 무한한 창의력과 상상력, 친구들 앞에서 당당하게 발표할 수 있는 자신감을 확인해 볼 수 있었다. '바퀴' 프로젝트는 바퀴에 대해 무한한 생각을 펼치며 창의적인 사고를 확장할 수 있었다는 생각이 들었다.

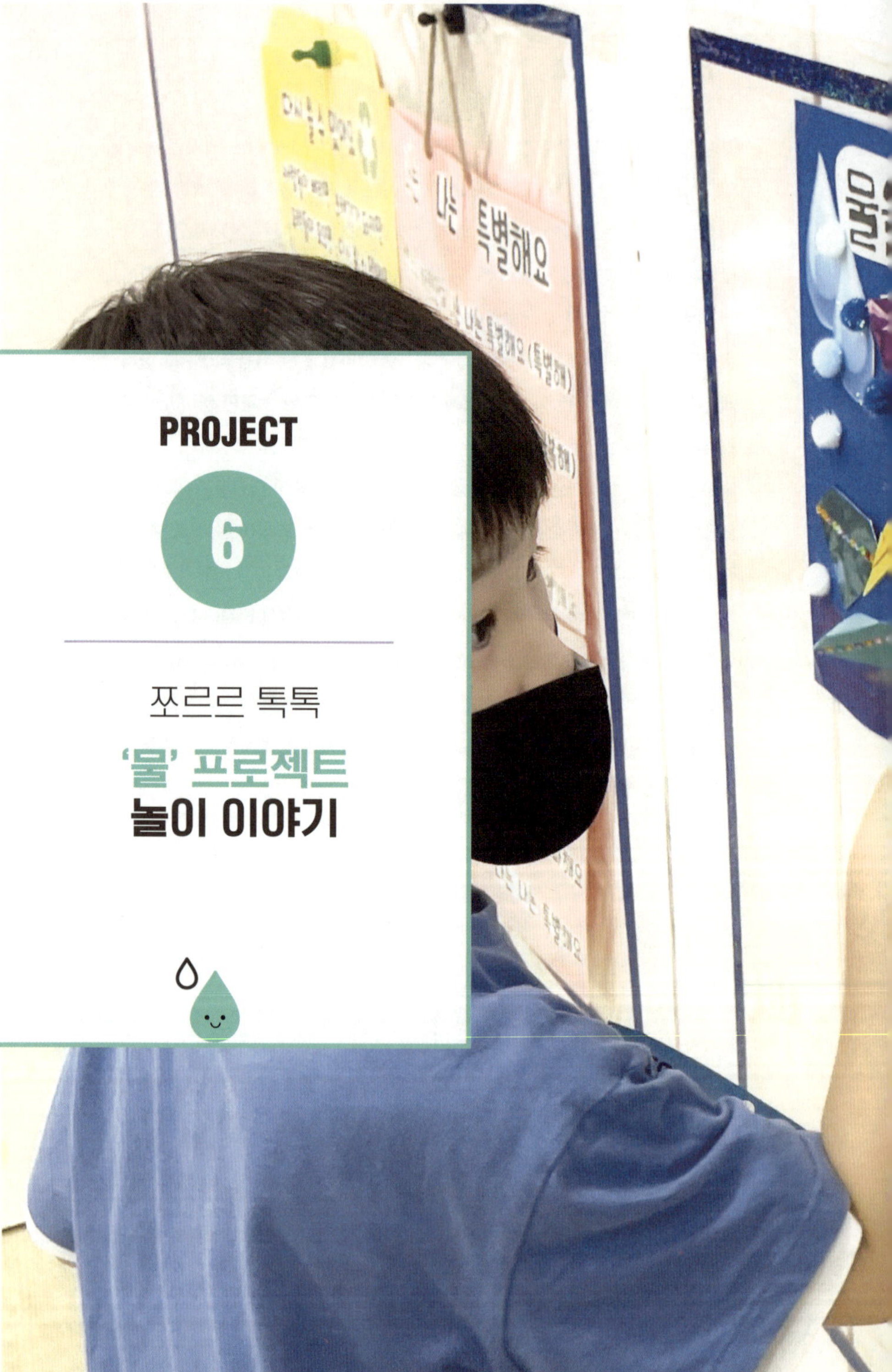

PROJECT

6

쪼르르 톡톡

'물' 프로젝트 놀이 이야기

놀이 1

우리 주변의 물

신기한 물 · 번지는 물

신기한 물 · 움직이는 물

놀이 2

물로 할 수 있는 놀이

낭비되는 물

소중한 물

프로젝트 진행 기간 : 약 4주

프로젝트 선정 이유 : 날씨가 더워지면서 바깥놀이를 하던 중 “선생님, 목 말라요. 물 마시고 싶어요”, “땀이 많이 나서 세수를 해야 될 것 같아요”라고 이야기하며 물을 찾는 유아들이 부쩍 많아졌다. 또한, 수돗가에서 이전 ‘재활용’ 프로젝트 때 사용하고 남은 재활용품을 활용한 물놀이가 시작되면서 유아들은 “이건 왜 물에 뜰까?”, “손으로 누르면 가라앉아요!”라고 이야기를 하면서 자연스럽게 물에 대해 호기심을 갖게 되었다. 성큼 다가온 여름을 맞이하여 물을 찾게 됨으로써 물의 쓰임과 물의 변화, 특성, 그리고 물을 이용한 다양한 놀이를 경험해 볼 수 있으며 나아가 물의 오염에 대하여 알아봄으로써 물의 소중함에 대하여 생각해 볼 수 있는 기회가 될 것 같아 유아들과 함께 ‘물’ 프로젝트를 진행하게 되었다.

주제 개념망

- 주제 개념망은 교사의 계획이므로 같은 주제라 하더라도 인적·물적 환경에 따라 다를 수 있으며, 실제 활동이 진행되면서 언제든지 바뀔 수 있다.

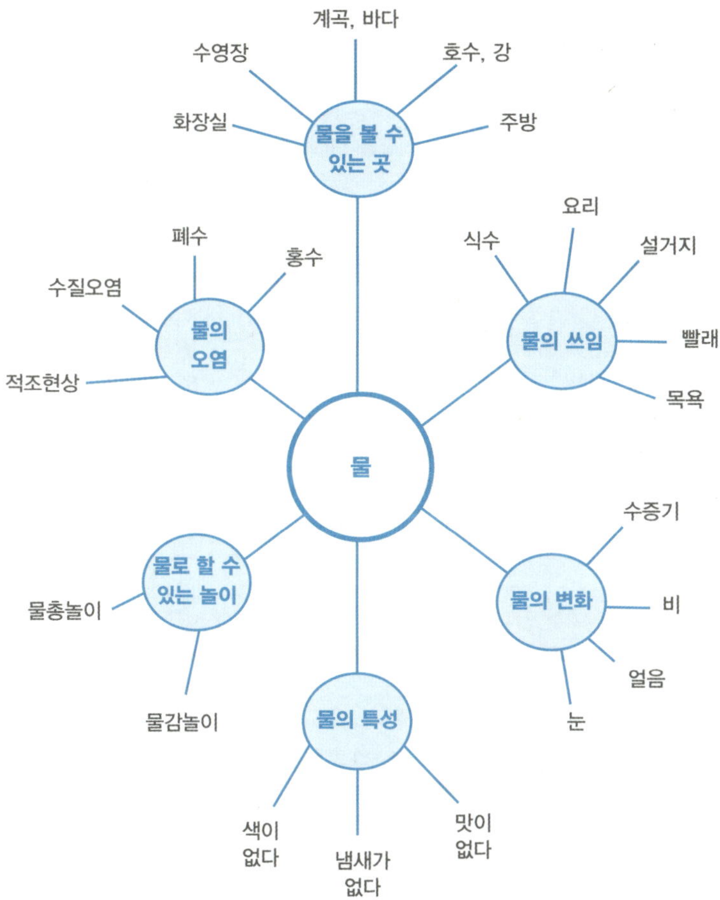

관련 활동

- 교사는 프로젝트와 관련하여 유아들을 위한 환경구성과 관련 활동들을 미리 계획해 두어 놀이의 진행에 따라 지원할 수 있도록 한다.

언어 활동	미술 활동	수 · 조작 활동
[이야기 나누기] • '물' 이전 경험을 나누어요 • 물은 어떻게 쓰일까요? • 물과 우리 생활 • 다양한 물이 있어요 [동시] • 물은 내 친구 • 빗방울 연주 [동화] • 무지개 물고기 • 목욕은 즐거워 • 바다가 큰일 났어요 • 물방울의 여행 [동극] • 무지개 물고기	[명화감상] • 조르주 쇠라 – 아스니에르에서의 물놀이 명화 감상 [만들기] • 빗방울 꾸미기 • 습자지 바다 만들기 • 시원한 얼음 그림 그리기 • 지퍼백 속 어항을 만들어요 • 물의 번짐으로 표현한 나비 • 마블링 물감으로 표현한 물방울 • 주사기로 표현한 비 • 물의 이동으로 만든 꽃 • '물' 보호 포스터 만들기	[수] • 물방울을 모아라 • 물고기 빙고게임을 해요 • 빨래를 널어요 [조작] • 물방울 바느질하기 • 바다와 강에 사는 생물 퍼즐 맞추기 • 물방울 패턴을 맞춰요 • 무지개 퍼즐 맞추기
음률 · 신체활동	**쌓기 · 역할 · 실외 활동**	**과학 · 요리 활동**
[새노래] • 소중한 물 • 돌과 물 • 빗방울의 노래 [악기연주] • '돌과 물' 합주를 해요 [게임] • 파도타기 [신체표현] • 떨어지는 빗방울을 표현해요	[쌓기] • 수영장 구성하기 • 수도관을 연결해요 • 목욕탕 구성하기 [역할] • 수영장 안전 요원 놀이 • 목욕탕 놀이 • 낚시터 놀이 [실외] • '아쿠아플라넷' 견학	[과학] • 물에 뜨는 것 가라앉는 것 • 물에 퍼지는 잉크 관찰하기 • 물의 이동 관찰하기 • 물의 다양한 모양 관찰하기 [요리] • 시원한 과일 화채 만들기

가정에서의 협조

- 프로젝트마다 가정에서 협조할 수 있는 필요한 자원들을 요청하는 것은 유치원과 가정과의 연계를 도와주며 부모들의 교육 활동에 대한 관심을 높이는 데도 도움을 준다.

- 일상생활에서 쉽게 접할 수 있는 물의 다양한 형태(물, 얼음, 수증기)에 대해 함께 이야기 나누어 주세요.
- 물을 소중히 생각하는 마음을 가질 수 있도록 물을 올바르게 사용하는 방법에 대해 함께 지도해 주세요.
- 유아들이 물에 대한 다양한 활동들(요리, 물놀이 등)을 경험할 수 있도록 지도해 주세요.
- 물놀이 시 지켜야 할 약속(준비운동, 물놀이 안전)에 대해 유아와 함께 이야기 나누어 주시고 지도해 주세요.

자원 협조	1차적 자원	• '물' 주제와 관련된 얼음 틀, 투명한 물통(500ml, 1L, 1.5L 등의 단위), 물놀이 자료 등을 보내주시면 소중한 교육 자료로 활용하여 유아들과 즐거운 활동들을 진행하겠습니다.
	2차적 자원	• 물을 이용한 놀이 사진, 물 또는 여름과 관련된 책자나 화보 등을 보내주시면 아이들과 함께 활동한 후 주제가 마무리될 때 가정으로 보내드리겠습니다.

놀이 1 - 놀이의 시작

| 놀이의 진행 양상 |

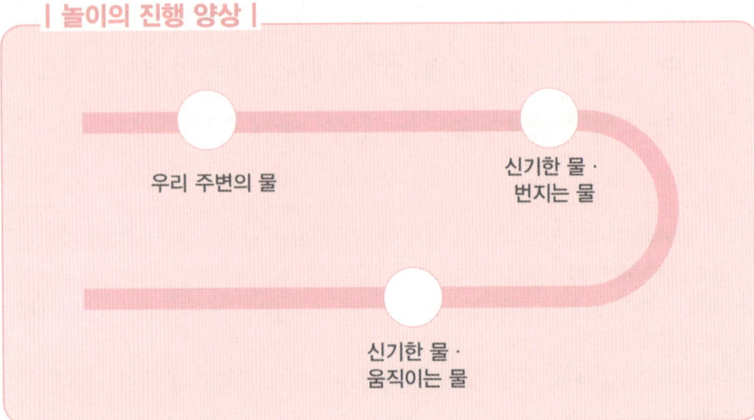

이전에 '재활용' 프로젝트를 하면서 다양한 종류의 재활용품과 물을 활용하여 놀이하는 모습이 많이 나타났다. "물이 가라앉아요.", "물이 흘러가요."라며 자연스럽게 물에 관심을 보이는 아이들과 '물' 프로젝트를 시작하게 되었다.

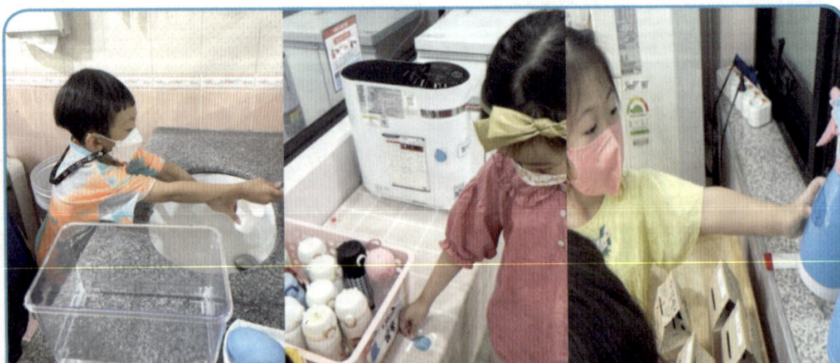

"물이 가장 많은 곳은 화장실이야!"

"우리 물통에도 물이 엄청 많잖아!"

"과학영역에서도 찾았어요!"

| 우리 주변에서 볼 수 있는 물을 찾아요! |

유아들은 유치원에서 물을 찾아보며 놀이하는 시간을 보내며, 우리 주변에서 물이 많이 사용되고 있음을 알아볼 수 있었다.

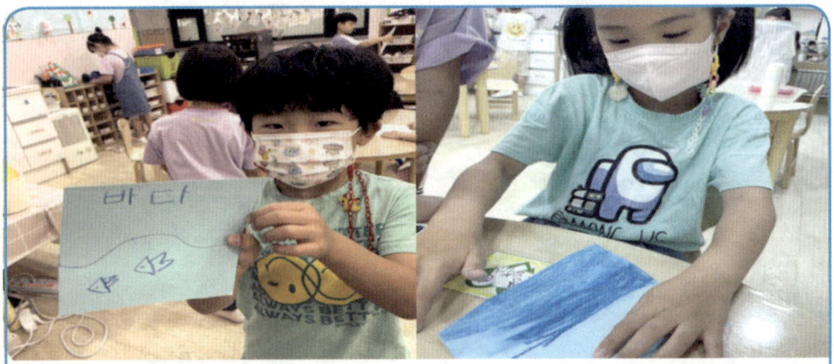

"물이 많은 바다에서 물고기를 봤어요!" "제주도에 있는 바다에 놀러간 적이 있어요!"

| '물'에 대한 이전 경험을 그려요 |

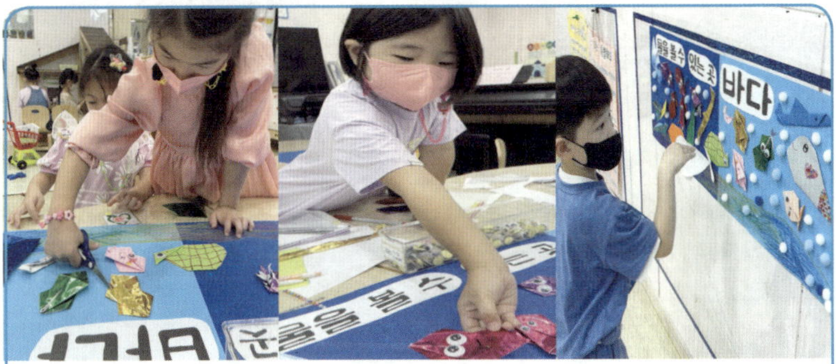

"오징어는 다리가 많으니까 잘게 잘게 잘라줘야 돼요!" "물을 먹고 사는 내가 만든 오징어!"

| '물'을 볼 수 있는 곳 – 바다를 꾸며요 |

'물'에 대한 이전 경험에 대하여 이야기를 나누어 보는 시간을 가져본 후 1차 표상 활동을 진행해 보았다. 대부분의 유아들이 물놀이, 바다와 관련된 경험을 이야기해 주어 '물'을 볼 수 있는 곳 중 하나인 바다 풍경을 꾸며보며 놀이하는 시간을 가졌다.

"먼저 크레파스랑 물을 섞어 봐야지! 크레파스는 번지지 않네."

"그럼 사인펜이랑 물이랑 섞이면 어떻게 될까?"

"색연필, 매직, 크레파스는 물에 번지지 않았는데 사인펜은 번졌어요!"

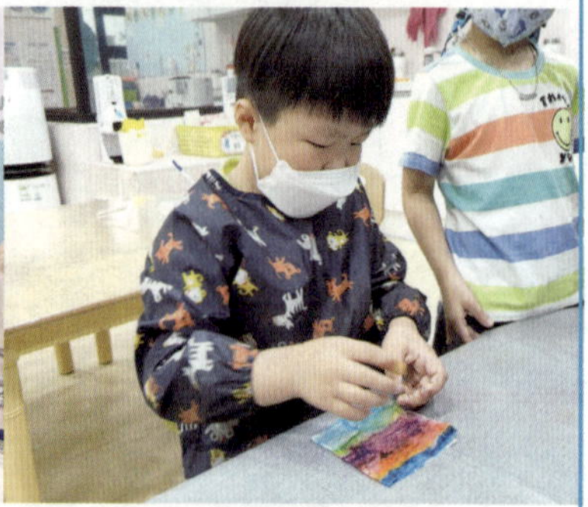

"우와~! 뒤에도 번졌어 물이 움직였나봐~!"

| 신기한 물 – 물의 번짐 과학실험을 해요 |

물에 번지는 것과 번지지 않는 그리기 도구를 찾아보다가 사인펜이 물에 번진다는 사실을 발견할 수 있었다. 물과 사인펜을 활용한 그림 그리는 놀이가 계속해서 이루어졌다.

"번진 종이가 다 마르면
나비를 만들 수도 있어요~!"

"분홍색 나비도 완성!"

| 나비를 만들어요 |

번진 종이가 다 마른 후에는 사인펜이 물에 번진 모습을 감상한 후 유아들과 번진 종이를 어떻게 활용하면 좋을지 이야기 나눈 후 '나비'로 재구성하여 모빌로 만들어 전시하였다.

사인펜으로 놀이하던 중, 궁금증이 생긴 아이들과 조사활동 해 보는 시간을 가졌다.

C_1 손수건 같아요~!

C_2 물 때문에 사인펜이 번지니까 너무 예뻐요~!

C_2 선생님, 그런데 크레파스는 번지지 않는데
사인펜은 왜 번지는 거예요?

T 우리 한 번 같이 조사해 볼까?
사인펜은 물에 잘 녹는 '수성'이라는 성질이래~!
그래서 물이랑 만나면 녹으면서 번지는 현상이 나타나는 거야!

"여기 사인펜을 한번 관찰해 보자!"
"여기 수성이라고 쓰여 있어요!"
"크레파스에는 없어요!"

| 사인펜 관찰하기 |

사인펜의 성질을 알아보고 물에 잘 녹는 성질이 '수성'이라는 것을 알 수 있었다.

사인펜과 물을 섞어 놀이를 하다가 번짐 현상을 발견한 유아들은 계속해서 사인펜 물놀이를 즐거워하였다. 종이의 뒷면을 보고 뒷장까지 번졌다며 신기해하는 모습을 볼 수 있었다. 그런 유아들과 물이 이동하는 모습을 관찰해 볼 수 있는 과학 실험을 하였다.

"우와~! 진짜 노랑색 물이 종이컵으로 떨어지고 있어!"

"물이 이동하는 데 얼마나 걸리는 거예요?"

| 신기한 물 – 물이 이동해요 |

키친타월의 특성을 알아본 후, 물이 이동하는 모습을 관찰해 보았다.

물을 빨아들이는 키친타월의 특성을 알게 되었으며, 원래 상태의 키친타월, 서서히 젖기 시작한 키친타월, 빈 컵에 물이 떨어지는 모습 등 다양한 상태를 관찰해 보며 물이 이동하는 모습을 직접적으로 확인해 볼 수 있었다.

"키친타월 너무 신기해요!"
"사인펜 번진 종이 말린 것처럼 키친타월도 말려봐요!"
"이번에는 뭘 만들어보지?"

| 키친타월 놀이하기 |

실험이 끝난 후에도 키친타월을 활용한 놀이가 계속해서 이루어졌다. 키친타월과 물감, 물, 스포이드 등을 사용하여 유아들은 자유로운 물놀이를 진행하였다.

젖은 키친타월을 말린 후, 물이 흡수된 키친타월을 활용하여 나만의 작품을 만들어보며 유아들은 다양한 색, 색의 혼합에 관심을 보였다.

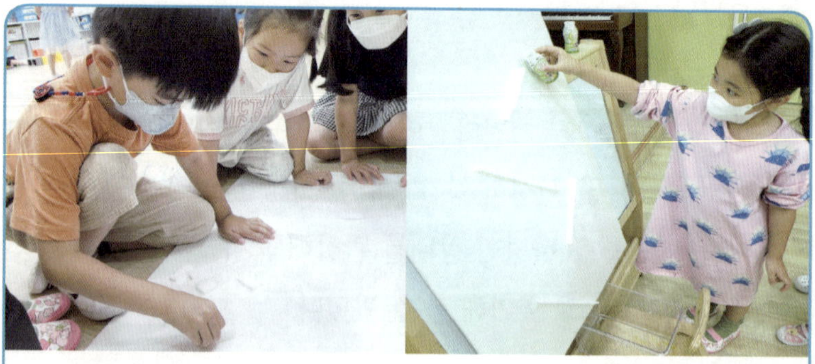

"길을 짧게 할까? 길게 할까?" "물을 부어보자!"

| 물길을 따라 물이 움직여요 |

T (지난 실험) **색깔 컵에 들어있는 물이 빈 컵으로 어떻게 이동했지?**

C_1 키친타월에서 물이 뚝뚝 떨어졌어요!

C_2 키친타월이 옮겨줬어요!

T 물이 떨어지는 모습이 어땠니?

C_1 천천히 떨어졌어요, 뚝뚝 떨어졌어요.

T 물을 빨리 떨어지게 하려면 어떻게 해야 될까?

(키친타월) 실험을 통하여 물이 이동하는 모습을 직접적으로 확인해 본 후, 이번에는 직접 물길을 만들어보며 물이 이동하는 다양한 모습을 관찰해 보았다.

물이 천천히 흐르는 모습, 빨리 흐르는 모습, 물을 많이 붓거나 적게 부었을 때 물의 이동 경로가 어떻게 되는지 다양한 모습을 관찰하며 놀이할 수 있었으며, 물이 빠르게 흐르게 하기 위해서는 어떻게 해야 되는지 자유롭게 다양한 경로를 만들어 보고 수정하며 놀이하는 모습을 볼 수 있었다.

| 교사의 지원 |

공간

- 주제가 '물'이다 보니 물을 사용한 놀이가 계속적으로 이루어졌다. 처음에는 미술영역에서만 물놀이를 허용해 주었는데, 놀이를 관찰하다 보니 바닥에 물이 떨어지기도 하고 미술영역에 자리가 부족하다 보니 자연스럽게 물을 들고 다른 영역에 가서 놀이하는 유아들이 많았다. 그래서 모든 영역에서 물놀이를 해도 되나, 물놀이가 끝나면 꼭 정리를 하고 다른 놀이를 시작하자는 규칙을 새로 만든 후, 교실에서 물놀이를 할 수 있는 공간을 고정해 두지 않고 자유롭게 놀이할 수 있도록 모든 공간의 물놀이를 허용해 주었다.

자료

- 유치원, 교실에서 쉽게 접할 수 있는 '물'이라는 자원을 활용한 놀이가 지속되었다. 우리 주변에서 쉽게 구할 수 있는 물을 활용한 놀이를 통하여 아이들은 물과 더 친숙해질 수 있었으며, 자연스럽게 물의 형태, 색, 느낌 등 감각적 요소를 발견할 수 있었다.

상호작용

- 정리가 힘든 '물'을 사용하다 보니 새로 만들어야 할 규칙들이 많았다. 유아들이 놀이하면서 규칙이 필요한 경우에는 스스로 만들고 지킬 수 있도록 "어떤 규칙을 만들면 힘들지 않을까?"와 같이 유아들이 적절한 규칙을 만들어볼 수 있도록 제안을 많이 하였다.

| 교사 평가 |

- 놀이의 흐름에서 교사가 가장 많이 개입한 놀이는 물의 번짐을 관찰하는 놀이였다. 다양한 그리기 도구 중 사인펜만 물에 번진다는 사실을 발견한 유아들은 왜 사인펜만 번지는지 궁금해하였다. 그래서 유아들과 함께 조사 활동을 해 보고, 교실에 비치되어 있는 실제의 사인펜과 크레파스를 탐색해 보고 '수성'이라는 성질이 물에 잘 녹는다는 사실을 알 수 있었다. 앞으로도 유아들이 궁금해하는 것이 있을 때 바로 알려주기보다는 적절한 방법으로 조사활동을 자주 지원해 주어야겠다는 생각이 들었다.

| 유아 평가 |

- 물은 정말 신기해요!
- 역시 물놀이는 너무 재미있어요.
- 정리시간에 물 닦는 것이 너무 힘들어요.

놀이 2 - 놀이의 확장

| 놀이의 진행 양상 |

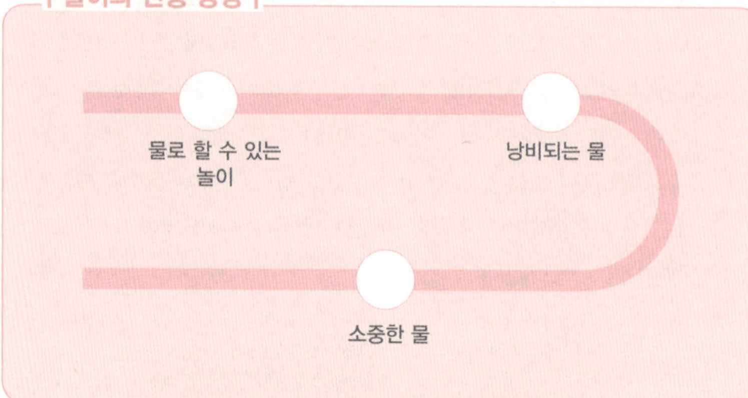

"우와~ 물 진짜 많다!"

| 물로 할 수 있는 놀이 – 비눗방울을 만들어요 |

'물' 프로젝트를 시작한 이후부터 물을 활용한 놀이가 계속해서 이루어졌다. 첫 주에 우리 주변에 있는 물 찾는 놀이를 통하여 유아들의 물에 대한 관심도가 올라갔다. 과학 실험, 다양한 놀이를 통하여 물의 번짐 현상, 물의 이동 경로, 물의 느낌, 물의 색깔 등 물에 대한 감각적인 요소를 직접 경험해 볼 수 있었다.

- "물로 할 수 있는 놀이에는 어떤 것들이 있을까?"라는 질문을 통하여 교사는 유아들이 생각해 낸 놀이를 관찰하고 다양한 자료를 지원해 주었다.

- 놀이시간마다 큰 용기에 물을 받아주면 유아들은 물을 변화시키며 자신들만의 놀이를 이어나갔다. 물감과 주방세제를 교사에게 요청하였으며, 놀이시간 동안 충분히 물을 탐색하는 모습을 볼 수 있었다.

"선생님 물감 주세요~!"
"물에 물감을 섞으면 물 색깔이 변해요."

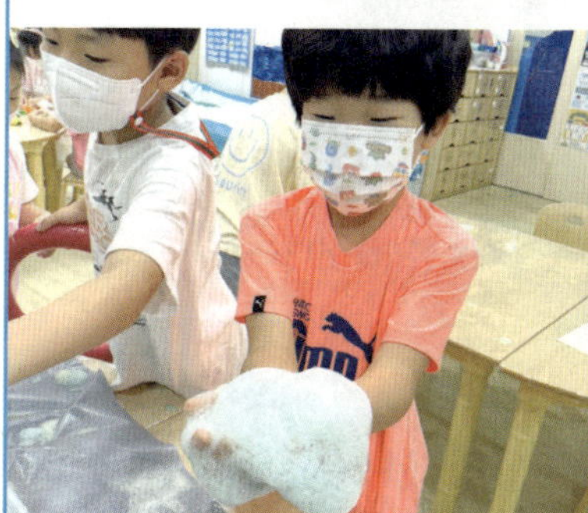

"퐁퐁 주세요~!"
"퐁퐁을 섞으면 비눗방울이 돼요!"

"저는 거품으로 그림 그릴래요!"

| 물감과 주방세제를 활용한 물의 변화 |

"얘들아, 이것 봐봐! 내가 분수대를 만들었어! 여기 물줄기 보여?"

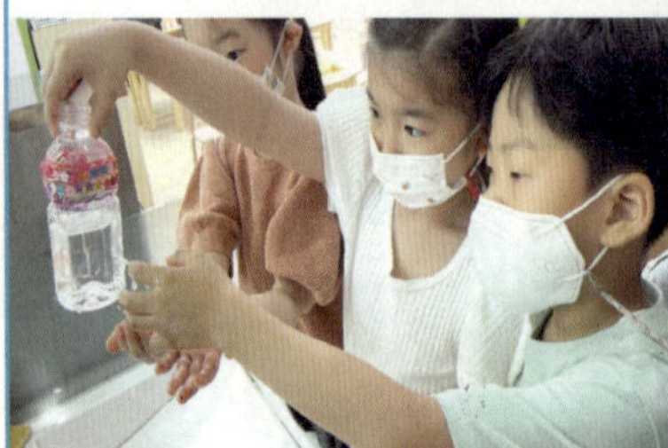

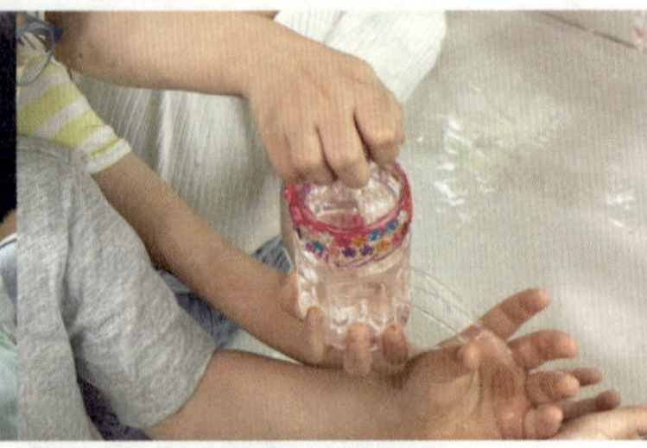

"우리도 만들어보자~!"
"우와 선생님! 페트병 뚜껑을 여니까 진짜 물이 흘러나와요! 진짜 분수대 같아!"

"선생님, 이거 바깥놀이 시간에 가지고 나가도 돼요?
나무 위에서 뚜껑을 열면 분수대에서 물이 나오니까 나무들이 물을 먹을 수 있잖아요!"
"좋은 생각이다!"

| 물로 할 수 있는 놀이 – 분수대를 만들어요 |

물 이외에 다른 놀이 자료를 결합하여 놀이하는 모습을 볼 수 있었다. 교사가 놀이를 먼저 제안하기보다는 유아들이 이미 알고 있는 놀이, 하고 싶은 놀이를 이야기해 주면 옆에서 세심하게 관찰한 후 유아들이 필요로 하는 것들을 지원해 주었다.

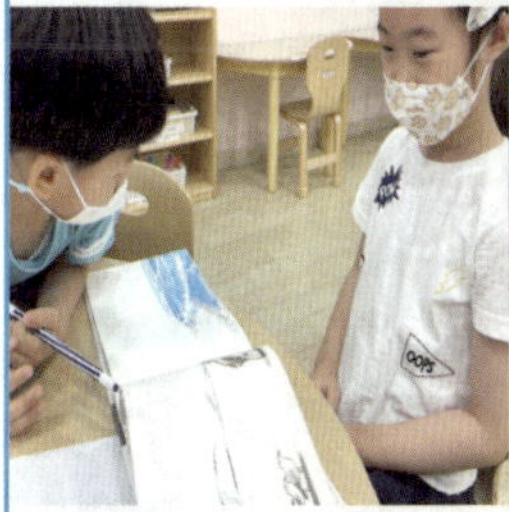

"책에 그림만 있어~!"
"선생님, 우리가 이야기를 지어보는 거 어때요?"

"주인공 이름은 뭘로 할까?"
"이 그림은 무슨 내용일까?"

"내가 책 표지를 만들어 볼게!"

"책 표지는 어떻게 꾸며줄까?"

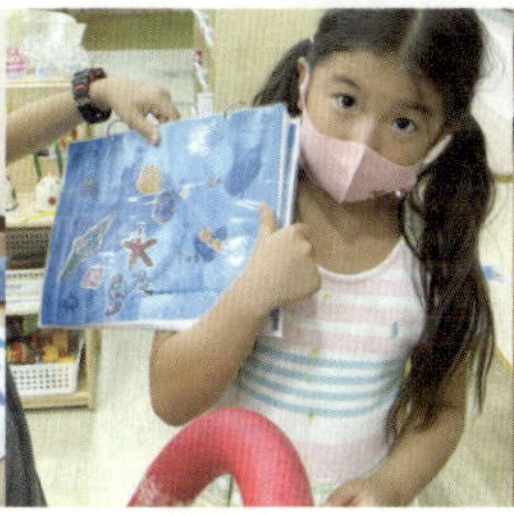

"우리가 만든 그림책 완성!"

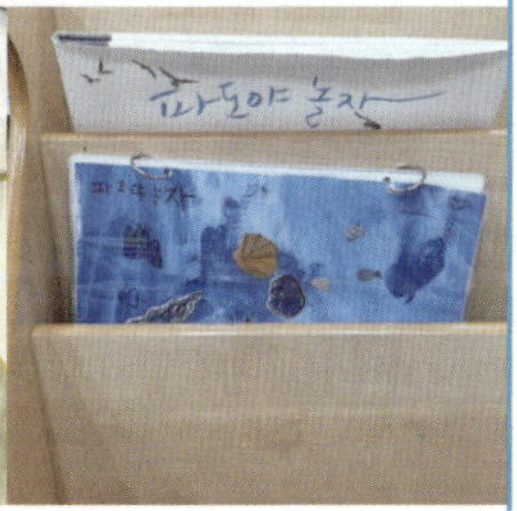

| 물로 할 수 있는 놀이 – 물 동화를 만들어요 |

한 유아가 <파도야 놀자>라는 그림책을 자원으로 가져왔는데. 몇몇 유아들이 글자가 없고 그림만 있으니 이야기를 지어보자고 제안하였다. 그리고 그림책의 그림을 보고 주인공 이름을 정하고, 이야기를 짓고, 책 표지까지 만들어보며 놀이를 진행하였다.

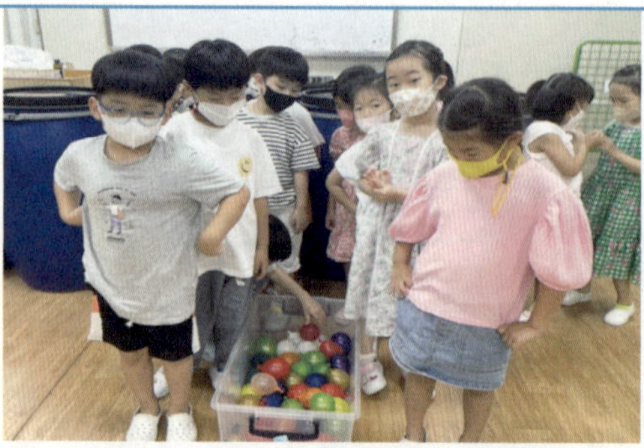

"물풍선을 옮기다가 풍선이 터지면 어떻게 해요?"
"물이 쏟아져." "휴지로 닦으면 돼! 나는 큰 풍선을 고를 거야."
"큰 풍선은 물이 많이 들어 있어."

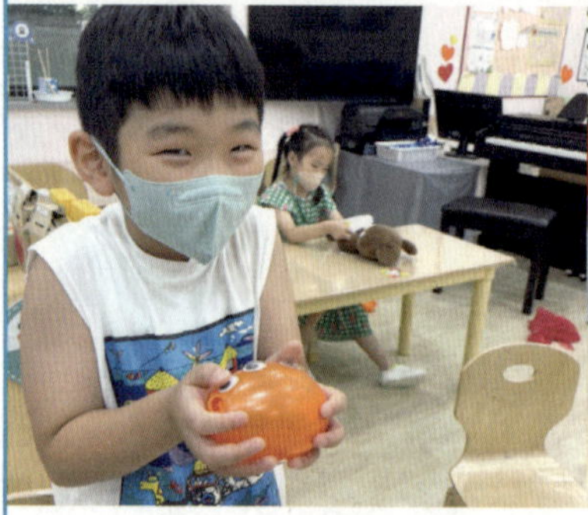

"물이 들어 있어서 무거워요!"

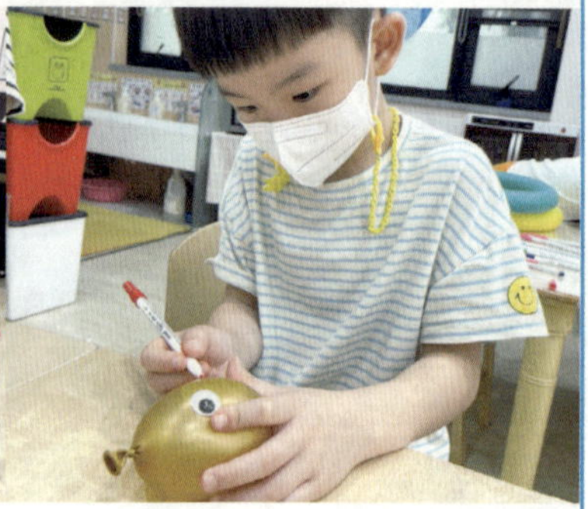

"물풍선을 꾸밀 수도 있어요!"

| 물로 할 수 있는 놀이 – 물풍선 놀이를 해요 |

물풍선 놀이를 원했던 유아들에게 물풍선을 제공해 주었다. 물풍선 놀이를 통하여 물의 무게에 접근해 볼 수 있었으며 유아들은 물의 양에 따라 무게가 달라진다는 사실을 알게 되었다.

"물 하나도 흘리지 않기 성공~!"

"조심 조심!"

"선생님, 물감 말고 물로만 그림을 그려보는 건 어때요?"

"물로 회오리 그림을 그릴 수 있어요!"
"회오리는 어떻게 그리는 거니?"
"그림을 그릴 때 빙글빙글 돌면 돼요!"

물로 표현한 회오리 그림

| 물로 할 수 있는 놀이 – 바깥에서 물놀이를 해요 |

- 프로젝트 시작 이후 유아들은 정리시간을 항상 힘들어하였다. 주변에 떨어져 있는 물을 닦고 그 이외에 다른 놀잇감들을 추가로 정리해야 되기 때문에 평소에 비해 정리시간이 오래 걸렸다. 그래서 실내가 아닌 실외에서 놀이할 수 있는 시간을 자주 계획하였다.

- 물을 흘려도 따로 뒷정리를 하지 않아도 되는 실외에서 유아들은 물을 뿌리며 정말 자유롭게 놀이하는 모습을 볼 수 있었다. 단, 실외에서는 환경을 위하여 물감을 섞지 않은 깨끗한 물을 활용한 놀이만 할 수 있도록 규칙을 정하였다.

- 물이 부족한 유아들에게 계속해서 물을 보충해 주고, 자신의 작품을 친구들에게 소개해 보는 시간도 가져보았다.

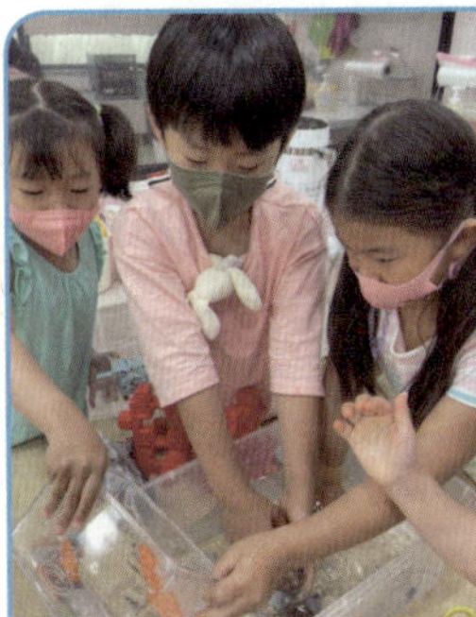

"낭비되고 있는 물
또 부어드리겠습니다~!"

"놀이할 때 배를 접어서
띄워볼 수 있어요!
신문지로 배를 접으면 돼요!"
"선생님, 저는 색종이로
접고 싶어요!"

신문지로 접은 배가 금방
망가지자 신문지를 뭉쳐
공을 만드는 놀이로 변형됨.

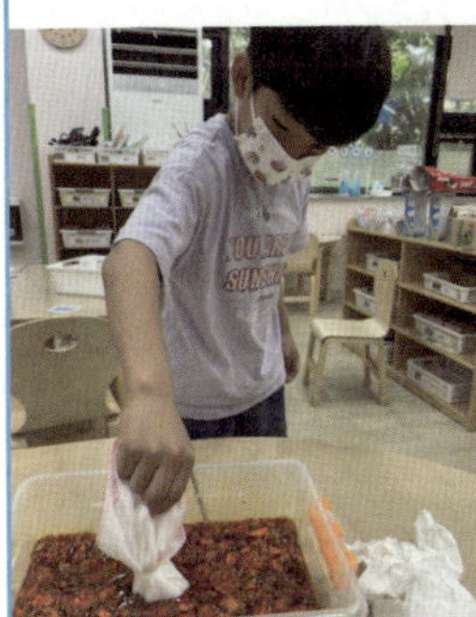

"여기에 넣으면
어떻게 되는 걸까?"

"하얀 손수건이
진짜 노란색이 됐어요!"

"노란색 물이 너무 신기해요!"

| 신기한 물 – 물이 이동해요 |

동화 <물을 아껴 써요>를 감상한 후 물을 아껴 쓸 수 있는 방법에 대하여 이야기 나누는 시간을 가졌다. 우리에게 정말 소중한 물이지만, 물이 없다면 어떻게 될지 서로의 생각을 나눠 볼 수 있는 시간이 되었다.

- 평소에 물이 얼마나 낭비되고 있는지 알아보기 위하여 물을 사용할 때 친구들을 관찰해 보는 시간을 갖는다(예, 양치할 때 물을 틀어 놓는 유아, 물장난 치는 유아 등).

- 하루 동안 낭비되고 있는 물을 수조에 담아보고 얼마큼 낭비되고 있는지 직접 눈으로 확인해 볼 수 있다.

- 낭비된 물을 재사용할 수 있는 방법에 대하여 의견을 공유한다. 놀이시간에 새로운 물로 놀이하는 것이 아닌, 낭비된 물을 재사용하여 놀이시간에 활용해 보기로 한다.

- 종이배 띄우기, 손수건 염색 등 유아들은 이전처럼 물로 할 수 있는 놀이를 많이 제안하였다.

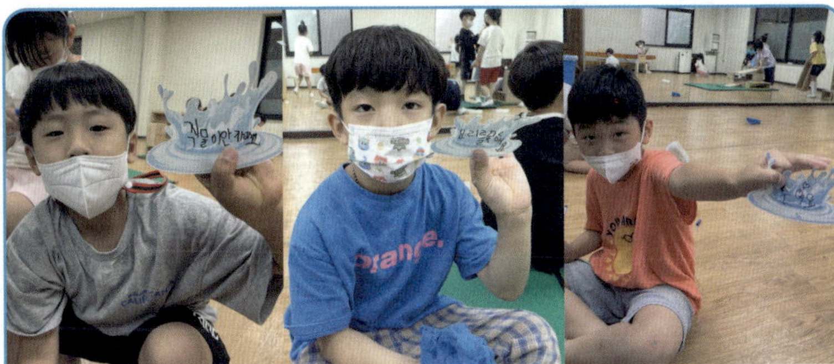

"식물이 자라지 않아요!" "요리를 못해요!" "죽을 수도 있어요!"

| 우리 생활에 물이 없다면? |

수조에 낭비되고 있는 물을 담아 보니, 평소에 우리가 생활하면서 얼마나 많은 양의 물을 낭비하는지 알아볼 수 있는 기회가 되었다.

물을 낭비하지 않고 아껴 쓸 수 있는 방법에 대하여 이야기를 나누고 교실에서 물을 아껴 쓸 수 있는 규칙을 정해 보았다.

① 양치질을 할 때 물을 틀지 않고 한다(컵을 사용한다.).
② 친구와 물장난을 하지 않는다.
③ 물을 먹을 때에는 먹을 만큼만 따라서 먹는다.
④ 손을 빨리 씻는다.
⑤ 비누칠을 할 때 물을 끄고 한다.

손을 빨리 씻는다 → "손은 빨리 씻는 것보다는 비누로 깨끗하게 씻는 게 가장 중요한데 어떻게 빨리 씻을 수 있을까?" → "비누를 조금만 하면 돼요!"

"물방울 모양이 완성됐어요!" "물이 떨어지면 동그란 물방울 모양이 돼요!" "제가 만든 비누 어때요?"

| 위생 비누를 만들어요 |

유아들의 아이디어에 힌트를 얻어 마무리 활동으로 약산성 비누 만들기 활동을 한다.

일반 비누보다 거품이 잘 나지 않는 비누를 사용하면 손을 조금 더 빨리 씻을 수 있다.

평소에 우리가 자주 사용하는 산성이 들어가 있는 비누, 샴푸 등의 사용이 환경오염에 미치는 영향까지 알아볼 수 있다.

| 교사의 지원 |

공간

- 실내에서 물놀이를 하고 정리하는 것을 워낙 힘들어하여, 실내가 아닌 실외에서 놀이하는 시간을 가져보았다. 숲활동이 있는 날에만 올라가는 작은 숲에 올라가 물을 활용한 놀이를 하며 즐거운 시간을 보낼 수 있었다. 다만 유치원 소유의 공간이 아니다 보니 깨끗한 물을 사용할 수 있도록 계속적인 관찰과 지도가 필요하였다.

자료

- 이전 놀이와는 다르게 목표에 맞춰 놀이 자료를 제공해 주었다. 활용 방법이 정해져 있었지만 최대한 유아들이 자유롭게 활용해 볼 수 있도록 만드는 방법을 제한하지는 않았다. 각자 자신만의 탐색 방법을 존중해 주었으며 유아들이 스스로 선택한 방법 속에서 놀이할 수 있도록 격려해 주었다.

상호작용

- 개념 습득에 있어 유아들에게 질문하고 대답하는 것을 무수히 반복하였다. 일방적으로 알려주는 것이 아닌 질문을 통하여 유아들이 스스로 해답을 찾아갈 수 있도록 도움을 주었다.

| 교사 평가 |

- 동화를 감상한 후 우리 주변에서 없어서는 안 될 물을 아껴 쓰는 방법에 대해 서로의 생각을 나눠볼 수 있는 기회가 되었다. 우리 반만의 규칙을 만들어보고 우리 주변에서 낭비되고 있는 물을 모아보기로 하였으며 세면대 옆에 수조를 하나 구비해둔 후 물을 낭비하는 친구들의 모습이 관찰되면 수조에 낭비되고 있는 물을 받아보았다. 하루 동안 생각보다 많은 물이 모였으며, 낭비된 물을 재사용하여 무슨 놀이를 할 수 있을지 생각해 보고 놀이하는 시간을 가져보았다. 다양한 놀이가 이루어졌으며 우리 생활에 물이 없으면 어떻게 될지 상상해 보고 물의 소중함을 깨달으며 주제를 마무리할 수 있었다.

| 유아 평가 |

- 물은 정말 소중해요!
- 바깥에서 물놀이를 할 때 정말 시원했어요.
- 우리가 만든 규칙을 지키지 않는 친구들이 아직도 많아요.

| 놀이의 교육적 의미 |

신체운동·건강

- 자신의 신체를 움직이고 조절하여 놀이에 참여한다.
- 다양한 신체 놀이에 자발적으로 참여한다.

의사소통

- 물과 관련된 자신의 생각, 느낌, 경험 등을 적절한 단어를 사용하여 말한다.
- 상황에 맞는 적절한 단어를 사용하여 읽기, 쓰기, 말하기를 할 수 있다.
- 그림을 보고 이야기 짓기를 즐긴다.

사회관계

- 친구와 협동하여 작품을 만들 수 있다.
- 협동하여 만든 놀잇감을 사용할 때 약속을 지키며 놀이한다.
- 다양한 문화에 관심을 갖고 문화의 다양성을 이해할 수 있다.

예술경험

- 다양한 미술재료와 도구를 사용하여 자신의 생각과 느낌을 표현할 수 있다.

자연탐구

- 궁금한 것에 대해 조사하는 과정에 적극적으로 참여한다.
- 물의 무게, 느낌, 색깔 등을 탐색할 수 있다.
- 물을 아껴 쓸 수 있는 방법에 대하여 관심을 가진다.
- 다양한 과학 실험에 적극적으로 참여할 수 있다.

| 교사 총평 |

- 이전 프로젝트와는 달리 '물'에 대한 유아들의 관심과 흥미도가 유달리 높아 놀이가 조금 더 유연하게 진행되었던 것 같다. 이번에는 유아들이 하고 싶은 놀이를 먼저 제안해 주는 경우가 많았다. 그래서 유아들이 필요로 하는 것을 지원해 주는 지원자로서의 역할을 많이 하였는데, 바로바로 지원을 해주니 유아들의 놀이가 다른 놀이로 확장 및 변형되기도 하였으며 원래의 놀이에 더 몰두하여 참여하는 모습들을 많이 관찰할 수 있었다. 유아들의 놀이에 있어 교사의 지원이 얼마나 중요한 것인지 다시금 깨달을 수 있었다.
- 놀이들 간의 연계가 잘 이루어지고 있는지 항상 염려스러웠다. 'A놀이, B놀이, C놀이가 어느 정도는 연계성이 있어야 할 텐데…'라는 생각이 자주 들었다. 현재의 놀이가 더 이상 이루어지지 않고 다음 놀이로 넘어갈 때 항상 이전 놀이를 회상해 보며 연결점을 찾으려고 하였다.

PROJECT 7

크아앙! 공룡이 나타났다!

'공룡' 프로젝트 놀이 이야기

놀이 1

- 공룡 모형 자원 소개
- 내가 알고 있는 공룡
- 공룡으로 놀이하기
- 공룡 마을 만들기

놀이 2

- 공룡알 자원 소개
- 공룡알 키우기
- 공룡알 관찰
- 공룡알로 놀이하기
- 공룡 화석
- 공룡 화석 발굴

놀이 3

- 공룡 책 자원 소개
- 공룡에 대해 궁금한 것
- 공룡 궁금증 탐구
- 공룡 OX 퀴즈 대회
- 공룡 멸종 가설
- 공룡박사상 수여

프로젝트 진행 기간 : 약 4주

프로젝트 선정 이유 : 바깥놀이를 하면서 유아들이 하늘의 구름을 관찰하며 이야기를 나누던 도중 "어? 저건 모사사우루스 모양이에요!", "프테라노돈처럼도 보여."라고 이야기하며 구름 모양을 통해 공룡을 연상하기도 하고, "선생님, 저희 집에는 공룡백과사전이 있어요.", "만약에 공룡 프로젝트를 하게 되면 공룡 모형들을 많이 가져와도 괜찮아요?"라며 갖고 있는 다양한 공룡자원에 대해서 이야기하는 등 공룡에 대해 많은 관심을 나타내었다. 유아들에게 '공룡'에 대한 호기심을 다양한 자료 등을 통해 조사하는 즐거움을 알게 하고, 공룡의 다양한 종류(육식, 초식, 익룡, 어룡 등)와 이에 따른 공룡의 특징, 더 나아가 공룡이 존재했음을 알려주는 화석과 공룡들이 사라진 이유에 대해서도 알아볼 수 있을 것으로 생각되어 '공룡' 프로젝트를 선정하게 되었다.

(주제 개념망)

- 주제 개념망은 교사의 계획이므로 같은 주제라 하더라도 인적·물적 환경에 따라 다를 수 있으며 실제 활동이 진행되면서 언제든지 바뀔 수 있다.

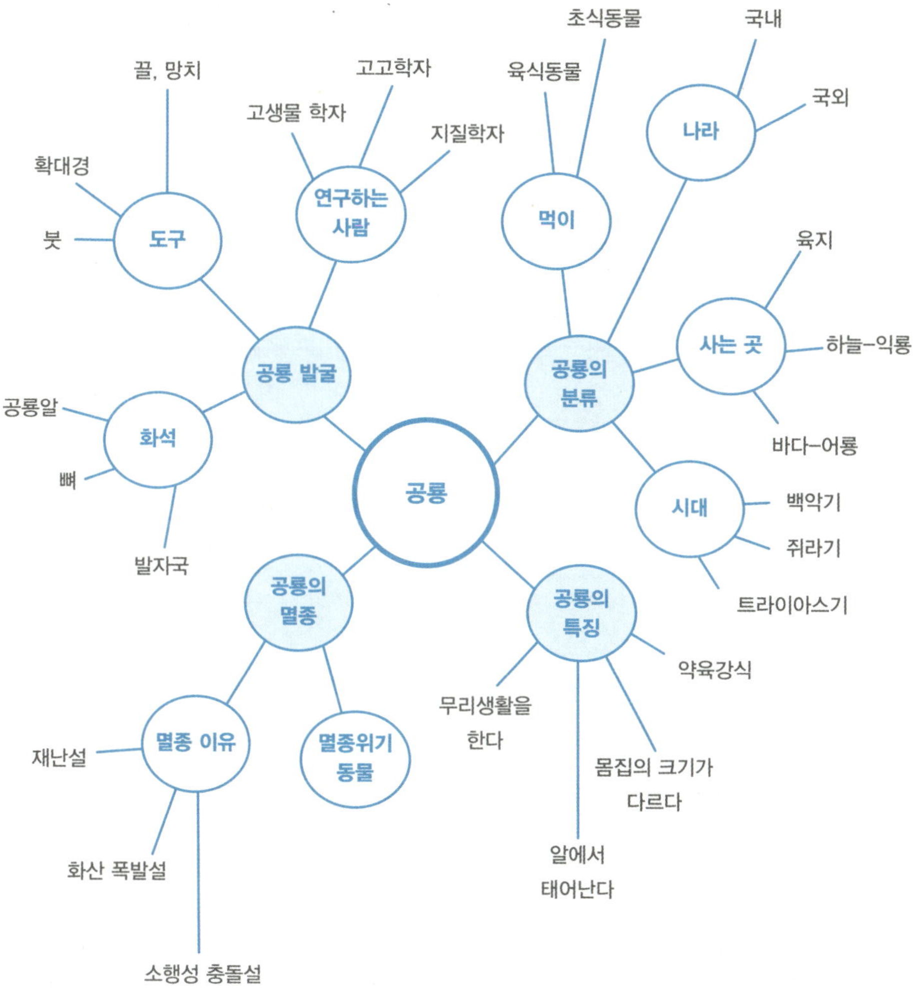

관련 활동

- 교사는 프로젝트와 관련하여 유아들을 위한 환경구성과 관련 활동들을 미리 계획해 두어 놀이의 진행에 따라 지원할 수 있도록 한다.

언어 활동	미술 활동	수 · 조작 활동
[이야기 나누기] • 내가 알고 있는 공룡은? • 공룡에 대해 궁금한 점이 있어요 • 공룡에는 다양한 종류가 있어요 • 화석을 보면 공룡을 알 수 있어요 • 공룡은 왜 멸종되었을까? • 멸종위기동물이 있어요 [동시] • 공룡마을 • 공룡 식구들 [동화] • 공룡이 나타났어요! • 공룡세계에서 너도 찾았니? • 박물관으로 간 공룡똥 • 공룡탐험 • 애완 공룡 티라노	[만들기] • 지점토로 만든 공룡 화석 • 공룡 스텐실 놀이해요 • 종이접시로 만든 나만의 공룡 • 알록달록 스크래치 페이퍼 공룡 • 면봉으로 구성하는 공룡 뼈 • 펼쳐지는 공룡 그림 • 나는야 공룡! 공룡이 되어 발자국을 찍어보아요 • 플레이콘으로 만든 공룡 • 불을 뿜는 휴지심 공룡 • 만약에 공룡이 살아있다면?! • 나무 집게로 만든 공룡 • 재활용품으로 만드는 쥬라기 공원	[수] • 공룡 할리갈리 게임을 해요 • 같은 공룡과 화석을 찾아요(메모리카드 게임) • 엄마공룡과 아기공룡을 연결해요 • 내가 좋아하는 공룡 그래프 [조작] • 공룡 퍼즐 맞추기 • 화석을 보고 공룡을 맞춰요 • 공룡 뼈를 맞춰보아요 • 공룡의 종류에 따라 분류해요 • 공룡의 크기에 따라 분류해요 • 누구의 발자국일까요? • 육식공룡과 초식공룡

음률 · 신체활동	쌓기 · 역할 · 실외 활동	과학 · 요리 활동
[새노래] • 공룡ABC • 공룡이 사라진 이유 • 공룡송 • 트리케라톱스 • 공룡사파리	[쌓기] • 블록으로 쥬라기 공원 만들기 • 다양한 블록을 이용해 커다란 공룡 만들기	[과학] • 나만의 공룡알 키우기 • 공룡의 모형을 탐색해요 • 지점토에 찍은 공룡의 모형

[신체] • 공룡처럼 움직여요 • 공룡 알 옮기기 [견학] • 인천학생과학관	• 화석 발굴현장을 만들어요 [역할] • 내가 만약 공룡이 된다면? • 고고학자가 되어보아요	• 모래 속에서 찾아보는 공룡의 뼈 • 우리들의 키 vs 공룡의 크기 • 화산 폭발 실험 [요리] • 공룡알 샌드위치 만들기

가정에서의 협조

- 프로젝트마다 가정에서 협조할 수 있는 필요한 자원들을 요청하는 것은 유치원과 가정과의 연계를 도와주며 부모들의 교육활동에 대한 관심을 높이는 데도 도움을 준다.

- 보내주시는 자원에는 유아의 이름을 기재해서 보내주시기 바랍니다.
- 유아들이 활동 시간에 조작하여 활용하므로 간혹 파손 및 분실되는 경우가 있사오니, 귀중품은 보내지 마시기 바랍니다.
- 가정에서 보내주신 자원을 소중하게 다룰 수 있도록 유치원에서도 함께 지도하도록 하겠습니다.

자원 협조	1차적 자원	• 공룡과 화석의 특징을 알 수 있는 관련 업종(고고학자, 지질학자, 고생물학자 등)에 종사하거나 설명해 주실 수 있는 학부모님께서는 유치원으로 연락주시기 바랍니다.
	2차적 자원	• 다양한 종류와 크기의 공룡 모형, 역할놀이 도구(고고학자 모자, 돋보기, 탐험도구 등), 화석모형을 보내주시면 유아들과 즐거운 활동을 진행하겠습니다. • 많은 공룡 모형들이 모일 경우 분실될 우려가 있으므로 꼭 공룡의 개수에 따라 모두 유아의 이름을 기재해 주시기 바랍니다. • 공룡과 관련된 도서, 자료(그림, 사진, 물건 등)를 유치원으로 보내주시면 소중한 교육 자료로 활동한 후 주제가 마무리될 때 가정으로 보내드리겠습니다.

놀이 1 - 놀이의 시작

| 놀이의 진행 양상 |

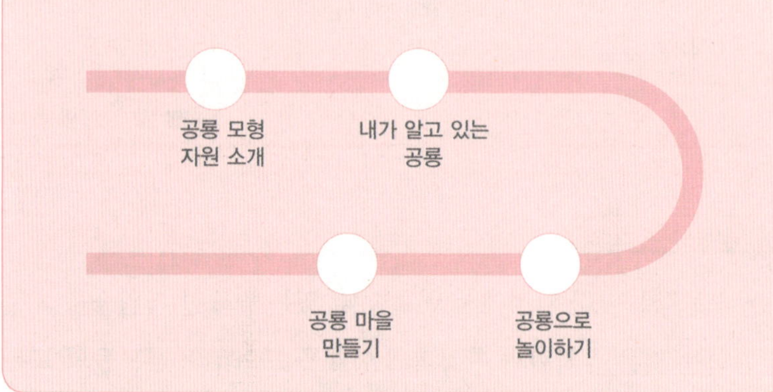

"집에 있는 공룡 자원을 가져왔어요."

"나는 움직이는 공룡을 가져왔어!"

"이 공룡은 이렇게 입도 벌릴 수 있어!"

| 공룡 모형 자원 소개 |

교실 내에 있는 공룡 모형으로 놀이하며 공룡에 대한 관심이 커진 유아들과 '공룡' 프로젝트를 시작하고 유아들이 각자 가정에서 가지고 있는 공룡 모형을 자원으로 가져와 소개하는 시간을 가졌다.

"나는 '브라키오사우루스'가 생각나!"

| 내가 아는 공룡 그리기 |

"교실에 공룡 카드가 생겼다! 그림으로 따라 그려봐야지!"

| 공룡 카드 보며 그림 그리기 |

"내가 어떤 공룡을 표현했는지 맞춰봐! 바로바로~ '티라노사우루스'~!"

| 몸으로 표현한 공룡 |

"브라키오사우루스는 풀을 먹는 초식공룡이래!"
"그럼 티라노사우루스는?"
"책에서 티라노 찾아보자!"

| 친구와 함께 공룡 책 보며 내가 아는 공룡 지식 공유하기 |

"공룡의 종류는 육식공룡, 초식공룡!"
"내가 아는 공룡은... 티라노, 프레라노돈, 벨로키랍토르!"

| 공룡에 대한 생각 모으기 |

교실 내 바뀐 환경구성에 관심을 보이며 공룡과 관련된 교구로 놀이하거나 공룡과 관련된 책을 친구와 함께 살펴보며 자신이 알고 있는 공룡 지식을 서로 공유하는 모습이 관찰되었다.

'공룡' 프로젝트를 시작한 직후, 공룡 1차 표상 활동을 진행하였다. 이 과정에서 그림으로 표현하는 것을 어려워하는 유아는 교실 내 교구 중 공룡 카드를 보고 그리기도 하였다. 자신이 생각하는 공룡의 모습과 행동을 몸으로 자유롭게 표현해 보며 놀이하기도 하였다.

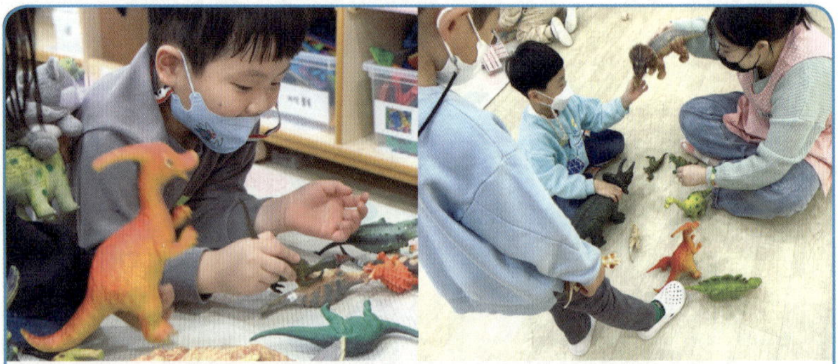

"우리 반에 공룡이 엄청 많이 생겼어! 우리 공룡으로 놀이하자!"
"좋아! 나는 하늘을 나는 '프테라노돈' 할래." "그럼 나는 '트리케라톱스'!"

| 공룡 역할놀이 |

"공룡 집을 만들고 싶은데.. 어떻게 만들까?" "나무블록으로 만드는 거 어때?" "좋아!"
"여기는 아기 공룡들만 사는 걸로 정하자! 큰 공룡들은 더 큰 집을 만들어주자!"

| 공룡 집 만들기 |

"얘들아! 내가 집에서 책을 만들어왔어. 소개해줄게! '공룡의 꿈'이라는 제목이고,
아기 공룡이 커서 무엇이 되고 싶은지 고민하는 내용이야. 내가 동화를 직접 들려줄게!"
"우와! 재미있다! 다음 편은 언제 나와?" "음.. 글쎄..."
"우리가 유치원에서 같이 만들어보자!"

| '공룡'이 주인공인 동화책 '공룡의 꿈' 만들기 |

"공룡을 이렇게 일자로 세워볼까? 공룡 기차 같기도 하고 뭔가 웃겨!"
"두 줄로 세우니까 '길' 같다! 공 굴려보자!"
"그럼 가운데 작은 공룡을 놓고 공을 굴려서 작은 공룡에 맞추는 사람이 이기는 거야!"

| 공룡 골인 게임 |

"자석블록으로 만든 기차 완성~!"
"우리가 만든 기차 안에 공룡을 넣어서 공룡 기차를 만들자!"
"공룡 기차가 갑니다. 다들 비키세요~!"

| 공룡 기차 놀이 |

교실에 공룡 자원이 많아지며 공룡 모형을 활용한 놀이가 활발해짐으로써 유아들은 공룡과 관련된 여러 가지 놀이를 하였다.

1. **공룡 역할놀이 :** 마음에 드는 공룡을 골라 바닥에 놓은 후 친구 또는 선생님과 대화하는 공룡, 싸우는 공룡 등으로 다양하게 놀이하기
2. **공룡 집 만들기 :** 이전부터 관심을 가지고 해오고 있는 경사로 놀이에 공룡을 추가하여 공룡 집 만들기 놀이가 시작됨. 경사로 주변에 공간을 만들어 공룡 침대, 공룡이 타는 차 등의 공간을 구성하기도 하고, 경사로에 공룡을 올려놓고 놀이하기
3. **'공룡'이 주인공인 동화책 '공룡의 꿈' 만들기 :** 한 유아가 '공룡의 꿈'이라는 제목으로 공룡이 등장하는 동화를 창작해서 자

원으로 가져와 소개하는 시간 가지기. 다른 유아들이 이에 관심을 가지며 같은 제목으로 2탄, 3탄을 지어 책을 만들고 만든 책들은 바구니에 넣어 책꽂이 옆에 보관하기

4. 공룡 골인 게임 : 공룡을 일렬로 놓은 후 같은 방법으로 두 줄을 만들고 가운데에 공룡 모형을 놓은 후 교실 내에 있는 나무공을 굴려 양 옆에 일렬로 세운 공룡을 맞추지 않고 가운데에 있는 1마리의 공룡을 맞추어 쓰러트리면 승리하는 게임하기

5. 공룡 기차놀이 : 자석블록으로 기차를 만들어 놀이하는 것을 좋아하는 유아들이 '공룡' 프로젝트가 시작되자 기차 안에 공룡을 넣어 공룡이 타는 기차를 만들기도 하고, 기차 앞에 공룡을 놓아 공룡이 끌어주는 기차를 만들어 놀이하기

"공룡들이 너무 많아져서 정리하기가 힘드네..."
"그럼 우리 공룡들이 살 수 있는 마을을 만들어서
거기에 공룡들을 놓는 건 어때?!"
"오~ 너무 좋은 생각이다!"
"그런데... 공룡 마을을 어떻게 만들지?"
"음... 일단 잔디가 필요해!"
"물에서 사는 공룡도 있잖아! 물은 어떻게 만들까?"
"물은 비닐봉지 어때? 파란색 비닐봉지를 물이라고 하자!"
"물 바깥에는 신문지를 돌돌 뭉쳐서 바위도 만들어주는 거 어때?"
"좋아! 선생님, 재료가 필요해요!"
"신문지가 자꾸 떨어지네.. 선생님! 큰 테이프가 필요해요!"
"얘들아, 내가 큰 테이프(박스테이프) 받아 왔어! 이걸로 꼼꼼하게 붙여보자!!"
"이제 완성된 것 같은데? 아! 공룡이 없네! '공룡들아 이사 가자~'"

| 공룡 마을 만들기 |

놀이가 진행되면서 교사의 고민도 진행되기 시작했다.

공룡 자원이 많아져 공룡 모형을 넣던 바구니가 꽉 차서 정리하는 데 불편을 주었고, 공룡을 활용한 놀이가 다양하게 만들어지고 확장되며 어디서부터 어디까지 교사가 지원해 주어야 할지 고민되었다. 그래서 유아들과 함께 교실에 공룡들이 사는 곳을 만들어 그곳에 공룡을 세워 정리하고, 그곳에서 놀이하기로 계획함으로써 고민을 해결할 수 있었다.

- 교실에 공룡들이 사는 곳을 만들어주기로 한 후, 구성하고 싶은 것을 만들기 위해 필요한 재료 등에 대해 함께 계획하는 시간을 가졌다(공룡 섬: 잔디, 바다: 파란 종이 또는 비닐, 바다 주변 바위 : 신문지 또는 재활용품, 화산 : 클레이로 직접 만들기, 공룡 침대 : 종이, 다양한 재료를 활용해 직접 만들기).

- 놀이시간에 자유롭게 자신이 구성하고 싶은 것을 혼자 또는 친구와 함께 필요에 따라 교사의 도움을 받으며 구성하기 시작하였고, 투표를 통해 이곳을 '공룡 마을'이라고 정하였다. 공룡 마을에 공룡 모형과 그 외(화산, 나무 등) 모형을 자유롭게 배치하고, 직접 만든 침대, 화산 등도 만들어 테이프로 고정하여 구성하였다.

"여기 이름은 뭐라고 할까?"
"음.. 공룡 마을!"
"공룡 세상은 어때?"
"공룡 섬이라고 하고 싶어!"
"그럼 우리 투표하자 투표! 자 '공룡 마을'이라고 하고 싶은 사람 손 들어봐!"
"'공룡 마을'이 제일 많네! 종이에 적어서 공룡 마을 앞에 붙여놓자!"
"우리 이제 '공룡 마을'에서 놀자!"
"아직! 놀이하기 전에 약속을 정해야지!"
"우리가 직접 만들었으니까 마을이 망가지지 않게 조심하기!"
"그리고... 아! 공룡 던지지 않기!"

| 공룡 마을 이름과 약속 정하기 |

공룡 마을이 생긴 후, 공룡 마을에서 놀이할 때 지켜야 할 약속을 정하였다. 공룡 마을에 들어가서 놀이해도 되지만, 공룡을 던지거나 혼자서만 여러 개를 가지지 않으며, 정리 시간에는 정해진 것 없이 자유롭게 공룡 마을에 전시하며 정리하기로 하였다. 유아들이 결정한 약속을 잘 지키는 모습을 관찰할 수 있었다.

| 교사의 지원 |

공간

- 유아의 놀이에 따라 넓은 공간이 필요하기도 하며 영역의 크기는 무조건 넓게 하는 것이 아닌 유아의 흥미와 놀이 흐름에 따라 조정해야 한다. 주제를 진행하면서 공룡 모형으로 놀이하는 과정에서 교구장과 책상의 배치 때문에 불편해하는 유아들의 모습이 관찰되어 교구장과 책상을 재배치함으로써 유아들이 놀이시간마다 공룡 모형으로 역할 놀이를 하는 특정 공간을 확장하였다.

자료

- 놀이방법이 정형화되어 있는 상업적인 놀잇감보다 일상에서 발견하는 다양한 사물, 또는 기존에 사용하던 여러 재료는 유아의 놀이를 더 풍부하게 해주기도 한다. 따라서 유아의 의견을 적극적으로 반영하여 유아들이 필요하다고 한 재료를 제공해 주며 정해놓은 틀 없이 유아의 생각대로 창의적으로 만들 수 있도록 지원하였다.

상호작용

- 한 가지 자원을 활용해 놀이하는 모습이 다른 프로젝트와 비교하여 보았을 때 놀이의 형태, 종류가 훨씬 다양함을 관찰할 수 있었고 이 때문에 어디서부터 어디까지 지원을 해주어야 하는지 고민되었지만, 유아들의 놀이를 지원하기 위해서는 즉각적인 개입보다는 관찰이 더 중요하다고 생각하기 때문에 유아의 놀이가 진행되는 과정에서 적절한 순간에 적절한 언어적 · 정서적 지원방법으로 상호작용하려고 노력하였다.

| 교사 평가 |

- [놀이 1]의 흐름에서 교사가 가장 많이 관찰하고, 다양하고도 적절한 지원을 해주려고 노력한 부분은 '공룡 마을 만들기'였다. 공룡 모형으로 놀이하며 불편함이 생겼고, 이를 해결하기 위해 유아들과 함께 이야기 나누며 정한 방법이 바로 '공룡 마을 만들기'였는데, 유아들이 먼저 의견을 낸 만큼 공룡 마을을 어떻게 구성하고 싶은지, 구성하기 위해 무엇이 필요한지, 어떤 방법으로 만들어 구성할 것인지 등에 대한 유아들의 의견과 실행력이 적극적이었다. 친구와 힘을 합쳐 직접 구성한 공룡 마을은 프로젝트 진행 기간 내내 인기가 많고 흥미가 지속되는 놀이가 되었다. 또한, 함께 만든 공룡 마을에서 놀이할 때의 약속도 다함께 정하여 '우리가 만든 공룡 마을'에서 '우리가 정한 약속'을 지키며 놀이하려는 유아들의 모습도 관찰할 수 있었다.

| 유아 평가 |

- 우리가 직접 만든 공룡 마을이 생겼어요.
- 우리 반에 공룡이 많아졌어요.
- 공룡 마을을 만드는 것이 너무 재미있었어요.
- 공룡 마을에서 약속을 지키지 않는 친구들이 있어서 불편했어요.

놀이 2 - 놀이의 확장

| 놀이의 진행 양상 |

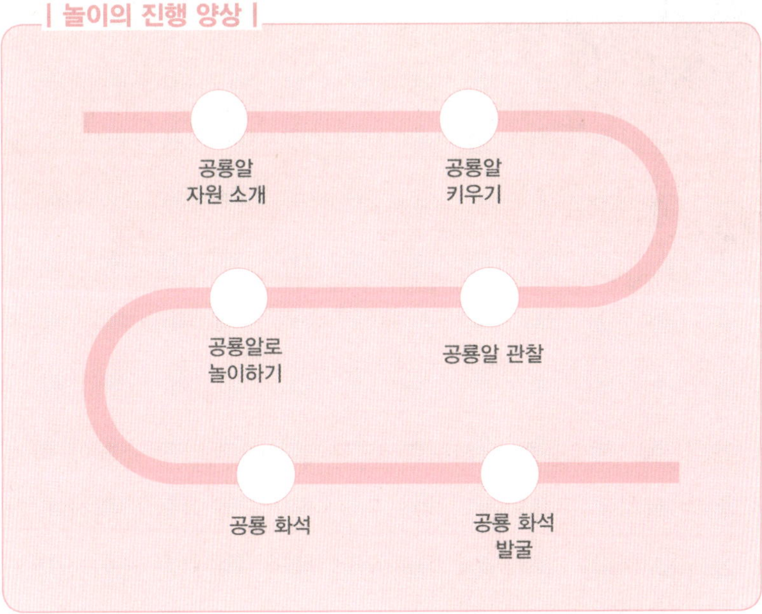

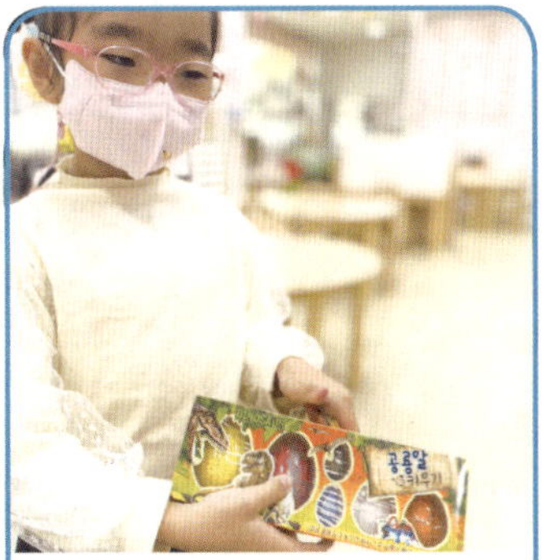

"물에 넣으면 공룡이 태어나는 신기한 공룡알을 가져왔어!"

| 공룡알 자원 소개 |

"공룡알을 물에 넣어보자! 어떻게 될까? 너무 궁금해."

| 물에 넣어 실험하기 |

(실험 2시간 후) "우와! 공룡알이 깨졌어!" (다음 날 아침) "얘들아! 공룡 태어났어!"
"이건 브라키오사우루스다! 이건 티라노!" (이틀 후) "얘들아! 공룡이 커졌어!"

| 시간의 흐름에 따른 변화 관찰 |

'공룡' 프로젝트를 시작한 후 물에 넣어 시간의 흐름에 따라 변화하는 공룡알을 자원으로 가져왔다. 유아들의 관심에 따라 자원을 가져온 날 바로 컵에 물과 공룡알을 넣어 실험해 보았다.

하루일과의 중간중간, 다음 날 등원 후 바로 확인하는 등 큰 관심을 보였다.

유아가 자원으로 가져온 공룡알의 개수에 제한이 있다 보니 경험해 보지 못한 유아들이 아쉬워하였다. 그래서 유아들과 함께 공룡알을 1인당 1개씩 직접 키워보기로 결정하였다.

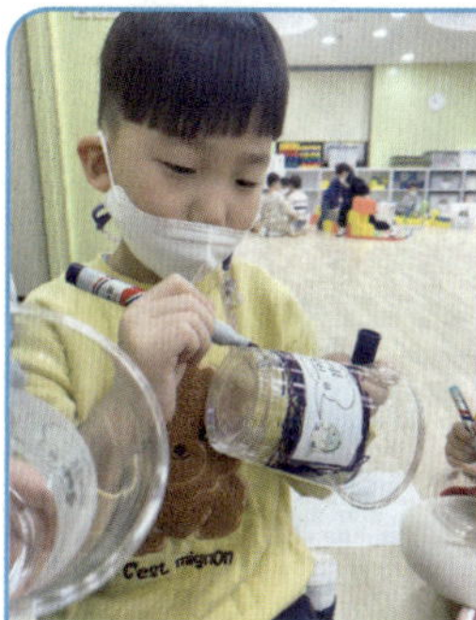

"우리도 공룡알을 키워보자!"
"태어날 공룡의 이름도 정해야지~"

"공룡알이 물 밑으로 가라앉을 때까지 눌러주어야 한대!"

"창문 앞에 놓고 관찰해 보자!"
"나는 어떤 공룡이 태어날까?"
"내일 아침에 오면 공룡이 태어나 있겠지?!"

| 공룡알 키우기 |

유아가 자원으로 가져온 공룡알은 교실 내 관찰영역에 두고 다함께 관찰하기로 하고, 교사는 1인당 1개씩 공룡알을 준비하여 제공하였다. 색깔이 다른 공룡알 중 1개씩 골라 태어날 공룡의 이름도 정하여 컵에 적은 후 공룡알 키우기를 시작하였다.

공룡알마다 태어나는 공룡의 종류와 색깔, 모양이 모두 달라 유아들은 하루에도 여러 번 자신의 공룡알 컵과 친구의 공룡알 컵을 관찰하였고, 공룡알이 조금이라도 금이 가거나 깨지는 것이 보이면 친구나 교사에게 이를 소개하며 공룡알의 변화를 탐색해 보았다.

1차 관찰 (11월 10일 10시)	2차 관찰 (11월 11일 11시)	3차 관찰 (11월 14일 11시)
공룡알 실험 첫째 날, "내 공룡알의 색깔은 하늘색~!"	다음 날! 공룡이 태어났어요! "내 공룡은 '프테라노돈'이야!"	"아기 공룡이었는데 시간이 지나니까 공룡이 커졌어!"

| 공룡알 관찰하기 |

공룡알, 공룡의 부화, 태어난 공룡의 이름과 특징 등에 큰 관심을 보이는 유아들의 모습을 관찰할 수 있었으며, 시간의 흐름에 따라 변화된 점을 비교하는 유아들의 모습도 관찰할 수 있었다.

유아들은 굳힌 옥수수가루로 만들어진 공룡알에 물이 스며들면서 공룡알이 깨지고, 그 안에 있는 공룡을 관찰하는 것에 큰 흥미를 느끼며 변화를 탐색하였다. 공룡에 대한 관심이 점점 커지며 공룡의 종류와 특징에 대해 많이 알게 된 유아들은 공룡알 속 공룡의 이름이 무엇인지, 어떤 특징을 가지고 있는지에 대해 자연스럽게 이야기를 주고받는 모습을 관찰할 수 있었다.

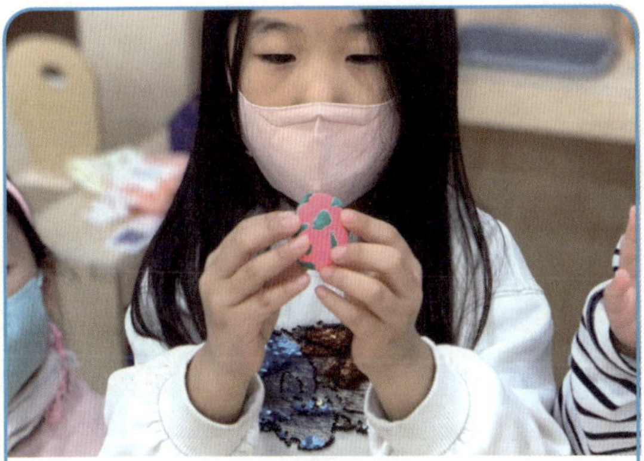

"클레이로 공룡알을 만들자~!
나는 분홍색 공룡알을 만들어볼래!"

클레이로 공룡알 만들기

공룡알에 대한 관심이 커지면서 교실 내에 있는 클레이로 공룡알을 만들기 시작하였다. 한 가지 색깔로 만들기도 하고, 여러 색깔을 섞어 만들거나 무늬를 만들어내며 각자 공룡알을 만들었다. 만든 공룡알을 어떻게 사용하고 싶은지 물어보았더니 모빌로 만들자는 의견과 놀이할 때 가지고 놀이하자는 의견이 나오게 되었고, 자유놀이 시간에 자유롭게 가지고 놀이하는 과정에서 자신의 공룡알을 잃어버리고, 다른 친구가 찾아주는 경험을 하면서 유아들은 보물찾기하는 것 같다고 표현하였다.

"선생님! 공룡알로 보물찾기 게임하는 거 어때요?"
"다 숨겼다~ 이제 찾기 시작~!" "내 공룡알 찾았다!!"

| 공룡알 보물찾기 게임 |

'보물찾기'라는 말에 관심이 생긴 유아들은 다함께 공룡알 보물찾기 게임을 하기로 결정하고, 넓은 활동실인 강당에서 보물찾기 활동을 진행하였다.

'클레이로 만든 유아 각자의 공룡알에는 유아의 이름 스티커를 붙여 혹시라도 공룡알이 분실되어 유아들이 속상해하지 않도록 준비하였으며, 두 팀으로 나누어 숨기는 팀과 찾는 팀으로 게임을 진행하였다. 넓은 공간, 많은 놀잇감이 있는 강당에서 진행하였기 때문에 공룡알을 숨기고 찾는 시간이 적절하게 분배되어 유아들로 하여금 지루하지 않게 진행될 수 있었고 즐거워하는 유아들의 모습을 볼 수 있었다.

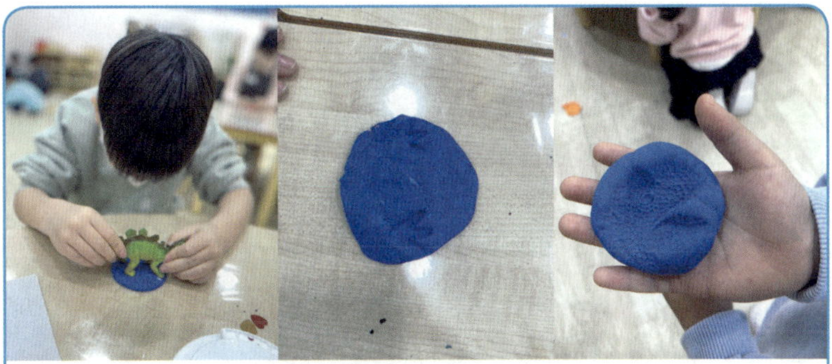

"선생님! 클레이에 공룡 찍어봐도 돼요?"
"우와 공룡 발자국이 엄청 잘 찍혔어!" "이번에는 공룡 얼굴도 찍어볼까?"
"선생님! 이렇게 발자국 찍힌 것을 '화석'이라고 하잖아요!"

| 클레이 놀이에서 발견한 공룡 화석 |

클레이로 공룡알을 만드는 유아 외에 자유롭게 만들고 싶은 것을 만들던 유아가 클레이에 공룡 모형을 찍어보고 찍힌 발자국에 큰 흥미를 보이며 다른 유아들에게도 소개해 주었다. 다른 유아들도 관심을 보이며 다가와 공룡의 발자국, 머리, 몸의 무늬 등을 찍어내며 놀이하였으며 이 과정에서 한 유아가 '화석'을 언급하며 관심을 보였다.

"선생님, 여기 공룡 발자국 화석이 있어요!"
"티라노사우루스 앞에서 사진 찍어요!"

| '인천학생과학관' 견학 |

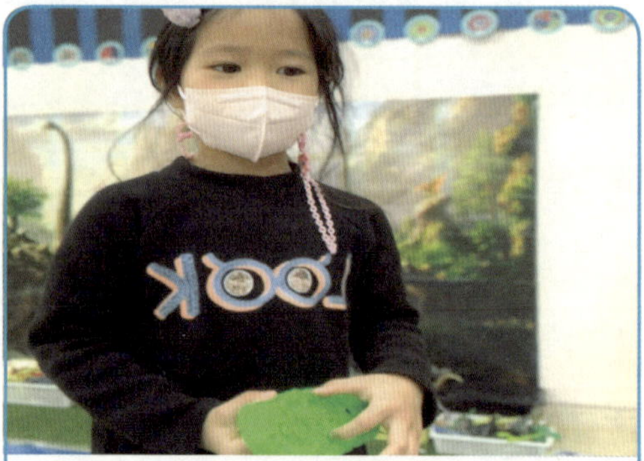

공룡 화석 자원을 가져왔어!

| 공룡 화석 자원 소개 |

공룡 화석 발굴 알아보기

출처: https://youtu.be/lxXXV6OlmlU

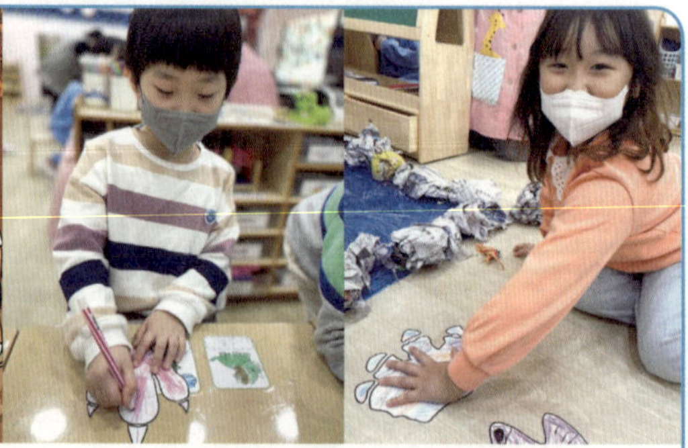

"선생님 공룡 발자국도 공룡 화석이래요!"
"공룡 발자국 만들어 보고 싶어요!"
"내가 만든 공룡 발자국은 공룡 마을 앞에 붙여야지!"
"이렇게 하니까 꼭 공룡이 움직인 것처럼 보인다!"

| 공룡 발자국을 만들어 교실 곳곳에 붙이며 놀이하기 |

공룡알, 공룡 발자국 등에 관심이 생긴 유아들이 교실 내 공룡 관련 책을 통해 '공룡 화석'에도 관심을 가지기 시작하였다. 그리고 유아들과 공룡의 뼈, 발자국, 공룡알 모형을 관찰할 수 있고, 공룡의 특징에 대해서도 알아볼 수 있는 견학지를 선정하여 함께 다녀오게 되었다. 견학을 다녀온 뒤 유아들은 어떻게 공룡 화석이 발굴되어 전시되어 있었던 건지 궁금해하여 공룡 화석 발굴과 관련된 사진, 영상 자료를 통해 함께 알아보고 이 과정을 통해 유아들은 공룡 화석 발굴에 관심이 생기게 되었다.

"우와! 우리도 공룡 화석을 발굴할 수 있어!"
"영상에서 봤던 '붓'이랑 '끌'이 들어 있어. 이걸로 발굴하면 되겠다."
"선생님! 공룡 뼈가 보여요! 뼈 모양이 엄청 길쭉해요! 아 알겠다! 이건 '브라키오사우루스'인가 봐!"
"내 공룡은.... 얼굴 쪽에 있는 뼈 모양을 보니까... 아! '프테라노돈'이다!"

| 공룡 화석 발굴 키트(모형 화석, 끌, 붓)로 화석 발굴 체험하기 |

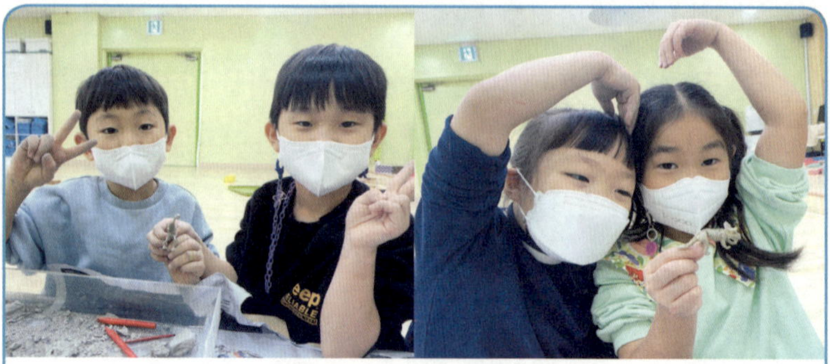

"와~! 공룡 뼈 발굴 성공!!"
"내가 고고학자가 된 것만 같아!"
"공룡 뼈 발굴하는 게 쉬운 일이 아니네.. 진짜로 발굴하는 사람들은 너무 힘들겠다."

| 공룡 화석 발굴 키트(모형 화석, 끌, 붓)로 화석 발굴 체험하기 |

공룡 화석, 화석 발굴에 관심이 생긴 유아들에게 시중에 판매되고 있는 공룡 화석 발굴 키트를 구입하여 제공하였다. 발굴 키트를 소개하면서 발굴에 필요한 도구에는 무엇이 있는지, 발굴 시 주의사항 등에 대해 이야기를 나누고 두 명의 유아가 짝을 지어 끌과 붓을 사용하여 화석을 발굴하기 시작했다. 화석을 발굴하는 중에 조금씩 보이는 뼈의 모양을 보며 어떤 공룡일지 유추해 보기도 하고, 화석 발굴이 끝난 후에는 어떤 공룡인지, 왜 그렇게 생각하는지, 공룡의 특징에 대해서 이야기 나누었다.

| 교사의 지원 |

공간

- 교실 내 관찰 영역이 있지만 공룡알을 실험하고 관찰하는 것에 모든 유아들이 관심을 보였고, 공간이 협소하게 느껴질 것 같아 공룡알을 관찰하고 실험하는 곳을 고정해 두지 않고 유아들의 관심, 놀이에 따라 공간을 자유롭게 사용하며 놀이할 수 있도록 지원하였다.

자료

- 공룡알의 형태, 공룡 화석의 종류, 화석 발굴 방법 등에 관심을 보이는 유아들이 늘어남에 따라 교실 내에 비치된 동화책뿐 아니라 교실 내 컴퓨터를 사용하여 궁금한 것을 검색해 보고 검색한 자료를 함께 보며 궁금한 점을 해결해 나갈 수 있도록 지원하였다.
- 기존에 자유롭게 사용하던 재료인 클레이를 제공하여 유아들은 만들고 싶은 것을 만들기도 하고, 공룡알을 만들기도 하였다. 이 과정에서 공룡 화석에도 관심을 가져 공룡 화석 발굴 키트를 제공하여 경험할 수 있도록 지원하였다.

상호작용

- 동일한 자료라 하더라도 이를 이용한 놀이 내용과 몰입은 유아의 개별성과 고유성에 의해 다양하게 나타나기 때문에 유아가 어떻게 저마다의 방식으로 놀이자료와 교감하는지 비교하고 관찰하며 유아의 특성을 더 잘 이해하고 적절하게 지원해 주기 위해 노력하였다.

| 교사 평가 |

- 공룡알 자원에서 시작된 관심이 공룡 화석, 발굴까지 뻗어나간 것을 관찰할 수 있었다. 공룡알 키우기 키트, 공룡 화석 발굴 키트를 제공하여 유아들이 직접 경험하며 다양한 요소와 특징에 대해 알아가는 것을 관찰할 수 있었던 시간이었다. 프로젝트가 시작되면 보통 주제와 관련된 모형과 책을 많이 가져오는데 학기 초와 비교하여 보았을 때, 관심이 가는 주제와 관련된 책을 스스로 찾아 혼자 감상해 보기도 하고, 친구와 감상하며 여러 특징에 대해 알아가는 모습을 관찰할 수 있었다. 이는 주제와 관련하여 궁금한 것, 또는 이야기 나누기 시 유아들이 자신감을 가지고 표현하는 모습으로 이어졌다. 유아들이 궁금해하는 내용을 어떤 방법으로 찾아볼 수 있을지, 어떤 방식으로 경험할 수 있을지 놀이 속에서 유아들과 끊임없는 대화를 통해 유아와 교사 모두 즐겁게 놀이할 수 있었던 시간이 되었다.

| 유아 평가 |

- 나만의 공룡알을 직접 키워보고, 관찰한 내용을 기록했어요.
- 공룡 화석 발굴 체험을 했어요.
- 공룡알에서 공룡이 태어나는 것이 너무 신기했어요.
- 공룡 뼈도 신기했어요.
- 처음에는 공룡알이 적어서 속상했는데 선생님이 공룡알을 사줘서 좋았어요.

놀이 3 - 놀이의 전환

| 놀이의 진행 양상 |

1. 공룡 책 자원 소개
2. 공룡에 대해 궁금한 것
3. 공룡 궁금증 탐구
4. 공룡 OX 퀴즈 대회
5. 공룡 멸종 가설
6. 공룡박사상 수여

공룡의 종류와 특징이 잘 드러난 책

입체로 구성된 팝업 책

공룡이 주인공으로 등장하는 동화책

| 공룡 책 자원 소개하기 |

'공룡' 프로젝트가 시작된 후 유아들이 공룡과 관련된 각종 동화책을 자원으로 가져와 소개하는 시간을 가졌다. 크게 공룡의 종류와 특징을 알 수 있는 책과 입체로 구성되어 유아들로 하여금 흥미를 불러 일으키는 책, 공룡이 주인공으로 등장하여 전개되는 동화책으로 나뉘었으며, 다른 프로젝트 진행기간보다 놀이시간에 동화를 감상하는 유아들의 모습을 더 많이 관찰할 수 있었다.

"이 공룡은 이름이 뭘까?"

"프테라노돈은 왜 날아다닐까?"

"티라노사우루스의 발자국은 어떻게 생겼을까?"

"공룡은 왜 멸종되었을까?"

| 공룡에 대해 궁금한 것 |

공룡 마을을 만들어 놀이하고, 공룡 모형, 공룡알, 공룡 화석 등으로 자유롭게 놀이하던 유아들은 공룡의 이름과 특징에 대해 관심을 가지기 시작하였다. 궁금한 내용을 교사에게 물어보거나 스스로 책을 찾는 유아도 있었지만, 대부분의 유아들이 이전에 '바다' 프로젝트를 할 때 궁금한 내용을 그룹별로 탐색해 보았던 것을 언급하며 그때처럼 그룹별로 탐색해 보자고 하였다. 각자 궁금한 내용을 적어 그룹을 만들고 교실 내의 책 또는 공룡 모형, 컴퓨터를 활용하여 알아보기로 하였다.

"공룡대백과 책에 내가 궁금해하는 내용이 나와 있지 않을까? 찾아보자!"
"프테라노돈은.. 25쪽이래!
책 아래에 있는 숫자가 25인 곳을 펼쳐보자."
"여기 나와 있다! 아하~ 프테라노돈의 볏은 하늘을 잘 날기 위해서래!"

탐구한 내용을 복도에 게시한 모습

| 유아들이 직접 탐구한 공룡 궁금증 |

'공룡' 프로젝트 3주차에 접어들면서 유아들은 공룡에 대해 알게 된 것, 알고 싶은 것(궁금한 것)이 많아지기 시작했고, 이를 스스로 탐구해 보고 싶어 하는 모습이 많이 관찰되었다.

지난 '바다' 프로젝트를 진행하면서 바다에 대해 궁금한 점을 목록화하고, 궁금한 것이 겹치는 유아들끼리 그룹을 지어 다양한 방법으로 탐구해 보았다. 대부분의 유아들이 그때를 회상하며 스스로 탐구해 보고 싶어 하였고, 교사의 큰 도움 없이 유아 스스로 탐구하였으며 탐구한 내용을 교실 앞 복도 벽에 붙여 다른 유아들도 다른 질문에 대한 답변을 관찰할 수 있도록 지원하였다.

공룡 OX 퀴즈

공룡 OX 퀴즈 대회 모습

| 공룡 OX 퀴즈 |

공룡에 대해 궁금한 것을 탐구하고, 탐구한 내용을 공유하는 과정, 그리고 놀이하는 과정에서 유아들이 공룡에 대한 문제를 내며 놀이하는 것을 관찰하게 되었다. '공룡' 프로젝트의 마무리 활동 중 하나로 공룡 OX 퀴즈 대회를 열기로 하고, OX 팻말을 준비하여 유아들과 OX 퀴즈 대회를 하였다.

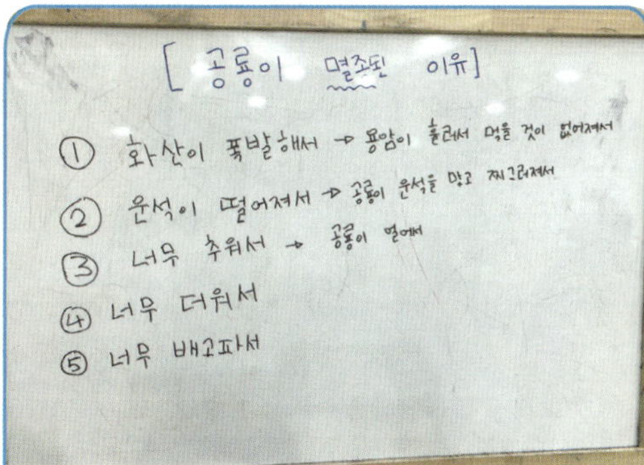

"공룡은.. 화산폭발 때문에 없어진 거야!"
"내가 본 책에서는 엄청 큰 운석이 떨어져서 멸종한 거라던데?"
"아니야! 내가 본 책에는 너무 추워서 공룡이 얼어 죽었다고 그랬어!"
"선생님 공룡은 왜 멸종된 거예요? 궁금해요!"

| 유아들이 생각한 '공룡의 멸종 이유' |

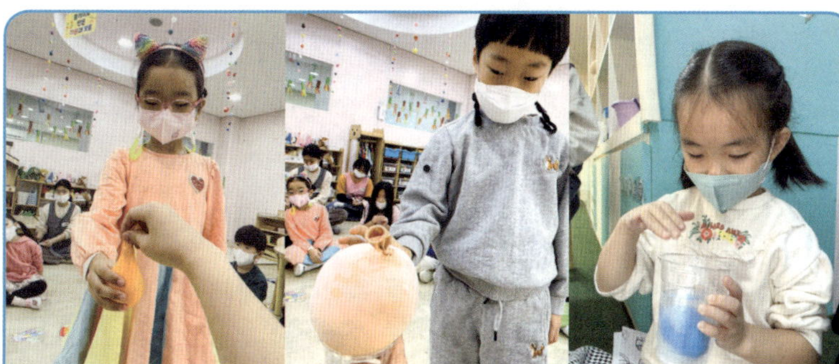

"공룡 마을에 아주 추운 '빙하기'가 찾아왔다던데?"
"풍선에 물을 넣어 실험해 보자!"
"풍선에 든 물은.. 말랑말랑해요!"
"으악! 물을 넣은 풍선을 냉동실에 넣고 시간이 지나 꺼내서 만져보니까 딱딱하고 엄청 차가워요!"
"이 안에 공룡이 있었다면.... 너무 추워서 살 수 없었을 것 같아!"

| 빙하기 멸종설 실험 |

"실험을 시작하기 전! 공룡 마을에 공룡들이 모여 있는 것처럼 공룡들을 세워두자!"
"베이킹소다와 식초, 물감 그리고 주방세제를 넣으면... 으악! 화산 폭발이다!"
"진짜 화산 폭발이었으면 공룡들이 살 수 없었겠어!"

| 화산 폭발로 인한 멸종설 실험 |

공룡의 멸종과 관련하여 궁금해하는 유아들이 많아지면서 공룡이 멸종한 이유에 대해 이야기를 나누어보는 시간을 가졌다. 유아들이 이야기한 여러 멸종 가설 중 '빙하기 멸종설'과 '화산 폭발로 인한 멸종설'을 실험해 보기로 하였다. 풍선에 물을 넣은 것과 물을 넣어 얼린 것, 컵에 물과 공룡알을 넣고 얼린 것을 탐색하고 관찰해 보며 빙하기 멸종설을 실험해 보았고, 베이킹소다와 식초, 물감, 주방세제를 사용해 화산 폭발 멸종설을 실험해 보며 공룡이 어떻게 멸종하였을 것인지에 대해 유추해 보았다.

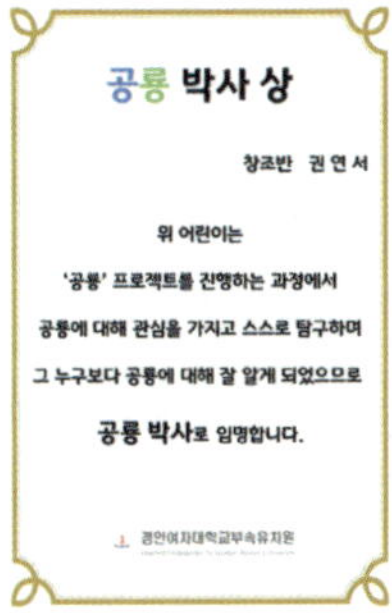
공룡 박사 상

창조반 권 연 서

위 어린이는

'공룡' 프로젝트를 진행하는 과정에서

공룡에 대해 관심을 가지고 스스로 탐구하며

그 누구보다 공룡에 대해 잘 알게 되었으므로

공룡 박사로 임명합니다.

경인여자대학교부속유치원

'공룡박사상' 상장

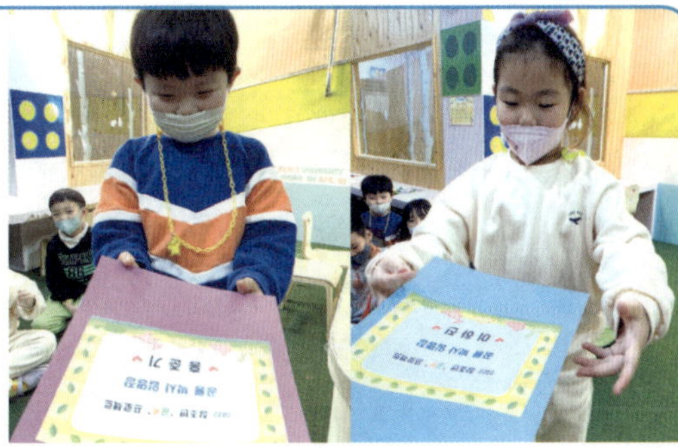

공룡박사 상장 수여식

| 공룡박사상 수여식 |

프로젝트를 진행하는 기간 동안 적극적으로 활동과 놀이에 참여하며, 궁금한 점을 스스로 탐구하려고 노력했던 유아들의 모습을 칭찬하고 격려하는 의미에서 프로젝트의 마지막 날 공룡박사 상장을 수여하는 활동을 하였다.

| 교사의 지원 |

공간	기존에 교구장을 재배치하여 공간을 넓게 구성함으로써 유아들의 공룡 마을 놀이가 더 활성화된 모습을 관찰할 수 있었다. 공룡의 가설을 실험할 때 대그룹으로 진행하였기 때문에 모든 유아가 충분히 앉아 실험할 수 있는 공간이 필요하였으나, 공룡 마을 놀이 시 재배치된 영역구성 덕분에 협소하지 않게 활동할 수 있었다.
자료	이번 놀이에서는 상품화된 놀잇감과 정형화되지 않은 일상의 재료를 모두 사용하였다. 공룡알 키우기 키트, 공룡 화석 발굴 키트 등 상품화된 놀잇감은 유아들로 하여금 나름의 매력을 주었으며, 해당 놀잇감을 통해 자연스럽게 경험과 지식을 습득할 수 있었다. 일상의 사물을 활용해 공룡 멸종 가설을 실험할 수 있었고 이 과정에 유아들 모두가 적극적으로 참여하며 즐겁게 활동하는 모습을 관찰할 수 있었다.
상호작용	이번 프로젝트에서는 끊임없이 질문하며 놀이를 지원했다. 공룡에 대해 무엇이 궁금한지, 이에 대한 유아의 생각은 어떤지, 궁금한 내용은 어떤 방법으로 알아갈 수 있을지, 알게 된 내용은 무엇인지, 어떻게 비교할 수 있는지 등 상황 속에서 다양한 질문을 하였고, 이러한 질문들은 유아로 하여금 높은 수준으로 사고할 수 있도록 유도하며 새로운 상상을 놀이로 구현하게 하는 원동력이 되었다고 생각한다.

| 교사 평가 |

- 이번 주제에서는 책에 대한 관심이 특히 많았는데, 단순히 책을 읽고 끝나는 것이 아니라 책을 통해 습득한 지식을 놀이과정 또는 교사와의 프로젝트 관련 활동에서 이를 소개하는 모습을 보였으며, 놀이를 하다가 공룡의 이름, 특징, 힘의 세기 등 공룡에 대해 궁금한 것이 생기면 공룡에 대해 비교적 구체적으로 작성된 책을 직접 찾아보며 궁금증을 해결해 나가기도 하였다.
- 공룡에 대해 궁금한 것을 탐구하는 활동과 공룡의 멸종 가설 실험에 모든 유아가 적극적으로 참여하면서 교사도 자연스럽게 놀이에 집중하며 함께 알아가고 지원해 줄 수 있었다.

| 유아 평가 |

- 공룡에 대해 궁금한 점을 함께 이야기 나누어보고, 친구랑 함께 알아보았어요.
- 공룡 OX 퀴즈 대회를 열었어요
- OX 퀴즈대회가 너무 재미있었어요.
- 공룡 멸종 실험을 했어요.
- 공룡 멸종 실험을 또 하고 싶어요.
- 공룡박사 상장을 받았어요.
- 공룡박사가 되어서 기분이 좋았어요.

| 놀이의 교육적 의미 |

신체운동 · 건강	• 신체를 인식하고 움직이며 공룡과 관련된 신체활동에 자발적으로 참여한다.
의사소통	• 공룡과 관련한 자신의 생각, 느낌, 경험 등을 적절한 단어를 사용하여 말한다. • 공룡에 대해 궁금한 점을 탐구한 내용을 글자로 표현한다.
사회관계	• 공룡을 활용한 놀이를 진행하는 과정에서 서로의 생각을 존중한다. • '공룡 마을'을 만들고 놀이하는 과정에서 친구와 사이좋게 놀이한다. • 놀이를 확장시켜 나가는 데 있어서 유아의 창의력과 자신감을 향상하는 데 도움을 준다.
예술경험	• 내가 생각한 공룡의 모습을 움직임과 춤으로 자유롭게 표현한다. • 공룡 모형을 활용한 극놀이로 경험이나 이야기를 표현한다. • 다양한 미술 재료와 도구를 활용하여 '공룡 마을'에 대한 자신의 생각과 느낌을 표현하며 자유롭게 구성한다.
자연탐구	• 공룡에 대해 호기심을 가지고 과학도서, 컴퓨터, 사진자료 등을 통해 조사해 봄으로써 공룡의 종류, 특징, 멸종의 이유, 화석 발굴 등 다양한 지식을 구성하는 데 도움을 준다. • 궁금한 것을 탐구하는 과정에서 필요한 지식을 변별함으로써 논리적 · 합리적 사고력을 기르는 데 도움을 준다.

| 교사 총평 |

- 다른 프로젝트를 진행할 때에도 공룡 모형은 교실 내에 항상 있었지만 이를 활용하여 놀이하는 유아의 수는 적었다. 그러나 공룡에 관심을 가지기 시작한 후, '공룡' 프로젝트를 진행한 직후부터 유아들은 여러 자원을 가져오기도 하고, 교실 내 변화된 환경구성을 통해 관심이 급격히 높아짐을 느낄 수 있었고, 교사가 주도하지 않아도 유아가 스스로 탐구하고 놀이를 확장시켜 나가는 모습을 관찰할 수 있었다. 미리 정해진 교사의 계획과 주도보다는 유아의 즉흥적인 의견과 생각들이 모여 교사와 유아, 모두에게 더 즐거운 경험을 할 수 있었기에 이번 프로젝트를 통해 교사인 나도 많이 배우고 함께 즐길 수 있었다.

PROJECT

8

알록달록 옷, 디자이너가 되어
패션쇼에 직접 서기까지!

'옷' 프로젝트
놀이 이야기

놀이 1

집에서가져온 '옷' 자원 소개하기

다양한 종류의 옷 소개 & 탐색

다양한 옷 입으며 역할 놀이

교실 내 옷 정리 방법 공유

정한 종류대로 옷 분류

놀이 2

다양한 옷의 종류에 대해 알아보기

옷을 만드는 방법

옷을 만드는 데 필요한 것

내가 만들고 싶은 옷

옷 만들기

창조 패션쇼

프로젝트 진행 기간 : 약 5주

프로젝트 선정 이유 : 계절이 달라짐에 따라 유아들이 입고 있는 옷이 변화되기 시작하자 유아들은 교실에 놓여 있는 여러 가지 직업을 나타내는 의상에 관심을 보이며 입어보기 시작하였다. "이건 경찰관 옷이야!", "이건 소방관 옷이야!", "옷 색깔이 다르네!" "봐봐 단추도 달라!" 하면서 다양한 옷의 종류와 그에 따른 기능에 관심을 보이며 옷을 어떻게 만드는지 궁금증을 갖는 모습을 볼 수 있었다. 그러므로 옷의 필요성과 기능을 알고 자신을 표현하는 개성에 대해 인식할 수 있도록 도와주며, 옷이 우리에게 주는 여러 가지 영향에 대해 관심을 갖고, 직접 옷을 만들고 꾸며보는 기회뿐 아니라 옷에 대한 다양하고 흥미로운 활동들을 통해 만족감과 자신감을 발달할 수 있을 것이라 생각되어 유아들과 함께 '옷'을 프로젝트로 선정하게 되었다.

주제 개념망

- 주제 개념망은 교사의 계획이므로 같은 주제라 하더라도 인적 · 물적 환경에 따라 다를 수 있으며 실제 활동이 진행되면서 언제든지 바뀔 수 있다.

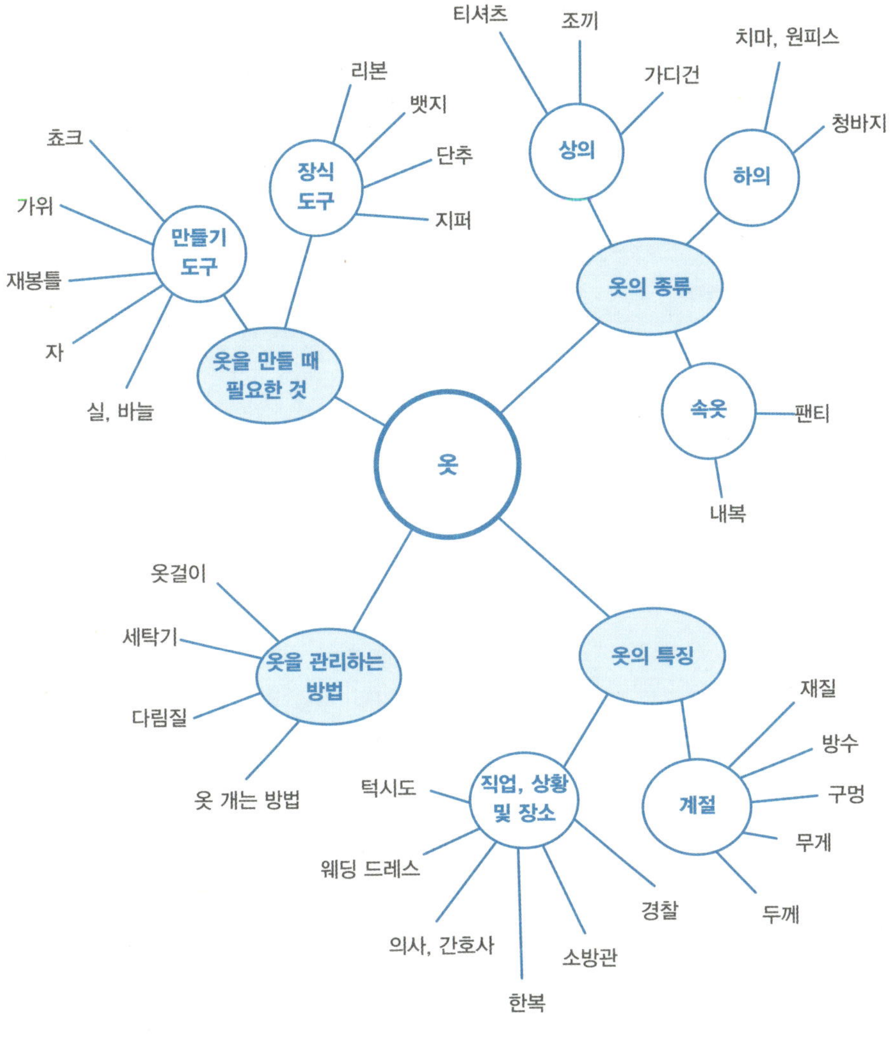

관련 활동

- 교사는 프로젝트와 관련하여 유아들을 위한 환경구성과 관련 활동들을 미리 계획해 두어 놀이의 진행에 따라 지원할 수 있도록 한다.

언어 활동	미술 활동	수 · 조작 활동
[이야기 나누기] • 옷에 있는 여러 가지 표시들 • 옷에 대해 궁금한 것 질문지 만들기 • 옷의 여러 가지 무늬 쓰기 • 한복의 명칭 알기 [동시] • 울 엄마 빨래 • 새 옷 [동화] • 벌거숭이 임금님 • 아씨방 일곱동무 • 우리 옷 한복 • 그건 내 조끼야 • 꼬마 재봉사 니테치카 • 요셉의 낡고 작은 오버코트	[만들기] • 종이 인형 옷 만들기 • 세탁기 만들기 • 우리 가족을 위한 옷을 만든다면? • 재활용품으로 옷 만들기 • 색종이로 티셔츠, 바지, 한복 접기 • 내가 입고 싶은 옷(잡지 콜라주) • 나만의 옷장을 꾸며요 • 나만의 티셔츠 만들기(스텐실) • 옷이 없다면? 상상그림 그리기 • 옷과 어울리는 악세사리 만들기 • 옷 설계도를 만들어요 • 나만의 옷을 만들어요 • 패션소 무대 만들기 • 패션쇼 초대장 만들기 • 미래에는 어떤 옷이 생길까?	[수] • 내가 좋아하는 옷 그래프 • 같은 문양을 찾아주세요 • 줄자로 치수를 재요 • 여러 가지 직업에 맞는 옷 분류하기 [조작] • 옷 바르게 개기 • 단추 끼우기 • 바느질 하기 • 옷 입기 놀이해요 • 알록달록 수영복 • 누구에게 필요할까?(직업에 따른 옷)

음률 · 신체활동	쌓기 · 역할 · 실외 활동	과학 · 요리 활동
[새노래] • 계절에 맞는 옷 • 무슨 옷 입었니	[쌓기] • 블록으로 친구 몸 길이 재기 • 블록으로 옷 수선소 만들어요	[과학] • 보풀 없애기 • 옷을 만들 때 필요한 도구 • 옷감마다 느낌이 달라요 • 옷감을 천연 염색해요

[신체] • 알맞은 옷을 찾아요 • 옷의 표시를 보고 분류해요 • 세탁기 속의 빨래가 되어요	• 세탁기를 만들어요 [역할] • 옷을 수선해요 • 옷가게 놀이해요 • 내가 만든 옷으로 패션쇼해요	[요리] • 단추 모양 쿠키 만들기

가정에서의 협조

• 프로젝트마다 가정에서 협조할 수 있는 필요한 자원들을 요청하는 것은 유치원과 가정과의 연계를 도와주며 부모들의 교육활동에 대한 관심을 높이는 데도 도움을 준다.

• 보내주시는 자원에는 유아의 이름을 기재해서 보내주시기 바랍니다.
• 유아들이 활동 시간에 조작하여 활용하므로 간혹 파손 및 분실되는 경우가 있사오니, 귀중품은 보내지 마시기 바랍니다.
• 가정에서 보내주신 자원을 소중하게 다룰 수 있도록 유치원에서도 함께 지도하도록 하겠습니다.

자원 협조	1차적 자원	• 옷의 여러 가지 종류에 대해 알 수 있는 자료 도서, 옷(수영복, 티셔츠, 바지, 치마, 점퍼, 코트, 스웨터, 드레스, 한복, 속옷, 교복, 운동복, 직업복, 세계 여러 나라의 전통 의상 등), 옷을 만들 때 알아볼 수 있는 도구들(다양한 종류의 천, 실 등)을 보내주시면 유아들과 즐거운 활동을 진행하겠습니다.
	2차적 자원	• 옷과 관련된 사진 및 그림자료(여러 가지 옷을 입고 찍은 사진, 전통의상, 결혼식, 백일잔치, 돌잔치, 졸업식 사진 등)과 관련 팸플릿 및 카탈로그(교복, 아기 용품, 의류 브랜드 등)를 유치원으로 보내주시면 소중한 교육 자료로 활동한 후 주제가 마무리될 때 가정으로 보내드리겠습니다.

놀이 1 - 놀이의 시작

| 놀이의 진행 양상 |

집에서 가져온 '옷' 자원 소개하기

다양한 종류의 옷 소개 & 탐색

다양한 옷 입으며 역할 놀이

교실 내 옷 정리 방법 공유

정한 종류대로 옷 분류

"엄마아빠랑 놀러갔을 때, 한복도 입고 가발도 써보았어요!"

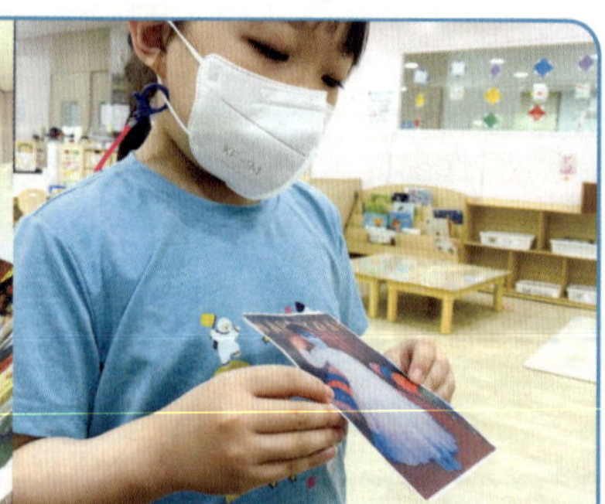

"내가 가장 좋아하는 옷이야! 흰색 드레스야. 정말 예쁘지~?"

| 내가 가지고 온 사진 소개하기 |

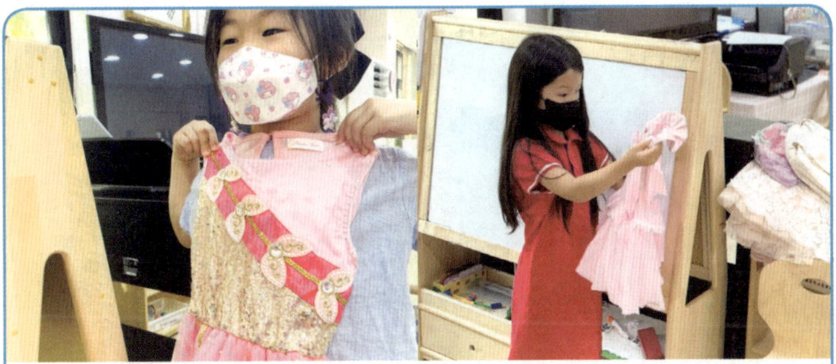

"이건 우리 집에서 가져온 시크릿 쥬쥬 옷이야! 우리 반 친구들과 함께 입고 싶어서 가져왔어~!"

"이 옷은 내가 어렸을 때 입었던 옷이야. 이제는 작아져서 못입지만 보여주고 싶어서 가져왔어~!"

| 집에서 가져온 옷 소개하기 |

계절이 달라짐에 따라 유아들이 입고 있는 옷이 변화되고, 교실 내의 다양한 직업 의상을 입고 놀이하며 '옷'에 대한 관심이 커진 유아들과 '옷' 프로젝트를 시작하였다. 프로젝트를 시작하면서 생활안내문을 통해 가정에서 입지 않는 옷이나 유아가 좋아하는 옷을 입고 찍은 사진을 원으로 가져오면 유아가 직접 소개를 하며 프로젝트에 대한 관심이 더 커질 수 있음을 안내하였고, 대부분의 유아들이 원으로 '옷'에 대한 자원을 가져와 적극적으로 소개하는 시간을 가지며 프로젝트에 대한 관심이 자연스럽게 커짐을 관찰할 수 있었다.

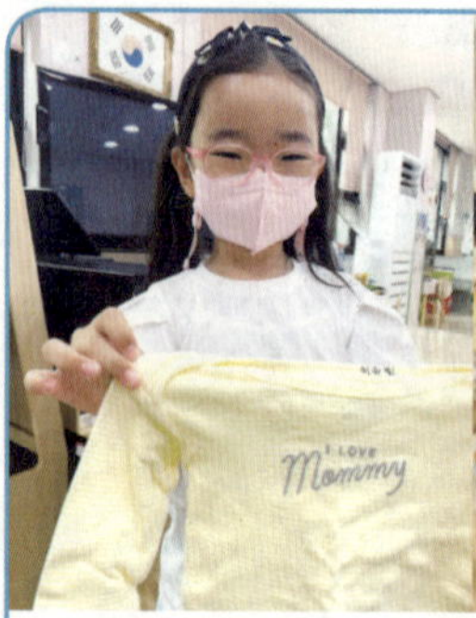

〈어렸을 때 입었던 옷〉
"내가 아기였을 때 입었던 옷이야!"

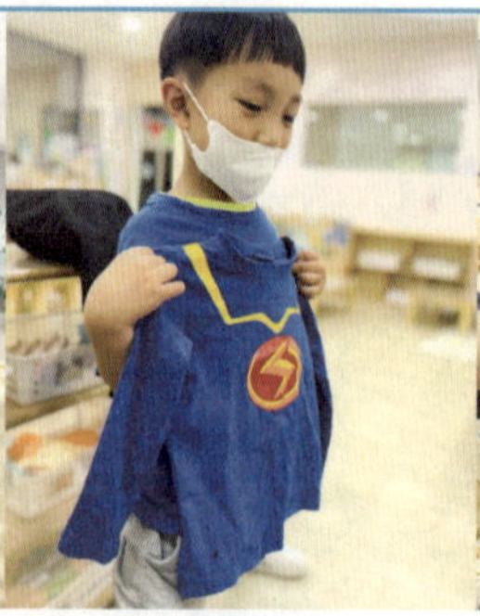

〈캐릭터 옷〉
"내가 좋아하는 번개맨 옷을 가져왔어~"

〈아빠 옷〉
"우리아빠 옷이야. 엄~청 크지!?"

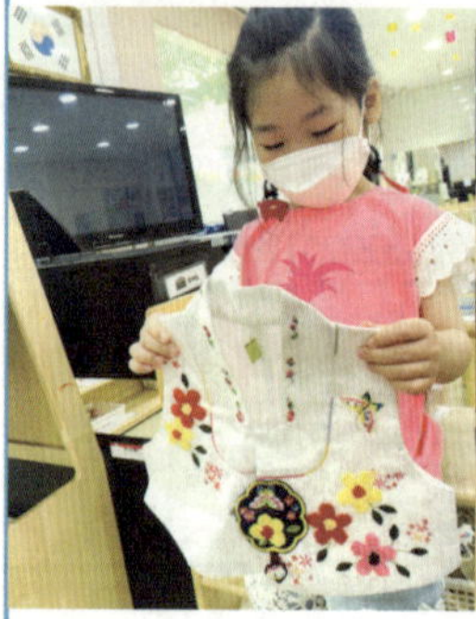

〈한복〉
"내가 어릴 때 입던 한복이야."

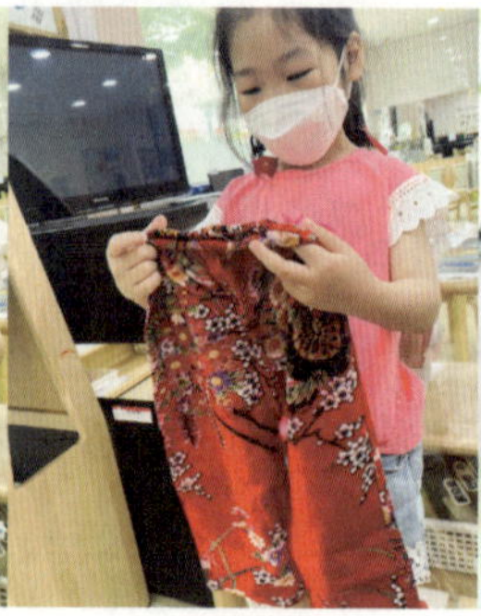

〈전통의상(중국)〉
"옛날에 중국에 놀러갔을 때 샀던 옷이야."

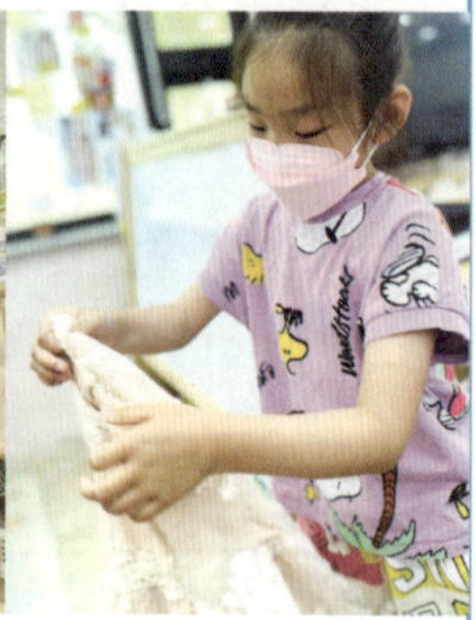

〈드레스〉
"이 드레스는 내가 좋아하는 옷이야."

| 유아들이 가져온 옷의 다양한 종류 |

프로젝트 초반뿐 아니라 진행 기간 동안 다양한 종류의 옷을 자원으로 가져와 소개하는 시간을 가졌다. 티셔츠, 바지, 원피스 등의 포괄적인 옷의 종류뿐 아니라 아기 때 입던 옷, 아빠가 입던 큰 옷, 전통의상 등을 소개하고 경험하는 시간을 통해 유아들은 옷의 다양한 종류에 대해 관심이 커지고, 직접 입어보면서 옷의 느낌, 질감, 재료 등에 대해 이야기를 나누기도 하였다.

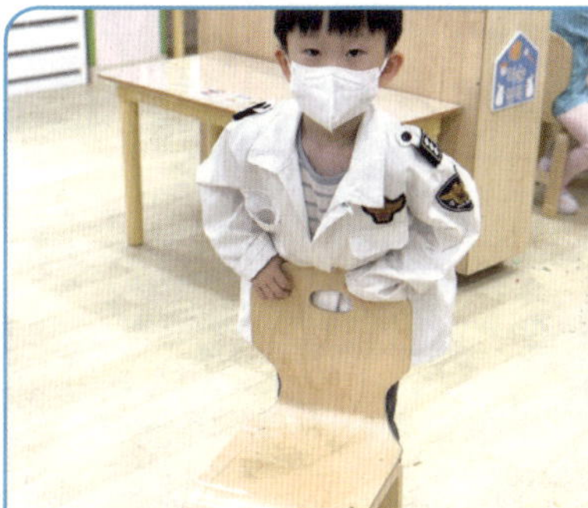

“경찰 옷을 입었어요! 나는야 경찰관~!”

“아-아! 지금 마트에 강도가 들었습니다. 출동해주세요!”

| 다양한 직업 놀이 |

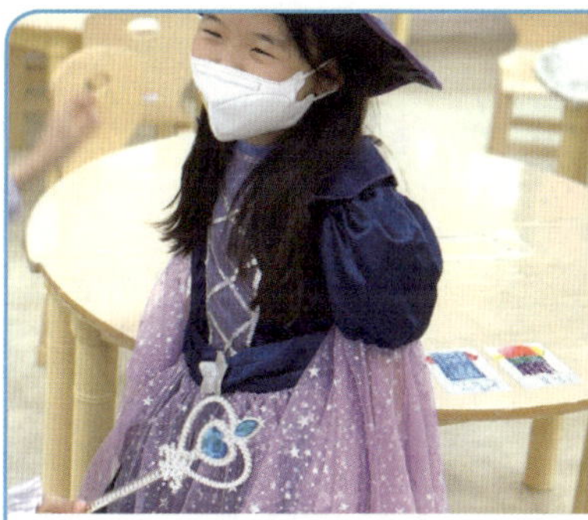

“드레스에 소품까지 착용한 나는 아름다운 공주!”

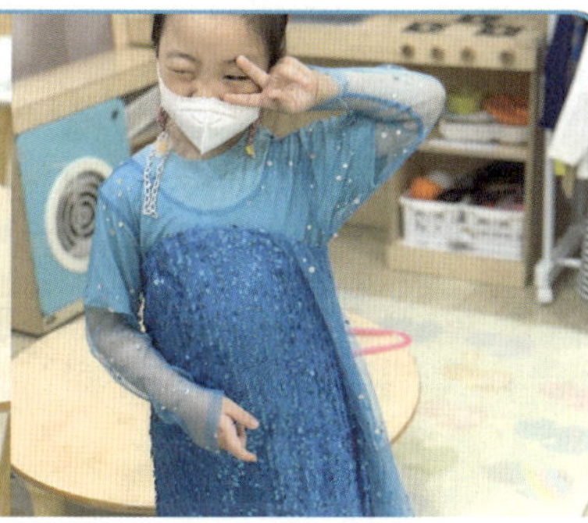

“엘사 드레스를 입었어요 렛잇고~♬”

| 공주 놀이 |

“한복을 입은 나는 엄마 역할을 할래!”

“얘들아 밥 먹을 시간이다~ 모두 모이렴~!”

| 엄마, 언니 놀이 |

"옷 가게로 오세요~ 예쁜 옷 많이 팔아요~"

"직접 입어보실 수도 있습니다~~"

| 옷 가게 놀이 |

유아들이 가져온 자원 중 특히 직업 의상과 드레스에 관심을 많이 보였다. 다양한 의상을 입어보는 과정에서 옷마다 다른 특징을 탐색하며 경험하는 시간을 가지기도 하며, 의상을 입고 활발히 역할 놀이를 하는 모습이 관찰되었다.

유아들이 자원으로 가져온 옷이 많아져 기존에 교실에 있던 옷걸이가 턱없이 부족하게 되어서 교재교구실에 있는 행거를 찾아 교실에 더 배치하였다.

교실 내 기존 옷걸이

옷의 개수가 많아지며 교실에 새로 생긴 행거

"선생님! 옷이 많아져서 옷걸이에 걸을 곳이 없어요!
옷이 아주 아주 많아졌으니까 더 큰 옷걸이를 사야겠어요!"
"우와! 우리 교실에 새로운 옷걸이가 생겼어!
새로 생긴 옷걸이는 옆이 뚫려 있어서
옷을 고를 때에도 더 잘 보인다!
옷걸이에 잘 걸어서 잘 보관해야겠다~!"

| 교실 내 옷 접기 방법 공유 |

유아들이 자원으로 가져온 옷의 개수가 점점 많아져서 기존에 옷걸이가 있던 곳이 아닌 넓은 벽 쪽에 행거를 놓아 정리하기 시작하였다.

"옷을 빼고 다시 정리할 때마다 행거가 움직여서 불편해 행거를 놓을 공간을 정하는 건 어때?"
"반짝이 테이프를 붙여서 공간을 정하자!"

| 유아들과 위치를 함께 정하여 만든 틀 |

"옷이 너무 많으니까 입고 싶은 옷을 찾는 것도 힘들고 정리하는 것도 힘들다..."
"옷을 종류에 따라서 분류해 보는 건 어때?"

| 종류별로 분류 |

놀이시간에 옷을 찾아 꺼내면서 놀이하고 나서 정리시간에 다시 옷걸이에 옷을 걸어 행거에 정리하는 과정에서 이동용 행거의 위치가 자꾸 바뀌어 동선이 불편해졌다. 그래서 유아들과 함께 옷을 수월하게 꺼내 쓸 수 있고, 잘 정리하고, 분류할 수 있는 방법에 대해 이야기를 나누었다.

| 티셔츠, 바지 / 직업 옷 / 한복 / 원피스, 드레스로 분류한 모습 |

옷의 개수와 함께 행거의 개수도 늘어나면서 기존에 배치한 공간이 좁게 느껴져 교실 환경구성을 유아들과 협의하여 교구장의 배치를 수정하고, 행거의 배치도 함께 정하고 나니 이전보다 동선도 편해지고, 유아들이 옷을 꺼내고 정리하는 것도 수월해졌다.

따로 분류하지 않고 옷을 옷걸이에만 걸어 정리를 하다 보니 내가 입고 싶은 옷을 찾는 시간이 길어지며 유아들이 불편해 하였다. 그래서 자원으로 가져온 옷의 종류를 어느 정도 파악한 유아들과 함께 옷의 종류에 따라 분류하여 정리하기로 하고, 유아들과 상의한 끝에 티셔츠, 바지 / 직업 옷 / 한복 / 원피스, 드레스로 분류하기로 하였다. 분류한 후에는 원하는 옷을 꺼내 입는 것이나 옷걸이에 다시 걸을 때 훨씬 수월해하였고, 약속한 대로 정리도 잘하는 모습을 관찰할 수 있었다.

| 교사의 지원 |

공간	· 기존에는 역할교구와 놀잇감이 있는 공간 바로 옆에 옷장이 있었는데 프로젝트를 진행하며 다양한 종류의 옷이 늘어나 행거를 배치하였다. 옷의 개수가 더 많아지며 공간이 좁아짐을 느끼고 유아들의 놀이 동선도 불편하다고 하여 유아들과 협의 끝에 교구장을 재배치하여 역할 놀이를 할 수 있는 공간, 행거를 놓는 공간을 여유롭게 재구성하여 자유롭게 놀이할 수 있도록 지원하였다. · 같은 옷을 사용하여 놀이하더라도 유아마다 놀이의 흐름이 다름을 관찰할 수 있었고, 놀이가 진행되면서 놀이가 벌어지는 공간의 위치나 크기도 계속적으로 변화하였다. 이에 따라 유아의 특성과 흥미를 고려하여 유아가 적절한 공간을 스스로 찾아보고 변화시키며 놀이할 수 있도록 지원하였다.
자료	· 다양한 직업 의상과 드레스에 가장 큰 관심을 보인 유아들에게 경찰관의 무전기와 수갑, 소화기, 왕관 등의 소품을 제공하여 역할 놀이가 확장되는 모습을 관찰할 수 있었다. 교실 책꽂이에 패션 잡지를 제공하여 유아들이 자연스럽게 패션 잡지를 접하며 옷의 다양한 종류뿐 아니라 옷과 관련된 다양한 소품, 신발 등에도 관심이 생겼고, 패션잡지와 교사가 제시한 소품을 활용하여 놀이하는 과정에서 유아들이 교실 내 재료를 활용하여 요술봉, 왕관 등을 만들어 놀이에 활용하는 모습도 관찰할 수 있었다.
상호작용	· 유아와 교사가 놀이의 즐거움을 공유할 수 있는 기회가 많을수록 진정한 공감과 소통이 발생하기 때문에 유아의 주도적인 놀이 안에서 공동 놀이자로 참여하였다. 유아의 놀이는 때로는 아이디어의 결핍이나 유아 간 상이한 요구와 의견 충돌,

갈등에 의해 단절되거나 교착 상태에 빠지기도 하므로 교사의 놀이참여를 통해 유아들이 문제를 명확하게 이해하고 문제해결을 도울 방법을 찾는 데 도움이 될 수 있도록 지원하였다.

| 교사 평가 |

- '옷' 프로젝트를 시작한 후 다양한 종류의 옷 실물 자원과 옷을 입고 찍은 사진을 가져와 친구들 앞에서 직접 소개하는 시간을 통해 관심을 보이기 시작하는 유아들의 모습을 관찰할 수 있었다. 유아들이 가져온 옷을 입고 놀이하는 것이 단순히 옷과 관련된 역할극에서 끝나는 것이 아니라 여러 재료를 활용하며 공간이 확장되고 나아가 놀이가 확장되는 것을 보며 교사인 나도 함께 즐겁게 놀이할 수 있었다. 놀이 중간에 행거에 옷이 많아지며 옷을 정리해 보자는 한 유아의 의견에 다른 유아들도 함께 생각해 보고, 놀이 시간에 교구장의 위치를 직접 재배치하며 놀이가 확장되기도 하고 새로운 놀이가 시작되는 모습도 관찰할 수 있었다. 유아들과 함께 이야기를 나누어 환경구성을 재배치한다는 것이 어렵게만 느껴졌었는데, 막상 해 보니 혼자 고민했던 것보다 유아들의 열린 생각을 통해 더 창의적이고 편리한 공간 구성을 할 수 있었고, 이 과정을 통해 유아들은 교실 내 공간의 활용에 큰 관심을 가지게 되었으며, 서로의 의견을 존중하며 사이좋게 놀이하는 모습을 관찰할 수 있었다.

| 유아 평가 |

- '옷' 프로젝트를 시작하면서 내가 좋아하는 옷을 친구에게 소개하고 옷 자원을 가져왔어요.
- 창조반에 옷장이 생겼어요.
- 드레스가 많아져서 좋았어요.
- 경찰 무전기랑 수갑이 생겨서 좋았어요.
- 옷을 옷걸이에 다시 걸지 않는 친구들이 있어서 정리할 때 힘들었어요.

놀이 2 - 놀이의 확장

| 놀이의 진행 양상 |

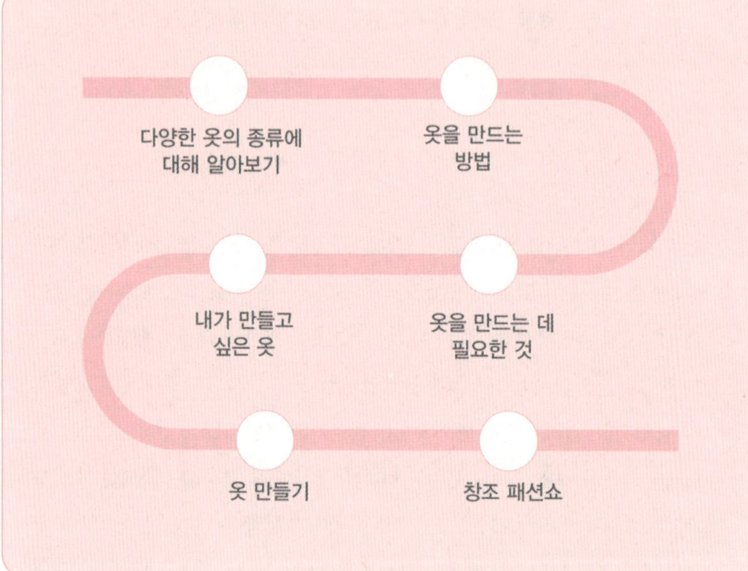

"나는 '옷' 하면 '체육복'이 생각나!"

"우리의 생각을 종류별로 분류해 보자!"

| '옷' 하면 떠오르는 생각 모으기 & 옷의 종류 알아보기 |

"여름에는 반팔, 겨울에는 긴팔을 입어!"

| 계절에 따라 변화하는 옷 게임활동 |

"자연을 담은 옷이 완성되었어요~!"

| 다양한 옷 자연 무늬 만들기 숲 활동 |

'옷' 하면 떠오르는 생각을 모아 계절 / 직업 / 상황 및 장소에 따른 옷의 종류에 대해 알아보고, 옷과 관련된 다양한 활동을 통해 옷을 입는 놀이뿐 아니라 옷의 종류와 특징에도 관심이 생겼다.

출처: https://youtu.be/lraoiyweTu8

| 옷 만드는 방법 알아보기 |

옷을 만드는 방법을 알아보기 위해 유아들과 함께 영상을 찾아보고 이야기를 나누었다.

영상 속에는 여러 종류의 옷감과 재료를 선택하고, 사이즈에 맞게 재단하는 과정뿐 아니라 옷을 만드는 데 필요한 여러 가지 기계를 사용하는 모습이 담겨 있어 유아들이 옷을 만드는 방법을 탐색하는 데 많은 도움이 되었다. 또한, 영상의 마지막에는 완성된 옷을 전체적으로 보여주며 옷을 착용한 장면이 담겨 있어 실제로 유아들은 "저도 이렇게 옷을 만들어보고 싶어요!", "저도 저렇게 옷을 만들 수 있을까요?" 등 옷의 제작과 관련하여 많은 관심을 보이기도 하였다.

원단

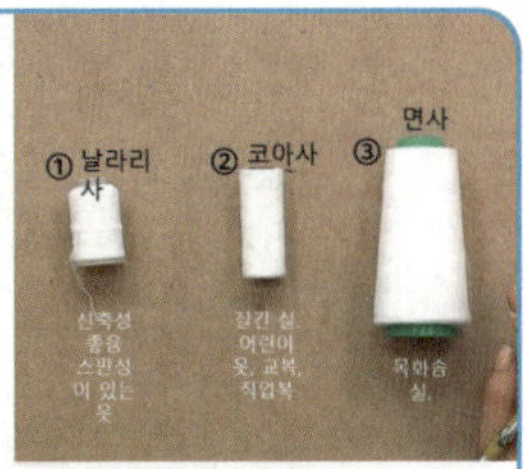

실

옷감의 종류

마(린넨)

면

원단의 종류

방수

데님

| 옷을 만들 때 필요한 재료와 도구 |

놀이시간에 자유롭게 옷을 입고 탐색하며 옷의 특징, 옷을 만드는 데 필요한 재료, 옷을 만드는 방법에 궁금증이 생겨 옷을 만드는 방법을 영상으로 시청한 후 옷을 만들기 위해 필요한 재료와 도구, 옷감과 원단의 종류 등에 대해 알아보았다.

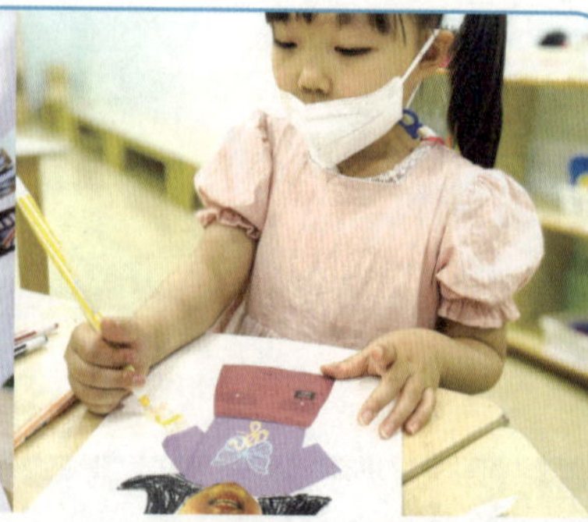

"나는... 노란색 반팔티를 입고 싶어! 바지는 파란색으로 골라봐야겠다!"

"내가 입고 싶은 옷을 고르고 예쁘게 꾸며줄래요!"

| 잡지 옷 콜라주 미술활동 - 내가 입고 싶은 옷 |

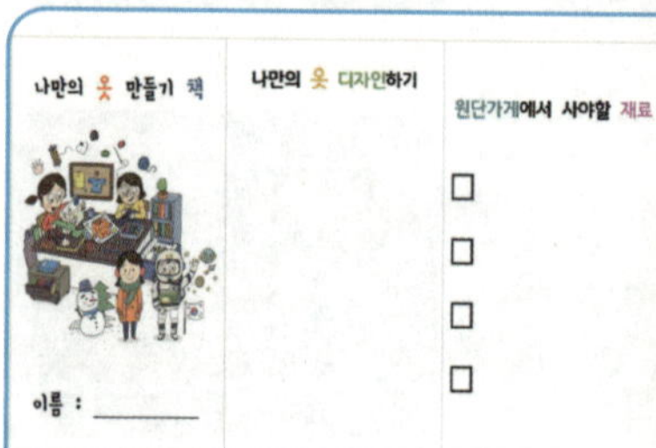

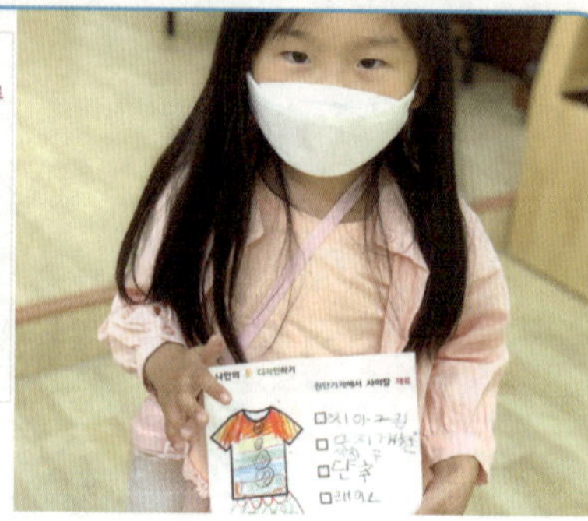

"나만의 옷을 만들어보자! 어떤 옷을 만들까? 이 옷을 만들기 위해서는 어떤 재료가 필요할까?"

"나는 무지개색 천과 단추가 필요해!"

| 나만의 옷 만들기 책 - 내가 만들 옷 디자인하기, 만들기 위해 필요한 재료 목록화하기 |

옷과 관련된 활동을 통해 내가 입고 싶은 옷, 내가 만들고 싶은 옷에 대해 생각하는 시간을 갖게 되면서 유아들은 나만의 옷을 직접 만들어 입어보고 싶다고 이야기하여 프로젝트의 마무리 활동으로 옷을 직접 만드는 경험을 하고, 만든 옷을 입고 패션쇼에 서보기로 계획하였다.

"우와, 실이 엄청 많아!"

"내가 필요한 천은... 빨간색 체크무늬 천!"

"나는 치마에 레이스도 붙일 거야!"

"저는 파란색 천으로 주세요!"

| 원단 거리 방문 |

'나만의 옷 만들기 책'을 완성한 후 사전에 견학 허가를 받은 '부평 원단거리'를 방문하여 다양한 천, 실 등을 직접 만져보며 탐색하는 시간을 가졌다. 옷을 만들기 위해 필요한 재료의 색깔과 모양을 고려하여 나에게 필요한 재료를 구매한 후 유치원으로 이동하여 위와 같은 과정으로 옷을 재단하고 만들기 시작했다.

"천 위에 옷을 올리고
수성펜으로 재단을 해보자!"

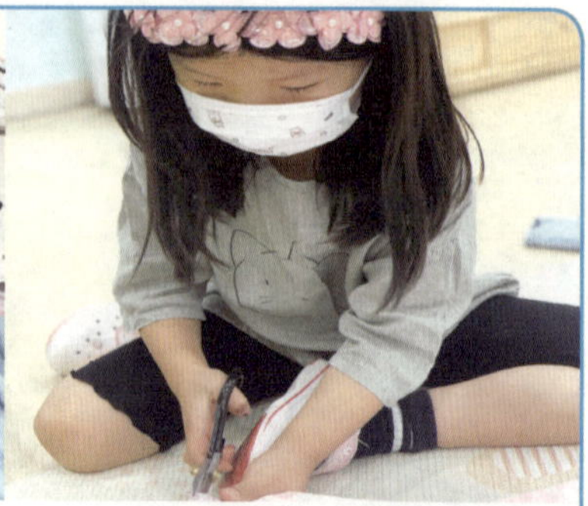

"밑그림을 그린 후에는
재단가위로 쓱싹쓱싹~!"

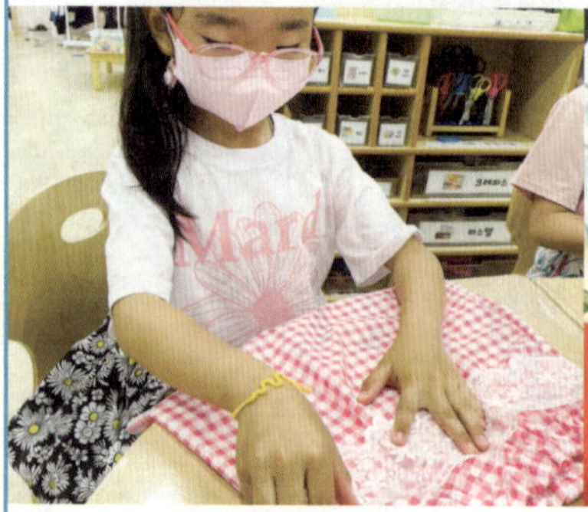

"원단 시장에서 구매한
레이스도 치마에 달아주고!"

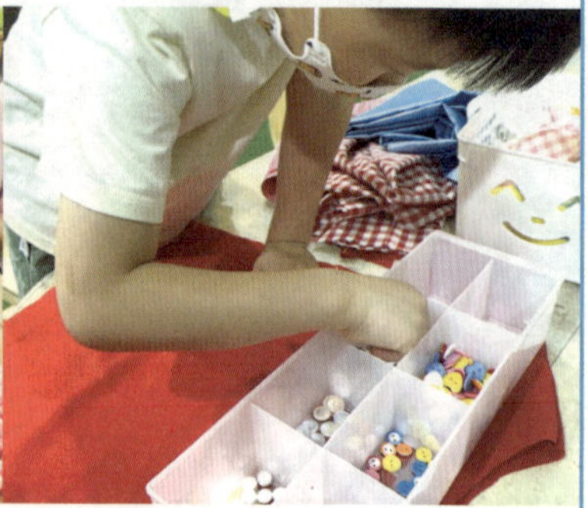

"마지막으로 원하는 단추까지
끼워 붙여주면 완성~!"

| 옷 재단하기 & 옷 꾸미기 |

옷을 만드는 과정 중에는 유아가 혼자 할 수 있는 것도 있지만 안전상 문제가 염려되는 과정도 많았기 때문에 이 과정을 교사가 해야 하는지, 시간이 오래 걸리더라도 한 명씩 천천히 만들어야 하는지 고민이 되었다. 그러나 교사의 도움을 받아 천을 재단하고 직접 잘라보는 활동은 함께 하고, 안전상 위험한 요소가 있는 재봉틀, 글루건 사용은 교사가 사용하되 유아와 함께 유아의 의견을 그대로 반영하여 진행하였다.

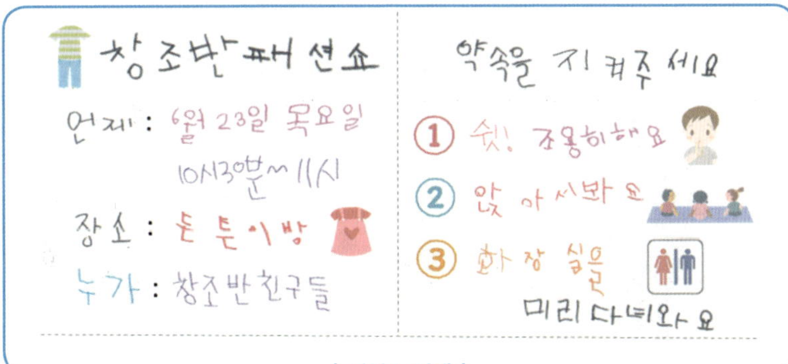

| 패션쇼 티켓 |

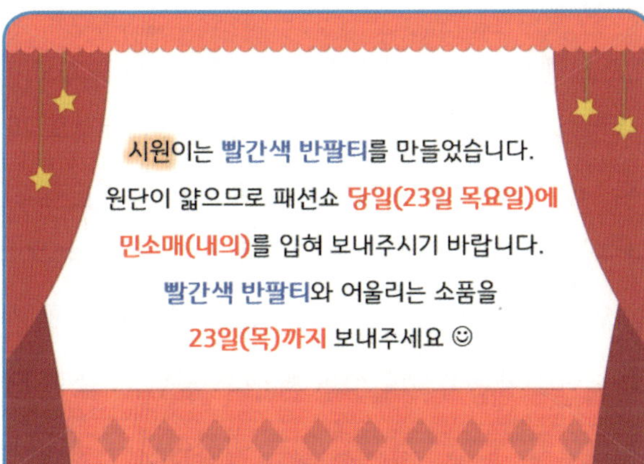

| 패션쇼와 관련한 가정발송 쪽지 |

| 패션쇼 무대 세팅 모습 |

| 창조 패션쇼 |

'옷' 프로젝트의 마무리 활동으로 패션쇼를 열기로 한 후, 실제 패션쇼의 모습이 담긴 영상을 함께 시청하기도 하고, 시청한 후 나만의 포즈를 정하여 워킹과 포즈를 연습해 보기도 하였다. 패션쇼가 열리는 주에 패션쇼와 관련된 내용이 담긴 티켓을 만들어 유치원 내의 다른 교실, 교무실 등에 가서 직접 티켓을 나누어주며 초대하고 패션쇼 당일, 초대한 다른 유아와 교사들 앞에서 레드카펫 위로 워킹하며 무대에 올라가 포즈를 취하는 경험을 하였다.

| 교사의 지원 |

공간

- 유치원 내 강당은 공유의 공간이기도 하지만 때로는 유아들에게 공간에 대한 새로운 시각과 특별한 놀이경험을 제공하는 공간이 될 수도 있다. 평소에는 신체표현활동, 게임활동 등으로 활용되는 공간이지만 이번 주제에는 '패션쇼'가 열리는 공간으로 구성하여 사람들을 초대하고 패션쇼를 진행해 보았다.

자료

- 옷을 만들기로 계획한 후, 옷을 만들기 위해 필요한 재료를 목록화하였고, 이를 원단시장에서 구매하는 시간을 가져보았다. 유아가 직접 옷 만들기에 필요한 재료에 대해 생각해 보고 작성한 재료를 원단 시장 내에서 찾아보고, 유치원에서 옷 만들기에 필요한 다양한 도구를 활용하여 재료를 다루며 옷을 만드는 과정에 직접 참여할 수 있도록 지원하였다.

상호작용

- 옷을 만드는 과정에서 안전상의 문제로 인해 교사의 개입과 도움이 많이 있었지만, 유아들이 직접 만드는 옷이므로 제작 중인 옷에 대한 생각과 결정은 유아에게 있음을 느끼게 해 주려고 노력하였다. 옷을 만드는 과정에서 유아에게 질문하지 않고 교사의 생각대로 바느질을 하거나 단추, 레이스 등을 배치하지 않고, 옷을 만드는 모든 과정에서 유아에게 "어떻게?", "왜?"와 같은 질문을 통해 유아가 스스로 생각하며 해답을 찾고 결정할 수 있도록 질문하며, 유아의 생각을 무시하거나 반대하지 않고 있는 그대로 받아들이며 유아의 의견을 존중하려고 노력하였다.

| 교사 평가 |

- '옷' 프로젝트를 시작하고 교사 주제망을 구성할 때, 여러 종류의 옷을 입고 역할 놀이를 하는 것에서 더 나아가 옷의 특징, 옷을 만드는 방법, '옷' 만들기에 유아들이 관심을 가질까 걱정한 기억이 있다. 하지만 다양한 '옷' 자원을 통해 유아들은 생각보다 더 빨리 프로젝트에 관심을 가지기 시작했고, 교사의 예상보다 옷에 대해 더 많은 것을 알고 싶어 하며, 옷 만들기에 큰 관심을 보였다. 프로젝트 중반으로 넘어가며 옷을 직접 만드는 과정에서 고민이 정말 많았는데, 시침핀을 사용하고 재단가위를 사용하는 것부터 재봉틀을 사용하고 레이스와 단추를 장식하는 거의 모든 과정에서 안전상의 우려가 되었다. 안전상의 우려가 되는 모든 재료와 도구를 교사만이 사용하기에는 유아들의 흥미와 멀어질 것 같고, 그렇다고 이 재료를 유아가 쓰게 하기에는 다칠 것 같아 고민이 많이 되었지만 유아들로 하여금 '내가 직접 만든 옷'이라는 생각을 가지게 하고 싶어 만드는 과정에 교사와 유아 모두 참여하되, 유아도 만들기에 필요한 재료 및 도구를 충분히 경험하게 하고, 교사의 주도가 아닌 유아의 의견대로 옷이 제작될 수 있도록 교사는 유아들의 의견을 계속 묻고 유아의 의견대로 실행하는 것을 반복하여 진행하였다.
- 옷을 모두 제작한 후 패션쇼를 준비할 때에도 부끄러워하는 유아, 걱정하는 유아, 기대하는 유아의 모습 등을 관찰할 수 있었는데, 패션쇼 연습을 몇 번 한 후, 포기한 유아 없이 모두 용기 내어 워킹을 하고 포즈를 취한 유아들의 모습을 보며 괜히 울컥하기도 하였고, 이 과정에서 유아들의 자신감도 향상되었으리라 생각한다.

| 유아 평가 |

- 옷을 만드는 방법을 알아보았어요.
- 내가 만들고 싶은 옷을 직접 만들어서 패션쇼를 열었어요.
- 견학(원단거리)갔을 때랑 옷 만드는 게 재미있었어요.
- 패션쇼에 친구들이 많이 와서 좋았어요.
- 패션쇼 또 하고 싶어요.
- 옷 만드는 게 오래 걸렸어요.
- 패션쇼 할 때 너무 긴장됐어요.

| 놀이의 교육적 의미 |

영역	내용
신체운동 · 건강	• 신체를 인식하고 움직이며 옷과 관련된 신체 활동, 옷을 직접 만드는 활동 등을 통해 소근육 및 대근육을 향상하는 데 도움을 준다.
의사소통	• 옷과 관련된 다양한 주제(옷의 종류, 옷을 만드는 방법, 옷의 기능, 옷을 만드는 데 필요한 재료와 도구 등)에 대한 자신의 생각을 적절한 단어를 사용하여 말한다. • '옷' 하면 떠오르는 자신의 생각, 나만의 옷을 만들기 위해 필요한 재료를 목록화하는 과정에서의 쓰기 활동에 관심을 가지고 참여한다.
사회관계	• 옷의 다양한 종류에 대해 알아보며 옷의 필요성과 기능을 알고 자신을 표현하는 개성에 대해 인식하는 데 도움을 준다. • 옷에 대한 다양하고 흥미로운 활동들을 통해 만족감과 자신감 발달에 도움을 준다.
예술경험	• '옷' 프로젝트를 진행하며 자신이 만들고 싶은 옷에 대해 생각해 보고, 자신의 생각을 그림으로 표현해 보고, 다양한 미술재료와 도구, 옷을 만드는 데 필요한 재료와 도구를 활용하여 직접 옷을 만들어보고 입어보며, 패션쇼를 준비하고 진행해 보는 경험을 한다.
자연탐구	• 날씨, 계절에 따른 옷차림이 다름을 알고, 옷의 종류에 따른 옷의 특징 및 기능을 알아보며 생활과 관련지을 수 있다.

| 교사 총평 |

- 놀이시간에 직업 관련 옷을 입고 놀이하고, 계절의 변화에 따른 옷에 대한 관심에서 시작된 '옷' 프로젝트는 옷의 종류와 특징, 옷을 만드는 방법과 관리하는 방법을 알아보는 것뿐만 아니라 직접 옷을 만들어보고 패션쇼를 열며 마무리되었다. 프로젝트 진행 기간 동안 교사 주도가 아닌 유아들의 의견에 따라 교실을 함께 재구성해 보기도 하고, 교사의 제안에 따른 놀이의 확장을 직접 관찰하고 경험하면서 교사인 나도 유아들 덕분에 많이 배우고 느낄 수 있었던 시간이었다. 프로젝트를 진행하며 다음 주제 선정과 진행에 대한 교사의 자신감도 생겼으며 더불어 유아들도 유치원 내에서 보내는 시간과 프로젝트에 대한 관심이 커짐을 느낄 수 있었다.

epilogue

나가는 글

이제 우리는 프로젝트 접근을 활용한 교육과정의 바다에서 어느덧 나름대로 항해하는 방법을 터득하고 이제는 제법 그럴듯하게 나아갈 수 있으리라 생각한다. 이 방법의 옳고 그름은 논할 수는 없지만, 분명한 것은 유아들의 놀이 속에서 그 가치를 발견하고 계속해서 목표점을 향해 노를 저어가는 것을 멈추지 않을 것이란 것이다. 생각보다 교사가 고민하고 책임질 부분이 많았지만, 두려워하기보다는 함께하는 것에 대한 의미를 발견하고 발맞춰 나아가고자 한다. 놀이의 중심에는 유아가 있지만 놀이중심 교육의 가운데는 교사가 있다는 것을 생각하고 유아들이 놀이 속에서 진정한 배움을 실현해 나갈 수 있도록 우리 더 노력하며 발전해 나가리라 기대한다.

끝으로 이 책이 나오기까지 수고해준 부속유치원의 김민정, 김정희 부장선생님과 강혜연, 안진영, 서희주, 이다은 선생님에게도 진심으로 감사의 인사를 전한다. 또한 이 책이 세상으로 나올 수 있도록 애써주신 양서원 대표님과 편집부에도 감사의 인사를 드리며, '프로젝트를 활용한 아이들의 놀이 이야기' 이외에도 다음에는 유치원에서 유아들이 재미있어 하는 그림책을 활용하여 놀이로 풀어내는 '그림책을 활용한 아이들의 상상놀이터'도 많이 기대해 주기 바랍니다.

참고문헌

강혜령(1998). **프로젝트 접근법 활용이 유아의 창의적 사고력에 미치는 영향**. 동국대학교 교육대학원 석사학위논문.

경기도교육청(2017). 놀이 2017 놀이로 유아교육 본질 찾기 놀이.

경기도교육청(2018). 놀이 2018 유아교육 놀이로 풀다.

경기도교육청(2019). 놀이 2019 놀이로 유아의 삶을 담다.

경인여자대학교부속유치원(2019). **교사 역량 강화를 통한 유아중심, 놀이중심 교육과정 재구성.** 비매품.

교육부(2019). 유치원교육과정 고시문.

김신옥, 민혜영, 이혜란, 홍길회(2014). **유아발달의 이해.** 서울: 창지사.

김정규, 한애향(2007). **새로운 주제 중심의 통합적 유아교육과정 운영의 실제 5.** 서울: 정민사.

김혜선(1996). **유아교육과정 운영에서의 프로젝트 접근법 적용에 관한 연구**. 이화여자대학교 교육대학원 석사학위논문.

박성연(2006). **아동발달**. 서울: 교문사.

박찬옥, 서동미, 곽현주(2014). **유아교과교육론**. 서울: 정민사.

박찬옥, 서동미, 관현주, 박성희, 한남주, 홍찬의(2020). 2019 개정 누리과정을 반영한 유아교육과정, 경기: 정민사.

신은수, 김은정, 유영의, 박현경, 백경순(2011). **놀이와 유아교육**. 서울: 학지사.

안경숙, 정연희(1998). **프로젝트 접근법의 활동**. 서울: 다음세대.

엄정애(2001). 놀이와 유아교육: 그 조화의 방향에 대한 탐색. **열린유아교육연구, 5**(3), pp.1-25.

유승희, 성용구(2013). 프로젝트 접근법. 경기: 양서원.

이기숙(1992). **유아교육과정.** 서울: 창지사.

이기숙, 김정원, 이현숙, 전선옥(2013). **영유아교육과정**. 서울: 공동체.

이상금, 장영희(2001). **유아문학론**. 서울: 교문사.

이송은(2016). **유아문학교육의 이론과 실제**. 서울: 창지사.

이화여자대학교 사범대학 부속이화유치원(편)(2017). **국가수준 교육과정 바로알기**. 서울: 창지사.

임부연(2017). 미래사회 준비를 위한 '놀이'중심 국가수준 유아교육과정 개정방향 모색. **교육혁신연구, 27**(4), pp 59–78.

정옥분(2008). **아동발달의 이해.** 서울: 학지사.

조미정(2008). **콩을 주제로 한 프로젝트 접근법이 유아의 과학적 탐구 능력과 과학적 태도에 미치는 영향.** 군산대학교 유아교육대학원. 석사학위논문.

지성애, 채영란, 신금호, 박희숙, 박유영(2012). **놀이지도**. 경기: 정민사.

지옥정(2018). **유아교육현장에서의 프로젝트 접근법**. 서울: 창지사.

채순희(2001). 프로젝트 접근법이 유아의 과학적 문제 해결력에 미치는 영향. **한국아동학회, 23**(6), pp. 103–119.

최수경(1999). 유치원에서의 프로젝트 접근법 실시 현황 및 교사의 인식. 이화여자대학교 교육대학원 석사학위논문.

한국교육방송공사, 놀이의 반란 제작팀(2013). **놀이의 반란**. 서울: 지식너머.

한미라, 이연선(2006). 생태유아교육기관과 일반유아교육기관의 자유놀이: 자유선택활동 시간을 중심으로. **생태유아교육연구, 5**(1), pp.1–23.

홍은경, 홍은주(2011). **영유아를 위한 자연친화교육의 이론과 실제**. 서울: 창지사.

홍순옥(2019). **레지오 에밀리아 교육에서의 프로젝트 이야기**. 서울: 창지사.

Katz, Lilian G., Chard, Sylvia D. (1992). The Project Approach, *ED340518, Record Type: Non-Journal, Publication Date: 1992-Feb, Pages: 27, Abstractor: N/A*

Writer'Profile

저 자 약 력

송경섭 Song Kyung Seob

중앙대학교 사범대학 문학사(교육학과, 유아교육학과)
중앙대학교 교육대학원 교육학석사(유아교육전공)
중앙대학교 일반대학원 문학박사(유아교육전공)

전) 백석문화대학교 유아교육과 교수
미국델라웨어 주립대학교 유아교육과 방문교수
현) 경인여자대학교 유아교육과 교수
경인여자대학교 부속유치원 원장
한국아동보육복지협회 수석부회장
경기도 육아종합지원센터 자문위원

[대표 저서]

영유아교육 교재교구개발(공저, 형설출판사, 2008)
보육과정(3판, 공저, 양서원, 2013)
교과교육론(공저, 창지사, 2016)
영유아 언어교육(공저, 학지사, 2019)
아동관찰 및 행동연구(공저, 지식공동체, 2020)

프로젝트를 활용한 아이들의 놀이 이야기

유아중심 · 놀이중심을 위한 프로젝트 접근

1판 1쇄 인쇄 2023년 7월 20일
1판 1쇄 발행 2023년 7월 25일

지 은 이 | 송경섭
발 행 인 | 박철용
발 행 처 | 양서원
주 소 | 경기도 파주시 직지길 522 파주출판도시
전 화 | 031-955-8000(代)
팩 스 | 031-955-8005
홈페이지 | www.yswpub.co.kr
이 메 일 | yswgroup@naver.com
출판등록 | 1987년 11월 24일 제406-2003-037호

ISBN 978-89-994-1401-5

정가 **18,000**원